Bolz

Die ungeliebte Freiheit

Norbert Bolz

Die ungeliebte Freiheit

Ein Lagebericht

Wilhelm Fink

Bibliografische Information der Deutschen Nationalbibliothek

Die Deutsche Nationalbibliothek verzeichnet diese Publikation in der Deutschen Nationalbibliografie; detaillierte bibliografische Daten sind im Internet über http://dnb.d-nb.de abrufbar.

Wilhelm Fink GmbH & Co. Verlags-KG, Jühenplatz 1,
D-33098 Paderborn

Internet: www.fink.de

Einbandgestaltung: Evelyn Ziegler, München
Herstellung: Ferdinand Schöningh GmbH & Co KG, Paderborn

ISBN 978-3-7705-4977-1

Inhalt

Vorwort

Freiheit ist ein polemischer Begriff mit einer historischen Flugbahn. Es geht um den europäischen Lebensstil von Kant bis Max Weber. Dieser europäische Stil der Freiheit ist eine kulturelle Errungenschaft, die so einzigartig wie unwahrscheinlich ist. Für die meisten Menschen – aber eben nicht für uns Europäer! – stellt sich das Problem der Freiheit natürlich anders, nämlich ganz einfach politisch. Um das zu sehen, genügt ein Blick auf die Riesentyrannis China. Wir schauen im folgenden nur auf die westliche Welt und geben einen Lagebericht. Der Begriff der Lage ist hier durchaus im militärischen Sinne gebraucht, eingedenk der Erwartung Nietzsches, dass die künftigen Kriege im Namen philosophischer Grundlehren geführt werden. Und dabei ist der Bericht über die Feindeslage oft noch wichtiger als der über die eigene, nämlich liberale. Die folgenden Seiten bieten also keine „Philosophie" der Freiheit, sondern sie mustern Positionen und Begriffe im Kampf um ihre Idee. Dass viele dieser Begriffe aus einer längst untergegangenen bürgerlichen Welt stammen, gehört mit zur Lage. Die Feinde der Freiheit haben die Aktualität auf ihrer Seite.

Dass Freiheit ein polemischer Begriff ist, besagt auch, dass er aus spezifisch europäischen Vorurteilen heraus gedacht wird. Anthropologisch gehen wir davon aus, dass der Mensch künstlich, gefährdet und gefährlich ist. Seine Gefährlichkeit resultiert aus einer vorsoziale Freiheit, die zivilisatorisch gezähmt werden muss. Institutionalisierung und Staatlichkeit gelten dem gefährdeten und dem gefährlichen Menschen. Als künstlicher Mensch behauptet er sich seit Jahrhunderten durch einen technischen Willen, der eine Anti-Darwin-Welt der Freiheit baut. Und wir werden sehen, dass die bürgerliche Selbstdisziplin in dieser Arbeit an der Wirklichkeit des freien Willens eine Schlüsselrolle spielt.

Soziologisch unterscheiden wir Autonomie von Autarkie. Unter modernen Lebensbedingungen heißt Unabhängigkeit nämlich etwas anderes als nicht abhängig zu sein. Freiheit und Ordnung stehen in einem wechselseitigen Steigerungsverhältnis. Paradox formuliert – und das werden wir noch häufiger tun müssen! – könnte man sagen: je freier, desto abhängiger. Wir haben es hier mit einem höchst empfindlichen

Gleichgewicht zwischen Anhängigkeit und Unabhängigkeit zu tun, das jederzeit in neue Formen freiwilliger Knechtschaft umschlagen kann.

Es gibt nämlich eine dunkle Rückseite jener Paradoxie. Man kann die Freiheit nur wahrnehmen, wenn man gesichert ist; aber die Bemühungen um Sicherheit gefährden die Freiheit. Die berechtigte Sorge um die Bedingungen der Möglichkeit von Freiheit lässt uns die Freiheit selbst vergessen und errichtet das soziale Gefängnis, das heute vorsorgender Sozialstaat heißt. Dieses Gefängnis braucht keine Ketten und Schlösser. Die Angst vor der Freiheit schließt die Menschen ein. Nicht Freiheit wollen sie, sondern Glück. Aber das unmittelbare Interesse am Glück ist kurzschlüssig. Wer das Glück sucht, muss einen Umweg nehmen – über die Freiheit.

Mein Versuch über die Freiheit ist deshalb wie eine Ellipse um zwei Brennpunkte konstruiert, nämlich die negative und die „positive" Freiheit – hier die liberale Eigenwirklichkeit des Einzelnen, dort die soziale Bedingtheit seines „Eigentums"; hier die Freiheit als „Rejektionwert", dort ihre Operationalisierung in den Institutionen. Wir wollen gerade nicht zu einer dialektischen Synthese kommen, sondern richten einige Warntafeln auf. Die Einsicht darein, dass individuelle Freiheit sozial begrenzt werden muss, kippt leicht in eine Identifikation von Freiheit und Notwendigkeit um – prominent in der Definition von Freiheit als Einsicht in die Notwendigkeit. Die oft beklagte Leere der rein negativen Freiheit verführt zum Dogmatismus der positiven Freiheit. Gerade die Frage „Freiheit wozu?" funktioniert nämlich sehr gut als Maske der Tyrannei. Andererseits muss man als Liberaler einräumen, dass der Schutz der Freiheitsrechte allein nicht sicherstellen kann, dass es das, was geschützt werden soll, überhaupt gibt, nämlich Eigentum, freie Gedanken und eigene Meinungen.

Dass Freiheit ein Begriff mit besonderer historischer Flugbahn ist, wollen wir vor allem am Verhältnis von christlicher und liberaler Freiheitsidee deutlich machen. Wir müssen dabei zurück zu Luther und Kierkegaard, denn wie das Bürgertum hat auch das Christentum längst sein Selbstbewusstsein und damit seine Strahlkraft eingebüßt. Man bekommt leicht den Eindruck, als sei von der Freiheit eines Christenmenschen nur noch die Maske des Gehorsams übrig geblieben. Die unbewusste Sehnsucht nach den verlorenen Autoritäten scheint größer denn je, und die archaische Erbschaft des Gehorchens spottet jeder Aufklärung. So wie der absolute Vater einmal die Menschen von der Bürde des Freiheit entlastete und damit das Urmodell paternalistischer Sicherheit bot, so tritt heute, zum sterblichen Gott säkularisiert, Vater Staat als treusorgender Hirte auf. Deshalb steht auf einer unserer Warntafeln: Moderne, institutionalisierte Freiheit mündet rasch in einen Götzendienst des Staates.

Aber es gibt natürlich keine Alternative zum Staat und seinen Beamten, zu Entfremdung und sozialer Differenzierung. Liberal sein heißt deshalb, die moderne Gesellschaft und ihren Staat als Tatsache anzuerkennen und als Ärgernis zu bekämpfen. Wir lernen von den Soziologen, dass die Ausdifferenzierung sozialer Systeme individuelle Freiheit überhaupt erst möglich macht. Aber wir lernen eben auch, dass die moderne Gesellschaft auf individuelle Freiheit angewiesen ist.

Es gibt kein Patentrezept der Freiheit. Um in der modernen Welt überlebensfähig zu sein, muss der Liberalismus komplexitätsempfindlicher werden, d.h. er muss von seinen Widersachern lernen. Mit affektstarken Auftritten für eine „offene Gesellschaft" ist es nicht mehr getan. Die Feinde des Liberalismus beherrschen heute die politischen Diskurse. Das macht es schwer, von ihnen zu lernen, ohne ihnen zu verfallen. Carl Schmitts Rechtswissenschaft, Arnold Gehlens Anthropologie und die Soziologie Niklas Luhmanns haben „ärgerliche" Einsichten in die Funktionsweise der modernen Gesellschaft gewonnen, denen sich stellen muss, wer heute noch an einer anspruchsvollen Idee von Freiheit festhalten will. Da ist zunächst besonnene Begriffsarbeit gefragt. Aber in allen Zweifelsfällen des Lebens darf der Liberale parteiisch sein: für den Einzelnen und gegen die Gesellschaft; für Einsamkeit und gegen „Teamgeist"; für Selbstverantwortung und gegen Betreuung; für Freiheit und gegen Sozialismus. Es geht um das Programm eines männlichen Liberalismus.

Freiheit als Passion

Arnold Gehlen hat einmal gesagt, jedes Nachdenken über die Freiheit sei eigentlich ein Versuch, sich selbst zu befreien. Man sucht sich selbst, indem man von sich absieht und das Freiheitsproblem reflektiert. Dieser Satz eignet sich sehr gut als Kurzanleitung zur Lektüre dieses Buches. Es stellt nämlich keinen Beitrag zur Wissenschaft im modernen Sinne dar – und das ist im Thema begründet. Man kann die Freiheit nicht beweisen; man kann sich nur zu ihrer Idee bekehren. Wir laden den geneigten Leser deshalb zu einer Pascalschen Wette auf die Freiheit ein.

Die Verständnisprobleme, die bei unserem Thema auftreten können, sind also im Kern nicht logischer sondern existentieller Natur. Die Frage, ob der Mensch frei sein kann, versteht nur der, der frei sein kann. So sagt Carl Schmitt zu Recht: *mit Menschen, die existentiell niemals etwas von Liberalismus erfahren haben, kann man schwer darüber diskutieren.* Nur wer die Freiheit liebt, kann ihren Begriff denken. Dagegen erkennt man die Feinde der Freiheit an zwei Begriffen, mit denen sie das Problem der Freiheit wegerklären wollen: natürliche Ursachen und unsichtbare Mächte. Dem entsprechen die heute wieder populären Formen der kognitiven Unfreiheit: Unglaube und Aberglaube.

Den Aberglauben dürfen wir als natürliche Dummheit ignorieren. Aber der Unglaube muss ernst genommen werden, weil er sich als wissenschaftliche Welthaltung, nämlich als Determinismus, respektabel gemacht hat. Deterministische Argumente sind zwar nicht zwingend, aber verführerisch. Deshalb bedarf es heute einer besonderen Anstrengung zur Freiheit. Der Wunsch, frei zu sein, muss erlernt werden. Doch Vorsicht! Die Erziehung zur Freiheit kennen wir historisch eigentlich nur als Gehirnwäsche – zuletzt als Re-education der Deutschen nach dem Zweiten Weltkrieg. Wenn wir also von einem Erlernen des Wunsches, frei zu sein, sprechen, dann ist eine liberale Erziehung gemeint, die auf eine Ordnung ohne Unterdrückung und eine Freiheit ohne Zügellosigkeit zielt.

Die dafür nötige Distanz zum Determinismus der Wissenschaft kann man durch einen einfachen Gedanken gewinnen. Die moderne Wissenschaft, die heute die Wirklichkeit der Freiheit in Frage stellt, gäbe es nicht, wenn es diese Freiheit nicht gäbe. Die Gewissheit der Freiheit liegt auf der Ebene der Orthodoxa, die der Konstitution des wissenschaftlichen Wissens vorausgehen. Das ist die Welt der wahren Meinungen, in die wir eingehüllt sind und die uns in unserem Sein konstituieren. Deshalb weiß die Wissenschaft nichts von der Freiheit; sie kann sie immer nur mit der berühmten „nichts anderes als"-Formel entzaubern.

Wie uns die wahren Meinungen einhüllen und in unserem Sein konstituieren, ist die Sache der Philosophie. Doch welche Rolle spielt die Wahrheit für die Freiheit? Wenn Heidegger die Freiheit das Wesen der Wahrheit nennt, dann besagt das, dass die Freiheit die Wahrheit allererst hervorbringt. Demnach ist Freiheit keine Eigenschaft des Menschen, und der Philosoph kann sogar umgekehrt sagen: *die Freiheit [...] besitzt den Menschen.* Was immer das im engeren philosophischen Zusammenhang jener Frage nach dem Wesen der Wahrheit heißen mag – gemeint ist jedenfalls nicht die Freiheit, die der Einzelne von Natur aus besitzt.

Fast alle anspruchsvollen Freiheitsbegriffe, mit denen wir es im folgenden zu tun haben, ignorieren die natürliche Freiheit des Einzelnen – kulturell und sozial betrachtet durchaus zu Recht. Denn Gesellschaft wird erst möglich, sobald sich eine Mehrheit gegen jeden Einzelnen formiert. Die Macht der Gemeinschaft veredelt sich zum „Recht" und denunziert die Macht des Einzelnen als „Gewalt". Das ist der erste und entscheidende Schritt im Prozess der Zivilisation. Freud hat das Unbehagen in der Kultur durch diesen Zwang zum *Triebopfer* begründet – ein tragisches Geschehen, denn zur Formierung der Gesellschaft gibt es keine lebbare Alternative. Kultur setzt den Verzicht auf die natürliche individuelle Freiheit voraus. Diese Freiheit war am größten, als sie kaum zu verteidigen war, und sie bricht immer wieder in antikulturellen Affekten auf. Deshalb und nur in diesem Sinne meint Freud: *Die individuelle Freiheit ist kein Kulturgut.* Kultur ist nämlich auf Triebverzicht und Versagung aufgebaut; wir müssen ihr unsere *Triebfreiheit* opfern. Und dieses Opfer, das die Kultur fordert, betrifft sowohl die Sexualität als auch die Aggressivität.

Der fundamentale Sachverhalt, dass wir für den Prozess der Zivilisation einen sehr hohen Preis zahlen müssen, hat zwei klassische Formulierungen gefunden: die „Entzauberung der Welt" (Max Weber) und das „Unbehagen in der Kultur" (Freud). Beide Diagnosen sind dann zur „Dialektik der Aufklärung" (Horkheimer / Adorno) zusammengezogen worden. Deren Fazit könnte man im Blick auf unser Thema so formulieren: Die Aufklärung ruiniert sich selbst, wenn sie die Freiheit entzaubert. Doch nur Max Weber hatte den fabelhaften Mut, zu fragen, wie man in einer entzauberten Welt den *Zauber der Freiheit* wach halten könnte. *Verblichen sind die naiv freiheitlichen Ideale unserer frühen Jugend, und manche von uns sind vorzeitig alt und allzu klug geworden und glauben, einer der urwüchsigsten Triebe der Menschenbrust sei mit den Schlagworten einer niedergehenden politischen und wirtschaftspolitischen Anschauung zu Grabe getragen worden.*

Die Kraft des Widerstands gegen die entzauberte Welt liegt in der Leidenschaft der Freiheit. Dem, was mir am wichtigsten ist, entspricht nur die leidenschaftliche Hingabe. Das ist übrigens auch der gute Sinn des Managerworts „commitment“: leidenschaftliche freiwillige Wertbindung. Doch Freiheit als Passion meint mehr. Max Webers Begriff der Leidenschaft entspricht durchaus dem altgriechischen Thymos, und wir können seine berühmte Definition des wahren Politikers durch Leidenschaft und Augenmaß zurückübersetzen in Thymos und Pathos der Distanz. Aggression und Abstraktion müssen zusammenfinden, um die spirituelle Energie freizusetzen. Mit anderen Worten, Leidenschaft weckt die Aufmerksamkeit, die Urteilskraft ermöglicht.

Thymos ist unserem kulturellen Selbstverständnis so fern, dass es schwierig ist, eine angemessene deutsche Übersetzung zu finden. Im Kern, das zeigen die Platonischen Dialoge vielfach, geht es darum, das Leben zu riskieren, um es zu retten. Thymos hat also etwas mit Courage, Stolz, Selbstsicherheit, Charakterstärke und Mut zu tun; „andreia“ ist ein wahlverwandtes griechisches Wort, „fortitudo“ eine gängige lateinische Übersetzung. Und wenn man versucht, dem Begriff Thymos durch seinen Gegenbegriff Kontur zu verleihen, stößt man auf lat. „acedia“, das Laster der Mutlosigkeit.

Thymos ist der Ehrgeiz, der den Menschen nach Wichtigkeit, Größe und Freiheit streben lässt– eine Naturanlage wider die natürlichen Neigungen. Man könnte es auch so sagen: Thymos ist die Natur, die die Natur transzendiert. Thymos ist der natürliche Idealismus, der der Freiheitspflicht zum Idealismus entgegenkommt. Und das bindet Freiheit an Männlichkeit. Thymos ist die antiphysische Kraft männlicher Unabhängigkeit. Solche Männlichkeit gibt es aber nur als Besonderheit, nicht als Gruppe. Und deshalb weiß die Wissenschaft von Männlichkeit so wenig wie von Freiheit. Der freie Mann macht sich einen Namen; die anderen sind Gegenstand der Sozialwissenschaften.

Die Männlichkeit der Freiheit bestimmt auch den freien Geist, für den ein beherztes Denken charakteristisch ist. Der Christ Pascal ist dem mit seiner dialektischen Formel von Unterwerfung und Gebrauch der Vernunft schon sehr nahe gekommen. Nicht nur der Gebrauch, sondern auch die Unterwerfung der Vernunft ist nötig, denn das Herz hat Gründe, die die Vernunft nicht kennt. Auch alle anderen Philosophen, die wir noch als Kronzeugen aufrufen werden, sind sich in diesem Punkte einig: Herz und Mut sind Bedingungen von Wahrheit und Freiheit. Ausdrücklich spricht Kant vom *Herzensanteil*, und nichts anderes meint der amerikanische Philosoph Harry Frankfurt mit seinem Begriff „wholeheartedness". Ein sperriges englisches Wort, das wir hier und im folgenden unübersetzt stehen lassen, weil es mit „Rückhaltlosigkeit" nicht elegant übersetzt, aber leicht zu verstehen ist: Ich tue, was ich tue, mit ganzem Herzen. Das Herz tritt in den Kopf und setzt, so Nietzsche, die *Quervernunft der Leidenschaft* frei.

Beherzt denken und etwas mit ganzem Herzen tun sind Formen der Weltzuwendung, die sich nicht aus der negativen Freiheit allein ableiten lassen. Doch wenn wir nun fragen, was nach der negativen Freiheit kommt, ist größte Vorsicht geboten. Der Sirenenklang der sogenannten „positiven Freiheit" wird sich noch oft genug als Verführung zur Unfreiheit erweisen. Uns geht es hier um die spezifische Produktivität der „wholeheartedness". Sie entspricht einem freien Willen, der sich erst jenseits der Wahlfreiheit manifestiert. Die Wahl, die Alternativen, die Möglichkeiten – das sind dann die Begriffe der letzten Unfreiheit vor der Freiheit. Uns geht es stattdessen um den freien Wille, der sich auf das Eine, das Not tut, bezieht. Nach der negativen Freiheit des „Ich kann auch anders" kommt erst die Freiheit des „Hier stehe ich, ich kann nicht anders". Nach der negativen Freiheit kommt das Ja-und-Amen-Sagen.

Wenn man das Eine wählt, das Not tut, kann von Wahl eigentlich nicht mehr die Rede sein. Wir sind hier am Gegenpol der Kontingenz. Dass auch anderes möglich wäre, täuscht darüber hinweg, dass es hier um das Richtige geht. Deshalb verliert man die Freiheit als Passion, wenn man sie in der Wahlfreiheit sucht. Man kann die Menschen mit der Freiheit der Wahl von der Freiheit, das Richtige zu tun, ablenken. So heißt es in Kierkegaards Tagebüchern: *Das Ungeheure, welches dem Menschen eingeräumt ward, ist: die Wahl, die Freiheit.*

Diese Freiheit steht orthogonal zum Fortschritt. Sie entfaltet sich nicht in der Zeit, sondern in der Tiefe der Wirklichkeit. Das bedeutet aber, dass Freiheit die Wirklichkeit an jedem Ort und zu jedem Augenblick zu ihrem Höhepunkt treiben kann. Die Anschauungsform der Freiheit verleiht dem Leben des Einzelnen eine metaphysische Dimension; seine Erfahrung gewinnt eine sinnerfüllende Intensität. In diesem Sinne hat Arnold Gehlen *die Freiheit als Weise des Genommenwerdens der Welt* interpretiert. Freiheit ist die Anschauungsform der aktiven Weltgestaltung, des Bewusstseins vom eigenen Können – Nietzsches „schenkende Tugend".

So wie das Modewort „commitment“ noch ein schwaches Echo von der Freiheit als Passion gibt, so erinnert auch das Modewort der Selbstverwirklichung noch schwach an die Idee der Lebensführung. Der gute Sinn des Begriffs der Selbstverwirklichung liegt darin, dass er unterscheidet zwischen Menschen, die einfach nur leben, und Menschen, die ihr Leben führen. Für eine bewusste Lebensführung ist aber wesentlich, was man wollen muss. Erkenne dich selbst! Diese klassische Forderung stellt mich vor die Frage: Was muss ich wollen?

Ich habe die Pflicht, mein besseres Selbst zu kultivieren. Wir kommen gleich noch ausführlicher darauf zu sprechen, dass vor allem das, was ich liebe, Ansprüche an mich stellt, denen ich entsprechen muss. Das ist möglich, weil ich in der Lage bin, meine Wünsche zu korrigieren, nämlich im Blick darauf, was wirklich Not tut. Menschen bewerten sich selbst und können deshalb Wünsche zweiter Ordnung formulieren; d.h. sie können wünschen, andere Ziele und Vorlieben zu haben. Harry Frankfurt hat daraus eine Philosophie der Sorge um das, was wirklich wichtig ist, entwickelt. Wunsch zweiter Ordnung heißt: Ich will andere, bessere Wünsche haben. Das ist die Dimension, die Philosophen meinen, wenn sie von Willensfreiheit reden. Ich habe einen freien Willen, wenn ich in der Lage bin, gegen den Strich der eigenen Vorlieben zu wählen. In allen Prozessen der Bildung und Erziehung geht es im Kern um eine solche Änderung von Vorlieben.

Nicht derjenige, der die Freiheit hat, zu tun, was er will, sondern nur der, der sich fragen kann, ob das, was er will, es auch wert ist, dass er es will, kann sich der Freiheit des Willens erfreuen. Wer einen Wunsch hat, aber ihm nicht nachgibt, weil er einsieht, dass er eigentlich etwas anderes wollen sollte, macht die einfache Erfahrung der Willensfreiheit. Man raucht die Zigarette nicht; man sieht nicht fern, sondern liest ein Buch. Und wer sich mit seinen Wünschen zweiter Ordnung erfolgreich identifiziert, bildet das aus, was man Charakter nennt; er übernimmt Verantwortung für das, was er will. Jetzt widerfährt ihm das Leben nicht mehr, sondern er handelt. Man kann es auch so sagen: Die Besonnenheit des Nachdenkens setzt der Freiheit des Leichtsinnigen ein Ende. Die Freiheit des impulsiven Verhaltens, jene ursprüngliche natürliche Freiheit, die der Zivilisation geopfert wurde, ist nämlich gerade das Gegenteil des freien Willens.

Entscheidend ist hierbei, dass sich ein Wunsch zweiter Ordnung zu einem Willen verstetigt. Die Frage lautet also: Will ich, dass ein bestimmtes Begehren zu meinem Willen wird? Ist der Wunsch, den ich habe, überhaupt wünschenswert? Wie Rousseau knüpft Harry Frankfurt also das Personsein nicht an die Vernunft des Menschen sondern an seinen Willen. Und vernünftig kann man dann nur sein, wenn man in der Lage ist, seine Wünsche und Vorlieben hierarchisch zu ordnen und einem Charakter zu integrieren. Das kann aber nur derjenige, der sich nicht von Impulsen treiben lässt, sondern Wünsche zweiter Ordnung hat, die sich zu einem Willen verstetigen. Daraus folgt etwas Verblüffendes: Die Vernunft gründet im Willen.

Der Charakter ist eine robuste Willensstruktur, in der Neigungen, Vorlieben und Entscheidungen wohl geordnet sind. Genau das benennt Harry Frankfurt mit dem Ausdruck „wholeheartedness". Der freie Wille reduziert also die Willkür. Wenn ich mich von ganzem Herzen mit dem identifizieren kann, was das Leben aus mir gemacht hat, will ich den Willen, den ich habe. Ich bin dann nicht der souveräne Autor meines Lebens, sondern das, was ich wollen muss. Und genau hier stoßen wir auf die zentrale Idee der Philosophie Harry Frankfurts. Es geht ihm darum, den freien Willen aus der Beliebigkeit in die Notwendigkeit zu wenden. Der freie Mensch wird von der Notwendigkeit seines Wollens im Griff gehalten.

Frei wird der Wille aber nicht nur durch die Blockade einfacher Wünsche, also die Kraft, sich etwas versagen zu können, sondern auch durch die Unterwerfung unter höhere Kräfte. So hat der Psychologe Abraham Maslow beobachtet, dass es Menschen gibt, für die die Pflicht zur Lust und die Arbeit zum Spiel wird. Das richtig verstandene Projekt der Selbstverwirklichung ist eine Leiter, die man wegwirft, wenn man das Ziel erreicht hat. Dieser wichtige Gedanke Maslows gipfelt in der Paradoxie einer gelungenen Selbstverwirklichung als Selbsttranszendierung. Das Selbst wird wirklich, indem es sich übersteigt. Konkret heißt das: den Anderen dienen, oder einer Sache. Der Beruf im ursprünglichen Wortsinne einer Berufung ist der Altar, auf dem man sich opfert.

Harry Frankfurt nennt darüber hinaus die Logik und die Liebe. Weder die Logik noch die Liebe kann man mit dem eigenen Willen kontrollieren, und oft liegen beide auch im Streit mit dem eigenen Begehren. Sowohl das Rationale als auch das Geliebte fesseln und faszinieren uns. Und gerade das wirkt befreiend. Liebe ist die Abhängigkeit, die befreit, und die Selbstlosigkeit, die uns mit unserem Selbst bekannt macht. Wer nicht liebt, lebt eigentlich gar nicht. Denn wer nicht liebt, hat keine Ideale, und wer keine Ideale hat, hat keine Grenze, an der er seine Freiheit erfährt.

In der Liebe wird die Persönlichkeit konkret, indem sie ihre spröde Besonderheit aufgibt und das Leben an Ideale knüpft. Der Wert des Lebens liegt in der Liebe zu… Diese Liebe hat keinen Grund, sondern gibt selbst den Grund. Sie verzaubert Kontingenz in Notwendigkeit und das Müssen in ein Wollen. Die hier ausschlaggebende Erfahrung, die man eben nur machen, aber nicht deduzieren kann, lautet: Nur die kontingenten Notwendigkeiten der Liebe, die den Willen binden, befreien uns. Jetzt weiß man, worum es geht. Liebe hat deshalb keine Wahl; sie befreit durch Gehorsam. Es gibt deshalb nichts besseres auf der Welt als den Befehl der Liebe.

Wer von Liebe bewegt wird, sorgt sich um etwas, das ihm wichtiger ist als alles andere. Und diese Sorge wird bei der Entwicklung eines freien Willens reflexiv – sie wird zur Sorge, ob mir das, worum ich mich sorge, wirklich wichtig ist. Diese Reflexivität zeigt sich auch darin, dass das, worum ich mich sorge, überhaupt erst dadurch für mich wichtig wird. Und schließlich: Sich zu sorgen ist wichtig. Das, um was ich mich sorge, führt mein Leben. Sorge ist also kein Gefühl, sondern eine Investition. Und sie kann eine Intensität annehmen, die den freien Willen zur Notwendigkeit macht. Andere Möglichkeiten des Handelns kommen dann einfach nicht mehr in Frage. Ich tue, was Not tut, und kann nicht anders – aus Freiheit.

Liebe ist die Beziehung auf das, was mir wirklich am Herzen liegt. Man kann sie deshalb nicht vom Objekt her oder als Affekt verstehen. Liebe bezeugt eine stabile Motivationsstruktur, die meine Präferenzen ordnet. Das, was ich liebe, verpflichtet mich und lässt keinen Raum für Alternativen und Kompromisse. Ich bin nicht frei, zu lieben, was ich liebe – denn diese Liebe hat mich ja befreit. Ich bin ein Gefangener des Geliebten, also genau in so weit beschränkt in meinem Willen, als meine Liebe nichts mit Wahlfreiheit zu tun hat.

Und so wie ich nicht frei bin zu lieben, bin ich auch nicht frei, meine Pflicht zu tun – denn auch der Ruf der Pflicht befreit. Wie ich meine moralischen Verpflichtungen nicht verletzen darf, darf ich auch meine Liebe nicht verraten. Das schränkt mich aber nicht ein, sondern ist im Gegenteil die Bedingung für meine Autonomie. Unterstreichen wir diesen entscheidenden Sachverhalt noch einmal: Die Beschränkungen meines Willens durch meine Liebe und meine Pflicht schränken mich nicht ein! Wer seine Liebe verrät und seine Pflicht nicht tut, verrät sich selbst. „Ich kann nicht anders" ist deshalb der Ausdruck von Freiheit, nämlich als Ausdruck einer Selbstreflexion des Willens, die in Liebe und Selbstbeherrschung mündet. Ich kann nicht anders – das ist genau dann ein Ausdruck von Freiheit, wenn es heißt, dass ich nichts anderes wollen kann als das, was ich für richtig halte. Es gibt also eine Freiheit, ohne dass es für meinen Willen eine Alternative gäbe.

Um diesen Zusammenhang von Liebe, Notwendigkeit und Freiheit besser zu verstehen, ist Harry Frankfurts Unterscheidung zwischen dem Gefangenen der Liebe und dem Sklaven der Leidenschaft sehr hilfreich. Meine Leidenschaften sind die Elementarmotive, das seelische Rohmaterial, aus dem ich allererst einen Charakter, also eine stabile Willensstruktur formen muss. Die Leidenschaften selbst können also keine Ansprüche an mich stellen; nur die Liebe kann das. Das „Ich kann nicht anders“ ist ein leidenschaftlicher Ausdruck, aber kein Ausdruck von Leidenschaft. Wer aus Leidenschaft nicht anders kann, ist ihr Sklave.

Ich forme meinen Charakter nicht, indem ich ihn wie ein Autor entwerfe, sondern indem ich mich selektiv mit Haltungen, Neigungen und Vorlieben identifiziere, also für sie Verantwortung übernehme; das ist das Identitätsmanagement eines freien Menschen. Der freie Wille setzt also voraus, dass man Frieden schließt mit der eigenen Person. Ich eigne mir die eigene Lebensgeschichte an, statt sie als Ausrede zu benutzen. Und die Geschichte von der Aneignung des eigenen Willens ist der Kern meines Selbst.

Die Gefangenschaft der Liebe und der Befehl der Pflicht befreien zur Freiheit – das ist ein überraschendes Zwischenergebnis unserer Betrachtungen. Nicht Willkür und Wahl, sondern Liebe und Pflicht sind die Medien meiner Freiheit. Und so wie das Eigeninteresse des Liebenden seine Befriedigung in der Selbstvergessenheit findet, findet die Freiheit des Bürgers ihre Bestätigung in der Selbstbeherrschung. Wie die Gefangenschaft in der Liebe ist auch die Unterwerfung unter das Gesetz, zumindest nach idealistischer Lehre, nur eine Unterwerfung unter mich selbst – und damit die Erhebung zur Freiheit des Selbstbestimmung.

Die absolute Wichtigkeit des Menschen

Psychologen, die die Religion als Illusion entzaubern wollten, haben immer wieder die These vorgetragen, wir hätten Gott erfunden, um unser Bedürfnis nach Unterordnung zu befriedigen. Doch man muss diese These nur weiterdenken, um zu einem Begriff christlicher Freiheit zu gelangen. Hegel hat sehr schön gesagt, dass der Mensch in der Religion den *Grund seiner Unselbständigkeit* erreiche. Dort verkehren sich aber die Vorzeichen von Macht und Gehorsam. Um es formelhaft zu sagen: Menschliche Macht macht abhängig, göttliche Macht macht frei. Dass das Christusereignis die absolute Freiheit an das absolute Leiden knüpft, ist die Urszene der Hegelschen Dialektik. „Gott ist tot" meint nämlich die Begeistung der Substanz zum Subjekt. Und das ist der Kern der christlichen Heilsdialektik, die dann als „spekulativer Karfreitag" philosophischen Rang gewinnt: die Einführung der Negation in Gott, die den Menschen befreit.

Unsterblichkeit ist der traditionelle Name für das religiöse Bewusstsein dieser Freiheit. Verstehen lässt sich das nur vor dem Hintergrund der spezifisch christlichen Entdeckung, dass die Freiheit des Geistes die eigentliche Natur des Menschen ist. Als Geist hat jeder Mensch nun *absolute Wichtigkeit*. Wir können also sagen, dass die Idee der modernen Freiheit erst durch das Christentum in die Welt gekommen ist, denn dieses hat jedem Einzelnen einen unendlichen Wert zuerkannt. Gott kann nur ein unendliches Interesse am Menschen haben, wenn dieser ein freies Selbst ist. Der Mensch gewordene Gott verbürgt die Wirklichkeit der Freiheit im Ausdruck des Bewusstseins eines jeden, kein Sklave zu sein. Diese christliche Freiheit nennt Hegel im Gegensatz zur Selbstsucht *Selbstischkeit*: *die Rettung des Einzelnen als Einzelnen*.

Bei den Griechen gab es freie Menschen, aber sie hatten noch keinen Begriff davon, dass der Mensch als Mensch frei ist. *Die Weltgeschichte ist der Fortschritt im Bewusstsein der Freiheit*, heißt es deshalb bei Hegel. Das kann man einräumen, ohne damit etwas über die Wirklichkeit der Freiheit zu sagen. Der Eindruck drängt sich auf: Bei den Griechen gibt es mehr gelebte Freiheit, in der Moderne mehr geprägte Freiheit. Das glänzende Sein der wenigen Freien überstrahlt das fortgeschrittene Bewusstsein der Weltbürger. Die Griechen faszinieren als freie Menschen, die Modernen dagegen ordnen sich dem *System der Freiheit* ein. Unermüdlich versucht Hegel aber deutlich zu machen, dass gerade darin ein Fortschritt im Bewusstsein der Freiheit liegt: *Von solchem gotischen Dombau haben die Alten nichts gewusst.*

Wir bleiben nun in dieser architektonischen Metaphorik, um den entscheidenden Schritt zu benennen, den der moderne Staat dann über das Christentum hinaus machen wird. Die christliche Religion ist für Hegel durchaus schon die Wahrheit der Freiheit, aber noch nicht in der Wirklichkeit, sondern erst in der Vorstellung. Den ersten entscheidenden Schritt zur Verwirklichung der Freiheit tut die lutherische Kirche. Aber erst der moderne Staat ist der wahre *Tempel menschlicher Freiheit*, die Versöhnung des Herzens mit dem Dasein. Insofern ist *der Staat auf Religion gegründet*; die Wahrheit der christlichen Religion erscheint in der Wirklichkeit als moderner Staat. Jedes seiner Gesetze und jede seiner Institutionen ist für Hegel *eine Realisation der Freiheit*. Wie das Christentum in der Kirche, muss die Freiheit im Staat objektiv werden, um *auf geistige Weise geistig* zu sein. Dass alle frei sind, beschränkt nämlich die Freiheit eines jeden. Deshalb lässt sich die Frage nach der Freiheit nur im Blick auf den Staat beantworten. Der christlichen Religion und dem modernen Staat geht es also um dieselbe Freiheit. Aber daraus folgt eben auch: *Das Volk, das einen schlechten Begriff von Gott hat, hat auch einen schlechten Staat.* Wir kommen auf dieses Thema noch ausführlich zurück.

Der Mensch als Geist – das ist der Einsatzpunkt für den modernen Begriff der Freiheit. Die natürliche Unschuld gilt Hegel nämlich als das Verhältnis der Unfreiheit. Die Tiere leben unwissend und unfrei, aber eben deshalb im Frieden mit sich und der Welt. Die geistige Natur des Menschen dagegen entzweit ihn mit der Welt und zerreißt sein Inneres. Von nun an kämpft das Allgemeine des Gesetzes gegen *das konkrete Herz*. Und eben diese Zerrissenheit setzt den Menschen frei. Die Geschichte von der Vertreibung aus dem Paradies hat dafür das überzeugende mythische Bild gefunden. Seine Botschaft lautet: Man muss aus dem Stand der Unschuld heraustreten, um zurechnungsfähig und damit frei zu werden. Die Vertreibung aus dem Paradies ist also die Geschichte vom *Austritt aus der Natürlichkeit*, die Geschichte von der Entzweiung.

Nicht vom Baum der Erkenntnis essen zu dürfen, ist das biblische Urverbot. *Im Tabu erfährt der Mensch seine Freiheit.* Dieser prägnante Satz des Verfassungsrechtlers Josef Isensee besagt, dass das Tabu den Unterschied von Freiheit und Recht markiert. Man könnte es auch so sagen: Das Heilige zieht der Freiheit eine Grenze. Es entsteht durch das Opfer der Triebfreiheit zugunsten der Gemeinschaft. Wenn nun der Mensch Aug' in Aug' mit dem Urverbot seine Freiheit von der Gesellschaft zurückfordert, nimmt sie die Gestalt der Freiheit zum Bösen an. Um Freiheit zu fordern, muss man aber nicht wissen, wie man sie nutzen will. Und wir werden im Verlauf unserer Untersuchung noch vielfach bemerken, dass gerade die scheinbar so sinnvolle Frage „Freiheit wozu?“ eine Maske der Tyrannei sein kann. Die entscheidende Probe auf die Freiheit ist, ob sie auch die Freiheit zum Bösen einschließt.

Das hat die Bibel gut festgehalten. Und die Theologen haben rasch bemerkt, dass der Sündenfall eigentlich ein Glücksfall war. Felix Culpa heißt, dass wir den Verlust der Unschuld als Gewinn der Schuldfähigkeit verstehen müssen. Der für die Identität und Autonomie eines Menschen entscheidende Begriff der Zurechnungsfähigkeit ist identisch mit dem Begriff der Schuld. Und weil nur das Willenlose unschuldig ist, heißt es bei Hegel unzweideutig: *Der Mensch soll schuldig sein.* Seine dialektische Argumentation besticht hier durch Klarheit und Konsequenz: Adam ist der erste Mensch, d.h. der erste Mensch als Mensch, der durch den Sündenfall der Erkenntnis in die Entzweiung mit der Welt tritt. Als natürliches Sein im sorgenfreien Paradies ist er nicht, wie er sein soll. Erst durch das Böse des Sündenfalls gewinnt er ein *Sein, wie er nicht sein soll.* Aber damit hat er auch schon das *Soll* erkannt, das sein wahres, geistiges Sein bestimmt.

All das als gefährliche Illusion zu entlarven, fällt Atheisten und Deterministen nur allzu leicht: Die Priester haben die Freiheit erfunden, um dem Menschen die Schuld am Bösen geben zu können. Wir wollen diese „Entlarvung“ im folgenden akzeptieren und lediglich das Vorzeichen umdrehen. Tatsächlich sind nämlich der Sündenfall, die böse Natur des Menschen und die Übel der Welt die theologischen Bedingungen der Möglichkeit von Freiheit. Man könnte es auch so sagen: Wer das Theodizee-Problem ignoriert, kann auch keinen anspruchsvollen Begriff von Freiheit haben. Der Mensch kann Gott nur entschuldigen, wenn er sich selbst die Schuld gibt. Seither ist sein ganzes Leben in Schuld verstrickt – aber damit auch in eine Geschichte, die er als Fortschritt im Bewusstsein der Freiheit (und damit als Theodizee!) verstehen lernen kann. Der Fortschritt im Bewusstsein der Freiheit ist auch ein Fortschritt im Bewusstsein der Schuld. Hier hat Hegels christliche Phänomenologie mehr gesehen als Freuds pessimistische Kulturtheorie.

„Sünde“ ist gegenüber dem „Unbehagen“ ein Fortschritt. Sünder zu sein ist die christliche Auszeichnung des Menschen. Wenn ich leide, ist es nämlich ein Trost zu erfahren, dass es sich nicht um Schicksal handelt, sondern um Schuld. *Denn die ethische Individualität fürchtet nichts mehr als das ästhetische Lirumlarum vom Schicksal usf., das ihr unter der Maske des Mitleids ihr Kleinod, die Freiheit, hinterlistig raubt.* Mit dieser brillanten Bemerkung macht Kierkegaard deutlich, dass jede Entschuldigung eine Zumutung an meine Freiheit ist. Wer mir zugesteht, dass ich „nichts dafür kann", entmündigt mich. Schuld ist also ein sehr wertvoller Begriff, den man sich vom Vulgärnietzscheanismus nicht ausreden lassen sollte. Jede Freiheit muss durch Schuld und Angst hindurchgehen. Das wird spürbar, wenn man den individualisierenden Ruf der Verantwortung hört. Kierkegaard hat deshalb Angst und Freiheit sehr eng korreliert. Freiheit zeigt sich in der Angst vor der Sünde.

Damit haben wir uns von jedem alltagstauglichen Begriff der Freiheit scheinbar weit entfernt, und es wird Zeit, einmal zu fragen, wie sich die Freiheit eines Christenmenschen mit dem liberalen Selbstverständnis eines Bürgers verträgt. Da verblüfft es zu nächst, bei Kant zu lesen, gerade das Christentum sei ein Muster für *die liberale Denkungsart – gleichweit entfernt vom Sklavensinn und von Bandenlosigkeit.* Jesus Christus befiehlt nicht, sondern legt den Menschen ihren eigenen Willen ans Herz, nach dem sie handeln würden, wenn sie sich selbst prüften. Es geht also darum, mit Liebe zu tun, wozu man verpflichtet ist. Christus erscheint als der *liebenswürdige* Herr, dem zu gehorchen Freiheit ist. Die christliche Freiheit liegt demnach in der Befreiung vom Eigenwillen der Selbstsucht.

Zum selben Ergebnis kommt dann später auch die dialektische Theologie, allerdings von einem diametral entgegengesetzten Ausgangspunkt aus. Die Antithese zwischen christlicher und liberaler Freiheitsidee wird nirgendwo deutlicher als im Römerbrief-Kommentar von Karl Barth. Er stellt der Freiheit Adams die Freiheit in Christus gegenüber. Die Freiheit Adams steht für den Liberalismus und sein freies Spiel der Kräfte, für die indirekte Knechtschaft einer herrenlosen Herde. Es ist die Freiheit der Sünde außerhalb Gottes, die *den radikalen Unwert unseres Liberalismus* manifestiert. Dagegen steht die Freiheit in Christus, die als Knechtschaft Gottes erst die wirklich lebendige Freiheit ist – nämlich *die Freiheit von den Vorurteilen des an sich selbst orientierten Menschen.*

Die Freiheit eines Christenmenschen befreit den Menschen von sich selbst und rückt ihn in Korrelation zu Gott. Der Mensch ist dann nicht mehr der Maßstab des Selbst. Das lässt sich an Luthers „servum arbitrium" leicht verdeutlichen. Lat. arbitrium heißt ja eigentlich freier Wille und Entscheidung. Luthers „servum arbitrium" ist deshalb ein gewolltes Paradoxon: die Unfreiwilligkeit des freien Willens. Luther geht davon aus, dass der Mensch schlechthin schuldig vor Gott ist.

Folglich gibt es keine legitime Selbstbehauptung des Menschen. Wir können also das „servum arbitrium“ als eine vorausgreifende Negation des neuzeitlichen Subjekts interpretieren. Den Befehl Gottes kann man nicht verstehen, sondern nur – und das ist christliche Freiheit! – befolgen oder missachten. Der Gehorsam gegenüber Geboten tritt hier an die Stelle der Einsicht in die Regeln.

Dass wir dem Cäsar, was des Cäsar, und Gott, was Gottes ist, geben sollen, meint keine schiedlich-friedliche Gewaltenteilung, sondern eine klare Trennung des Metaphysischen vom Sozialen. Wie schon bei den Stoikern ist auch bei Luther deshalb innere, geistige Freiheit mit sozialer Unfreiheit und politischem Despotismus vereinbar. Das Entwicklungspotential dieser Dialektik ist klar. Die freie christliche Person ist zum Gehorsam gegenüber einem Staat verpflichtet, von dem sie die Freiheit zurückerhält. Der Staatsdienst ist dann höchste Form der Freiheit – philosophisch: Einsicht in die Notwendigkeit. Dieser Staatspietismus steht natürlich in striktem Gegensatz zum liberalen Freiheitsbegriff. Man denke etwa an Herders *gemäßigte Freiheit [...], unter dem Schatten des Thrones seine Hütte und Weinstock in Ruhe genießen zu können [..]; die Freiheit, der Schöpfer seines Glückes und seiner Bequemlichkeit, der Freund seiner Vertrauten, und der Vater und Bestimmer seiner Kinder sein zu können.*

Thomas Mann hat einmal über Luther gesagt: *Er war ein Freiheitsheld, – aber in deutschem Stil, denn er verstand nichts von Freiheit.* Bekanntlich gibt es bei Luther keinerlei Hinweis auf praktische Weltgestaltung. Man könnte auch sagen: Luther hatte weder Menschenkenntnis noch Weltkenntnis. Bleibe an dem Platz, an den Gott dich gestellt hat, und füge dich in dein Los, denn alles Entscheidende findet auf einem anderen Schauplatz statt! Luther musste die Weltindifferenz so energisch unterstreichen, um die neue Dimension der christlichen Freiheit deutlich zu machen. Die vertikale Orientierung an Gott ist so stark, dass die horizontale Orientierung in der Weltgeschichte gleichgültig wird – das ist Luthers Occamismus. Es geht ihm nur um die mögliche Legitimität des Einzelnen. Georg Simmel hat das dann im Blick auf Kant sehr schön herausgearbeitet. *Man kann keine tiefer deutsche Figur denken wie Kant. Den absoluten und einzigen Wert des Menschen stellte er, wie in ungeheurer Einsamkeit, auf das schlechthin eigene sittliche Gewissen der Persönlichkeit, in das weder ein göttliches Gebot noch das eigene Glück, weder die Meinung eines anderen noch eine geschichtliche Lage das geringste hineinzureden hätten.*

Luther war ein Ohrenmensch. Erik H. Erikson hat in seiner großartigen Studie über den jungen Mann Luther gezeigt, wie dominant das

Auditive für seine Erfahrung des Heiligen war. Das ist für unsere Fragestellung deshalb von Interesse, weil man das Auge gewöhnlich mit Freiheit, das Ohr dagegen mit Gehorsam assoziiert. Luther ist ein Figuralparadigma der Hörigkeit dessen, der auf das Hören angewiesen ist. Das christliche Heil kommt einzig als Wort – und deshalb ist das Nicht-hören-wollen die sündige Verstocktheit. Die christliche Gnade lässt also die Distanz des Zuschauers nicht zu.

Die Unerfüllbarkeit des göttlichen Anspruchs macht die Gnade absolut; d.h. man kann dem Anspruch Gottes nicht durch Sittlichkeit genügen. Das Heil liegt völlig außerhalb der Kräfte des Menschen und ist ausschließlich von Gottes Willen abhängig. Radikaler lässt sich das, was bisher Freiheit hieß, nicht bestreiten. Hans Blumenberg konnte deshalb Luthers „servum arbitrium" zur idealen Kontrastfolie einer sich selbst legitimierenden Neuzeit machen. Denn angesichts dieser *radikalen Selbstentmächtigung* bleibt dem, der nicht den christlichen Gnadenweg des absoluten Gehorsams gehen will, nur die *entschlossene Selbstermächtigung*.

Während die Freiheit des stoischen Weisen als Selbstverfügung in unangefochtener Innerlichkeit immer mehr an Wert verliert, weil die spätantike Weltdistanz den Ordnungsverlust des Spätmittelalters nicht mehr kompensieren kann, bilden sich hier zwei neue Formen der Freiheit heraus: die Freiheit der technischen Naturbeherrschung, die Schritt für Schritt die Unverfügbarkeit der Welt reduziert, und, genau antipodisch dazu, die Freiheit eines Christenmenschen. Blumenberg sieht beider Verhältnis ganz dialektisch: Der theologische Absolutismus Luthers provoziert den Atheismus neuzeitlicher Selbstbehauptung gleichsam als Notwehr des Menschen gegen den Willkürgott.

Ihre Selbstgewissheit findet die Neuzeit demnach nicht durch eine Säkularisierung der Heilsgewissheit, sondern durch deren genaue Antithese. Dass dieses Programm aus Luther selbst herausgelesen werden kann, ist die stärkste Pointe der Blumenbergschen Darstellung. Tatsächlich spricht Luther davon, dass der Mensch von Natur aus Gott nicht Gott sein lassen kann, sondern selbst Gott sein will: se esse deum. Wenn man das nicht wie Blumenberg in Richtung neuzeitlicher Autonomie, sondern wie Luther in Richtung christlicher Theonomie weiterdenkt, wird klar, dass man einen Gott, den man „braucht", nicht fürchten kann; und dass man an einen Gott, den man „beweisen" kann, nicht glauben kann. Sünde lässt sich deshalb als Unterdrückung des schlechthinnigen Abhängigkeitsgefühls definieren. Der Mensch muss Gott von Natur aus fürchten, damit der Glaube ihn von dieser Furcht freisprechen kann. Um diesen Freispruch geht es im Römerbrief.

Wir können die größte Szene in der Weltgeschichte der Freiheit auf den 17.4.1521 datieren. Luther in Worms: „Ich kann nicht anders." Das war die große Probe auf seine Erfindung des religiös autonomen Individuums. Die Freiheit des Eigensinns wird überboten von der Freiheit, den Willen Gottes zu wollen. Das „Ich wähle" schrumpft zur Bedeutungslosigkeit angesichts der Gewissheit „ich bin erwählt". In der christlichen Freiheit berühren sich Gott und Mensch. Als wahrhaft frei gilt demnach der Mensch, der im Einklang mit sich und Gott steht. Und auch diejenigen, die das religiös autonome Individuum ungläubig von außen betrachten, müssen doch einräumen: Frömmigkeit ist zumindest ein funktionales Äquivalent für Freiheit – sie macht handlungsfähig.

Um wahrhaft frei zu sein, muss der Mensch sich selbst loswerden, und das erreicht er nur im Glaubensgehorsam gegenüber dem Befehl Gottes. Dieses Sich-selbst-loswerden muss sehr konkret verstanden werden, nämlich im Blick auf das ganze Sein des Menschen. Deshalb hat der Begriff Sarx, das Fleisch, bei Paulus eine Schlüsselfunktion. Er meint die gesamte empirische Existenz. Und gerade im Blick auf den Paulus-Schüler Luther verkürzt man nur wenig, wenn man sagt: Sarx ist Sex. Paulus wie Luther gehen davon aus, dass die Libido, die sexuelle Erregung, das ganze menschliche Sein durchherrscht. Das gilt auch für das Wissen des Menschen. Das sarkische Wissen *bläht auf*. Und für den frommen Christen kann deshalb die Selbstbehauptung des neuzeitlichen Menschen nur als dieses Aufblähen verstanden werden.

Der Traum der Vernunft gebiert Ungeheuer – das ist Luthers Grundüberzeugung. Damit der Mensch überhaupt leben kann, muss eine Bestie getötet werden, nämlich die Bestie der vermeintlichen Gerechtigkeit, die der Mensch durch seinen Hochmut und den Traum seiner stolzen Vernunft nährt. Luther hat also die dialektische Pointe des Paulus verstanden: Die Sünde steckt nicht nur in der Übertretung des Gesetzes, sondern auch in seiner Erfüllung. Der Glaube ist deshalb die einzige Quelle der Wahrheit bei Luther, und er hat den fabelhaften Mut, die Finsternis des Glaubens gegen das Licht der Vernunft zu setzen.

Das ist natürlich ein Skandal für die Vernunft: Offenbarte Wahrheit hat die Freiheit des Befehls. Gott argumentiert nicht. Freiheit wird hier als das Verhältnis zu Gott gedacht, und demnach gibt es gar keine wahre Freiheit ohne Gott. Der Glaube macht einen absoluten Anfang, und deshalb hat die Freiheit eines Christenmenschen Ereignischarakter. Das gilt für die Gnade der Charismata genau so wie für das historische Ereignis der Freiheit. Jesus selbst braucht keinen Begriff von Freiheit, weil er ihr Ereignis ist. Er nimmt die Sünden hinweg. Wie Paulus schreibt: *Zur Freiheit hat uns Christus befreit.*

Die Charismata, die Gnadengaben Gottes, machen alle Menschen zu kleinen Pneumatikern. Der Geist Gottes ist, auf höchst unterschiedliche Gaben und Begabungen verteilt, in uns allen. Deshalb gebraucht man noch heute den Begriff Charisma zur Bezeichnung eines Extrems der Persönlichkeit. Wenn wir also davon sprechen, dass Luther das religiös autonome Individuum erfunden hat, dann darf das nicht „individualistisch" missverstanden werden. Individualismus ist nämlich ein Phänomen der modernen Gesellschaft. Dagegen steht der Einzelne, der als Persönlichkeit Überindividuelles verwirklicht. Das Individuum ist einzeln, die Persönlichkeit aber ist einzig. Der Christ Kierkegaard hat sie im Ritter des Glaubens als dem ganz auf sich selbst gestellten Einzelnen scharf konturiert. Aber auch der Antichrist Nietzsche bewahrt den Bedeutungsgehalt von „charis" im Begriff der „schenkenden Tugend": Hingabe statt Begehren. Denn das Begehren reicht nicht an die Transzendenz.

Wie sehr sich unsere Idee der Persönlichkeit einer Lebensführung verdankt, die aus der jüdisch-christlichen Tradition herauswächst, hat Max Weber im Vergleich mit dem konfuzianischen Gentleman deutlich gemacht. Man kann die Lebensführung so rationalisieren, dass der Mensch in optimaler Weise seiner Umwelt angepasst ist. Er hat dann zwar Haltung, aber kein *Eigengewicht* gegenüber der Welt. Persönlichkeit dagegen setzt Transzendenz voraus; ein *Hinausgreifen über die Welt.* Wie dieses Hinausgreifen dem Menschen das Gewicht einer Persönlichkeit verleihen kann, wird klar, wenn man sich vergegenwärtigt, dass jede Vorstellung von Transzendenz eine Zäsur zwischen Alltäglichkeit und Außeralltäglichkeit darstellt. Dann kann man das Charisma von der Tradition unterscheiden – und ins Recht setzen. Und dann macht es Sinn, den Sinn des Seins jenseits der Lebenswelt zu suchen. Mit einem Wort: Transzendenzmotive üben die Unterscheidung von Normalität und Ausnahmezustand ein.

Von Carl Schmitt stammt der Satz: Max Webers *große Entdeckung ‚charismatische Legitimität' ist sakularisierter Paulinismus als Ausdruck seines Selbst-Verständnisses.* Diese Bemerkung ist deshalb so interessant, weil sie mit einem Schlag den Zusammenhang zwischen dem modernen politischen Herrschaftstypus, der spezifisch bürgerlichen Lebensführung und dem Geist des Protestantismus erhellt. Dass man diese Konstellation an der Alltagspraxis des nordamerikanischen Calvinismus besser ablesen kann als an Luthers ostentativer Weltindifferenz, gehört zu Webers fundamentalen Einsichten. Die protestantischen Sekten haben der individuellen Autonomie nicht nur eine religiöse, sondern auch eine soziale Basis gegeben: die Gewissensfreiheit gegenüber dem Staat in der Gemeinschaft der Berufenen. Im Nordamerika der radikalen protestantischen Denominationen gewinnt die reformatorische Vereinsamung des Einzelnen jene asketische Zuspitzung, in der sich Weltablehnung, anders als bei Luther, in der Welt selbst produktiv auswirkt.

Max Weber hat deshalb voller Bewunderung von der *pathetischen Unmenschlichkeit* der calvinistischen Lehre gesprochen. Kein Prediger, kein Sakrament, keine Kirche und kein Gott hilft dem Menschen auf seinem einsamen Weg dem Prädestinationsschicksal entgegen. Die Sorge um das Heil nimmt hier die Form einer permanenten Kontrolle des Gnadenstandes an – z.B. in Tagebüchern. Man könnte es auch so sagen: Descartes „cogito ergo sum" wird von den Calvinisten zur Lebensführung unter Dauerreflexion umgedeutet. Die Selbstkontrolle der Persönlichkeit bändigt die Affekte; die Passionen weichen den Interessen, die Triebe den Motiven.

Bekanntlich wollte Nietzsche die Frage, was nach dem Menschen kommt, mit dem Übermenschen beantworten. Daran ist eigentlich nur interessant, dass es sich um einen Gegenentwurf zu jenem asketischen Ideal des Christentums handelt. Denn die Askese setzt den Prozess der Menschwerdung fort. Sie ist nämlich nicht nur Opfer, sondern auch Disziplin und Stimulans – und deshalb das eigentlich gefährliche Leben in der Moderne. Arnold Gehlen hat sehr schön gesehen, dass Kapitalismus und Kommunismus beide den Asketen hassen, weil er nicht auf Lebensstandard, sondern auf Selbstbeherrschung setzt. Er kann deshalb nicht durch Konsumbedürfnisse versklavt werden. *Ein Asket ist in der gegenwärtigen Gesellschaft ortlos und utopisch.* Denn Askese kann man nicht säkularisieren.

Man kann die Freiheit eines Christenmenschen wie eine Ellipse um die beiden Brennpunkte der Askese und der Kreatürlichkeit konstruieren. Prosaisch formuliert, bedeutet Askese Selbstkontrolle, und Kreatürlichkeit bedeutet Unterspezifikation. Der Mensch ist nicht völlig determiniert. Wir sind genau in dem Maße zur Freiheit fähig, als wir „antiphysis" sind und uns eine Anti-Darwin-Welt bauen. Nietzsche hat also den zentralen Punkt getroffen, wenn er sagt: *das Christentum ist das Gegenprinzip gegen die Selektion.* Man muss das nur mit positivem Vorzeichen lesen, um zu den Formeln zu gelangen, mit denen Hans Blumenberg – vielleicht ohne es zu bemerken! – die eiserne Ration der Glaubens definiert hat: die Erde als *Wunder der Ausnahme* und der Mensch als *Ausnahme der Natur.*

Gerade deshalb ist es aber völlig irrig, zu glauben, ein Christ hätte Schwierigkeiten mit Darwin. Die Evolutionstheorie beschreibt ja gerade die Welt, aus der uns, nach der schon zitierten Stelle des Galaterbriefs, Christus befreit hat. Denn nicht nur mit der Technik, sondern auch mit dem Geist haben wir die Anti-Darwin-Welt der Freiheit gebaut. Während also die Darwinisten immer wieder gegen den „Gotteswahn" wüten, können die Gläubigen in aller Gelassenheit der Evolution geben, was der Evolution ist. Niemand hat das besser gesagt als Leo Schestow: *wenn du glaubst, du seiest aus Gott, so bist du aus Gott hervorgegangen, glaubst du aber, du stammtest vom Affen ab, so stammst du vom Affen.*

Der Glaube an den freien Willen

Wir müssen die Wirklichkeit der Freiheit aber nicht nur gegen die Evolutionstheorie, sondern auch gegen die Soziologie verteidigen. Sehen wir deshalb zunächst einmal zu, wie die Soziologen den freien Willen durch ihr „nichts anderes als" wegerklären. Aus soziologischer Perspektive verdanken wir unsere Freiheit dem Beobachter, denn der Beobachter schreibt das Geschehen dem Handelnden zu, während es der Handelnde gerne den Umständen zuschreibt. Und Beobachter meines Handelns ist eben jeder relevante Andere. Insofern könnte ich sagen, dass die Anderen mich zum freien Willen zwingen. Derselbe Sachverhalt sieht natürlich aus der Perspektive der Anderen ganz anders aus. Und da wir alle die Anderen der Anderen sind, können wir resümieren: Freiheit konzediert man, weil das Innere des Menschen unerforschlich ist.

Indem ich dem Anderen Freiheit konzediere, beurteile ich sein Handeln als Akt der Selbstselektion. Das ist aber nur ein spröder Ausdruck für Verantwortung. Und genau darum geht es in der Konzession der Freiheit. Denn man verändert einen Menschen, indem man ihm Verantwortung zuschreibt. „Du bist schuld!" Diese Zurechnung von Schuld und Verantwortung macht frei. Denn ich muss (muss!) jetzt den Gedanken fassen: Wenn ich schuld bin, war ich frei. Nur wer frei ist, kann nämlich schuldig und gerichtet werden. Unsere Gesellschaft braucht also die Freiheit, um Menschen zur Verantwortung ziehen zu können. Denn nur die Zuschreibung des freien Willens verhindert, dass aus der Erklärung einer Tat eine Entschuldigung wird.

Genau an dieser Stelle rastet nun der Naturalismus der Hirnforschung ein, der verspricht, uns von Freiheit und Schuld zu entlasten; tatsächlich bietet hier die Wissenschaftsavantgarde ein Äquivalent zur religiösen Erlösung von der Schuld. Wie der Soziologe die gesellschaftlichen „constraints", so arbeitet der Hirnforscher die biologischen Zwänge heraus, die den Menschen von der moralisch anspruchsvollen Entscheidung entlasten. Hier tritt an die Stelle der Zurechnung von Verantwortung eine Zurechnung von Kausalität. Und die Willensfreiheit ist dann „nichts anderes als" eine bildinduzierte Kausalität.

Der Soziologe kann auf diese Entzauberungsleistung bequem aufbauen und den Willen als Namen für unverstandene Selektionsleistungen definieren. Wille heißt dann „nichts anderes als": Eine Entscheidung stützt sich auf systemeigene Informationen. Mit anderen Worten, Wille ist Selbstinformation, d.h. die Verdrängung externer Informationen; man gibt den Informationen des eigenen Gedächtnisses den Vorzug. Gerade der starke Wille erweist sich deshalb als besonders immun gegen Irritationen, und daraus zieht der Soziologe den Schluss, dass wir es mit dem hartnäckigen Antipoden der sozialen Lernfähigkeit zu tun haben. In diese Konzeption fügt sich dann passgenau ein rein kognitiver Begriff von Freiheit ein. Wir kommen noch ausführlich darauf zurück.

Den Einwand, den Nietzsche gegen die Evolutionstheorie erhoben hat, können wir also auch gegen die Hirnphysiologie und die Soziologie geltend machen: Sie haben den Geist vergessen. Die Freiheit beginnt, wo die Natur überwunden wird. Keine Vorstellung ist der Freiheit ferner als die vom Menschen im Einklang mit der Natur. Das sollte mit den Begrifen „antiphysis" und Anti-Darwin-Welt zum Ausdruck gebracht werden. Ich kann, weil ich soll – wer diese Erfahrung mit sich gemacht hat, weiß, dass der Mensch nicht natürlich sondern künstlich ist. Frei heißt also vor allen Dingen auch: frei vom Naturzwang. Das entspricht der Anthropologie vom Mängelwesen Mensch. Er ist frei, weil er nicht in die Welt passt. Denn weil der Mensch nicht in die Welt passt, muss er sich entschließen, etwas leisten und sein Sein wählen. Das ist Freiheit. Die Geburt bindet uns an Natur und Schicksal, aber die religiöse Wiedergeburt befreit zu Geist und Freiheit.

Das klingt abstrakt und dogmatisch, lässt sich aber an ganz trivialen Erfahrungen überprüfen. Es gibt Bewegungen des Körpers, Gedanken in unserem Kopf („es ist mir durch den Kopf gegangen") und Wünsche, die nicht die unseren sind – das bezeugen die Hysterikerin, der Paranoiker und Harry Frankfurts Figur des von seinen Triebimpulsen gesteuerten „wanton". Doch Menschen können nein sagen, sich gegen Einflüsse sperren, Motive verwerfen und mit Triebimpulsen fertig werden. Das sind die anthropologischen Hebelpunkte der Freiheit. Der Gehlen-Schüler Gotthard Günther hat in diesem Zusammenhang von den Rejektionswerten gesprochen, die den Charakter als den Ort der Freiheit bilden. Und Gehlen selbst hat *die abstoßende Entscheidung* als die Kraft bestimmt, durch die sich der freie Wille nicht nur von der Willkür, der es nur um etwas Besonderes geht, sondern auch vom Eigensinn unterscheidet, dem es nur um den Willen als Willen geht.

Von Isaac Bashevis Singer stammt das ironische Wort: Ob ich an den freien Willen glaube? Natürlich, ich habe keine Wahl. Das bringt auf witzige Weise zum Ausdruck, dass ein moderner Mensch den freien Willen wollen muss. Es ist nämlich gleichgültig, ob es den freien Willen wirklich gibt, weil es für uns Erben der christlich-abendländischen Kultur gar keine Alternative dazu gibt, so zu handeln, als ob es ihn gäbe. Und auch der Ungläubige wird immerhin einräumen, dass wir auch ganz alltagspraktisch von der Illusion der Unabhängigkeit abhängig sind. Wir können diesen Sachverhalt neutraler vielleicht so formulieren: Freiheit ist eine unwiderlegbare Behauptung, die sich bewährt hat. Natürlich hat, trotz des klugen Scherzworts von Singer, jeder die freie Wahl, den Glauben an den freien Willen zu wählen – oder nicht. Aber nur der hat einen freien Willen, der daran glaubt, einen freien Willen zu haben.

Man kann sich diesen verblüffenden Zusammenhang mit Hilfe einer noch recht jungen Wissenschaft, nämlich der Psychoneuroimmunologie, verdeutlichen. Sie kann zeigen, dass Hoffnung heilt. Und das ist eigentlich auch für niemanden überraschend, der einmal den Placebo-Effekt erlebt hat – das Medikament wirkt, obwohl es gar keine Wirkstoffe hat, kraft des Glaubens. Mit der Kraft des Glaubens sind wir natürlich in der Welt der Religion, die uns lehrt, wie man Hoffnung lernt und übt. Wir alle wollen ja erfolgreich sein. Und man weiß heute, dass die wichtigste psychologische Bedingung für Erfolg die „Selbstwirksamkeitsüberzeugung“ ist.

Optimismus ist der Glaube, dass die Situation, in der man steckt, einen guten Sinn hat. Der Optimist verleugnet nicht die Realität, sondern macht sie überhaupt erst möglich. Der amerikanische Philosoph und Psychologe William James hat dem eine ganz allgemeine Fassung gegeben: Wer daran glaubt, dass das Leben lebenswert ist, handelt so, dass das Leben lebenswert wird. Die Strategie der Hoffnung reagiert also nicht auf die Umwelt und passt sich auch nicht an sie an, sondern sie ist „proaktiv“.

Das Hoffen ist für das Handeln, was das Wissen für die Erkenntnis ist. Es ist egal, ob man Gott beweisen kann, wie einige Philosophen glaubten, oder ob man den freien Willen widerlegen kann, was jene Hirnphysiologen glauben. Die Hoffnung bewirkt in praktischer Absicht, dass wir fühlen und handeln können, als ob es einen Gott gäbe und als ob wir einen freien Willen hätten. Hoffen heißt zwar nicht wissen, aber die Hoffnung nimmt doch einen entscheidenden Einfluss auf unser Denken. Und die Effekte des Hoffens machen deutlich, dass man sich das Verhältnis von Glauben und Wissen nicht einfach als ein Steigerungsverhältnis vorstellen darf. Das „bessere Argument“ ist nicht notwendigerweise auf Seiten der Freiheit.

Theologen kennen die Hoffnung, die wider Hoffen ist. In ihr nimmt die Unmöglichkeit den Kampf mit der Notwendigkeit auf. Leo Schestow hat das auf die Formel gebracht: *Gott bedeutet, dass alles möglich ist.* Hier zeigt sich, dass die christliche Freiheit in einem latenten Spannungsverhältnis zur Modernität steht. Deshalb ist für den Gläubigen Vorsicht angebracht, wenn der Lutheraner Hegel die Idee der Freiheit ins Spinnennetz seiner Dialektik verwebt. Das Gefühl, an den Sachzwängen der modernen Wirklichkeit nichts Entscheidendes ändern zu können, rationalisiert sich nämlich in der Hegelschen Definition der Freiheit als Einsicht in die Notwendigkeit. Die Entzauberung der Welt ist die Verzauberung durch die Notwendigkeit. Bei aller Bewunderung für die dialektische Kunst Hegels darf man sich doch nicht die Empfindung ausreden lassen, dass er dazu neigt, die Freiheit, von der er ständig spricht, im Interesse einer systematischen Philosophie an die Notwendigkeit zu verraten. Und der größte Feind der Freiheit ist die Resignation in die Notwendigkeit.

Aber sehen wir näher zu. Der Ausdruck „freier Wille" impliziert ja eigentlich, dass es auch einen unfreien Willen geben kann. Das streitet Hegel rundweg ab. Man kann nicht unfrei wollen. Es gibt keinen Willen ohne Freiheit, und Freiheit ist nur als Wille wirklich, nämlich als das Denken, das sich ins Dasein übersetzt. Hegels als moderne Reflexivität getarnte Tautologie vom *freien Willen, der den freien Willen will*, soll die Freiheit als die Wirklichkeit des Willens erkennbar machen. Aber der Wille muss erst zu dieser Freiheit reifen. Das geschieht kraft der Selbstdisziplin, die den natürlichen Willen, der durch Triebe und Neigungen bestimmt ist, bricht. So arbeitet *der freie Gehorsam* des disziplinierten Willens an der Wirklichkeit des freien Willens.

Diese Dialektik bestimmt auch heute noch die vorherrschende Philosophie der persönlichen Identität. Willensfreiheit erscheint hier als Selbstüberredung zu freiwilligen Wertbindungen gegen den Strich der eigenen Neigungen; die Persönlichkeit arbeitet an ihren Wünschen und Glaubensüberzeugungen. Die Wirklichkeit des freien Willens liegt demnach in der Befriedigung eines Wollens zweiter Ordnung, in dem sich der Mensch als das Seiende, dem es um sein Sein geht, erweist. Das Wollen zweiter Ordnung befreit nämlich dazu, das zu wollen, was man wirklich wollen will. Mit anderen Worten: Nur dann, wenn man das, was Not tut, gerne will, kann man sich an der Freiheit des Willens erfreuen.

Aber heißt das nicht Amor fati? Es ist denkwürdig, dass Nietzsches antichristliches Denken wortwörtlich Hegels Tautologie vom freien Willen, der den freien Willen will, übernimmt. Mit dem *Willen zum freien Willen* beginnt die *Geschichte der großen Loslösung*, die für jeden freien Geist charakteristisch ist. Zwei Fähigkeiten zeichnen ihn aus. Der freie Geist kann versprechen und er kann befehlen. Die Freiheit des Willens zeigt sich zunächst in der Selbstverpflichtung, im Versprechen. Die Geschichte der großen Loslösung ist nämlich auch die Geschichte der Heranzüchtung eines Tiers, das versprechen darf. Während die Vielen ihr Lebtag in der *sozialen Zwangsjacke* stecken, reklamiert *das souveräne Individuum* für sich das Vorrecht der Verantwortung. *Dieser Freigewordene, der wirklich versprechen* darf, *[...] der Inhaber eines langen unzerbrechlichen Willens, hat in diesem Besitz auch sein Wertmaß.*

Im Pathos der Distanz und im *Willen zur Selbstverantwortlichkeit* sieht Nietzsche also zunächst die wesentlichen Konstituentien der Freiheit. Was aber nun neu hinzu kommt und seine Konzeption charakteristisch von der Hegelschen unterscheidet, ist der Affekt des Kommandos. Nietzsche gräbt hier den Boden seiner eigenen Grundbegriffe auf. Wie Hegel geht er davon aus, dass es keinen unfreien Willen gibt, macht dann aber einen entscheidenden weiteren Schritt: Es gibt auch keinen freien Willen. Was wir mit Wille meinen, ist eigentlich ein Befehl. Und das Befehlen ist ein Affekt des Übermuts, in dem ich meine Überlegenheit über die anderen oder die Umstände fühle. Von freiem Willen sprechen wir deshalb, wenn der Befehlende auch der Gehorchende ist. Mit anderen Worten: Der freie Wille ist die Lust, dem eigenen Befehl zu gehorchen. Das bedeutet aber, dass das Gefühl der Freiheit – ganz unmodern, antihegelianisch und „antik" – an der metaphysischen Willkür des Befehls hängt. Wo man stark ist, fühlt man sich frei; aus dem Könnensbewusstsein erwächst die Freude am Gestalten des eigenen Lebens.

Wie die Freiheit eines Christenmenschen so ist auch der freie Geist des Antichristen Nietzsche nicht widerlegt worden – was sollte das auch heißen?! –, sondern lediglich auf die Sandbank der modernen Gesellschaft aufgelaufen. Man kann sie dort als romantische Wracks bewundern, aber nicht mehr flott machen. Von Luther und Nietzsche zu lernen, kann deshalb nicht heißen, sie zu wiederholen. Wir führen sie vielmehr als Warntafeln bei unserem Erkundungsgang durch das moderne Schicksal der Freiheit mit, denn ihnen verdanken wir den radikalen Begriff persönlicher Autonomie, der das Leben für einen bewussten Europäer überhaupt erst lebenswert macht.

Die Frage, ob das Leben wert ist, es zu leben, setzt natürlich voraus, dass das Überleben fraglos geworden ist. Es gibt in der Neuzeit ein Kontinuum von Selbstbewahrung, Selbstbehauptung, Selbstermächtigung, Selbstverwirklichung und Selbstprogrammierung, in dem sich das Bewusstsein von der Gefährdung und Riskiertheit der menschlichen Existenz allmählich verliert. Dieses Bewusstsein wach zu halten, ist das innerste Motiv der philosophischen Arbeit Hans Blumenbergs, die der Neuzeit ihre Legitimität garantieren will. In dieser Perspektive erscheint die Autonomie als Notwehr des Menschen, der fremd in der Welt und fern von Gott ist. Gerade die Anerkennung der Allmacht und Unerforschlichkeit Gottes setzt nämlich die autonome Erkenntnis frei. Prägnant spricht Blumenberg vom *Selbsterprobungstrotz*, in dem sich ein sehr ernstes Bewusstsein der Freiheit manifestiert. Der Schrecken der Natur und die Allmacht Gottes zwingen den Menschen zur Selbstbehauptung.

Die Erfolgsgeschichte der Moderne hat dann sehr rasch den Weg von der Selbstbehauptung zur Selbstverwirklichung gebahnt. Das eigentliche Problem der Selbstverwirklichung – das hat Hermann Lübbe genau gesehen – liegt darin, Freiheit in Sinn zu verwandeln. Autonomie ist heute Selbstprogrammierung, also die Aufgabe, sich selbst zu verwirklichen, indem man sich selbst zu Aufgaben herausfordert, die man selbst bestimmt. Es geht dabei vor allem darum, die eigenen Grenzen zu errechnen – und gerade damit die Kontrolle über das zu gewinnen, was man selbst nicht ist. Soziologen könnten diese Dialektik der modernen Autonomie auf zwei einfache Formeln reduzieren: Erstens, autonome Systeme sind nicht autark. Autark bin ich nicht abhängig, autonom bin ich unabhängig. Und zweitens, unabhängig heißt nicht: nicht abhängig. Unabhängig ist man, wenn man nur abhängig ist vom System.

Das hat eine bedeutsame Konsequenz für den Liberalismus. Er mahnt zwar zurecht, dass staatliche Kontrolle die individuelle Freiheit beschränkt. Aber er muss auch lernen, dass sich die moderne Gesellschaft aus wechselseitigen Steigerungsverhältnissen zwischen Ordnung und Freiheit aufbaut. Wir steigern Freiheit, indem wir Beliebigkeit reduzieren. Immer wieder werden wir auf diese Paradoxie der Freiheit stoßen: Es gibt sie nur, indem man sie beschränkt. Mehr Komplexität heißt nämlich mehr Unabhängigkeit und mehr Abhängigkeit zugleich. Und die gepflegten Individualitätswerte der modernen Kultur haben vor allem auch die Funktion, wachsende Abhängigkeit zu kompensieren. Im spröden Jargon der Soziologie heißt das dann, Freiheit als Einheit von Selbstselektion und Fremdselektion zu denken.

Autonomie durch Abhängigkeit – das ist ein verführerischer dialektischer Gedanke, der ironische, aber auch diabolische Untertöne hat. Man kann nur unabhängig werden, indem man sich abhängig macht. Autonomie ist „nichts anderes als“ die Selbstregulierung der Abhängigkeiten. Autonom lebt, wer selbst entscheiden kann, wovon er abhängig ist. Daraus folgt aber auch, dass man die eigene Macht nur steigern kann, indem man sich stärker beeinflussen lässt. Schon Nicolai Hartmann konnte deshalb Freiheit durch ein *Plus an Determination* definieren, was Odo Marquard dann ironisch zustimmend als Determinantengerangel bezeichnet hat. *Überzeugungen, Dogmen [halten] durch ‚gleichwertigen Widerstreit' einander in Schach, so dass der Einzelne von ihnen zu sich selber und seinem Eigenen freikommt.* Und in der Tat weiß ja jeder, der einmal einen Gedanken gefasst hat, dass es keine Frage ist, ob man von anderen Denkern abhängig ist, sondern wie man von ihnen abhängig ist.

All das klingt schlüssig, „systemisch" zwingend, ironisch-dialektisch und modernitätskonform. Aber wir hatten ja schon bemerkt, dass das „bessere Argument" nicht notwendigerweise auf Seiten der Freiheit steht. Um von der modernen, systemtheoretisch gedachten Autonomie qua Selbstprogrammierung zur Freiheit zurückzufinden, brauchen wir einen „Rejektionswert", der sie auf eine andere Form der Selbsterhaltung gründet – und wir finden ihn bei Kant.

In seiner Abhandlung über den „mutmaßlichen Anfang der Menschengeschichte" stellt Kant den *Ausgang* des Menschen aus dem Paradies als Übergang *aus der Vormundschaft der Natur in den Stand der Freiheit* dar; oder um es noch deutlicher in der Leitmetaphorik der Aufklärung zu formulieren: *aus dem Gängelwagen des Instinkts zur Leitung der Vernunft.* Schon zwei Jahre früher, im Dezember 1784, spielt Kant in seiner berühmten „Beantwortung der Frage: Was ist Aufklärung?" virtuos mit dieser Metapher. Hier führt der *Ausgang* aber nicht aus dem Paradies, sondern aus der Unmündigkeit; die *Vormundschaft*, aus der es sich zu befreien gilt, ist nicht die der Natur, sondern die einer politischen und geistigen Obrigkeit, die die Menschen wie *Hausvieh* betreut; der *Gängelwagen*, in dem sie stecken, ist nicht der des Instinkts, sondern des staatlichen Paternalismus.

Es gibt in Kants Philosophie einen ganz engen Zusammenhang zwischen der Freiheit und dem *Geschichtszeichen* der Französischen Revolution, dem kategorischen Imperativ, der Einsicht in die Künstlichkeit des Menschen gegen die Natur, der ästhetischen Erfahrung des Erhabenen – und, wenn wir den Kantianer Schiller hinzunehmen: dem Pathos. Griech. „to pathos" heißt das Leiden. Nun ist Leiden zunächst einmal klar unterschieden von Freiheit, eigentlich ihr Gegensatz. Doch wenn man diesen Unterschied Leiden vs. Freiheit in das Leiden hineinkopiert, hat man es mit Pathos zu tun. Man könnte also definieren: Pathos ist die Kraft der Differenz von Leiden und Freiheit im Leiden selbst. Die Gedankenarchitektur, die Kant für diese Denkfigur zur Verfügung gestellt hat, ist die paradoxe Einheit der getrennten Sphären des Intelligiblen und Empirischen im Menschen. Als empirischer Charakter ist der Mensch leidend, als intelligibler Charakter ist er frei. Das steht auch im Hintergrund der berühmten Formel Schillers: *Bei allem Pathos muss der Sinn durch Leiden, der Geist durch Freiheit interessiert sein.*

Als Pathos bezeichnet Schiller das Leiden also nur insofern, als sich in ihm sein Gegensatz, nämlich Freiheit, bewährt. Wenn Freiheit mehr als Wahlfreiheit sein soll, dann erfährt man sie gerade in ihrer Unerreichbarkeit. Und nun eröffnet die im Pathos gemeinte Verschränkung von Leiden und Freiheit eine verblüffende Möglichkeit, sich der eigenen Freiheit durch das eigene Leiden zu versichern. So gilt von Friedrich Schiller bis Theodor W. Adorno: Die Welt ist schlecht, das Ganze ist das Unwahre – und dass ich das erleide, beweist meine Freiheit. Wir können diese Sentimentalität auf sich beruhen lassen, denn bedeutsam für unser Thema ist nicht das Pathetische sondern das Antiphysische des Pathos. Um es mit Kant zu resümieren: *Die Rolle des Menschen ist also sehr künstlich.*

Auch Kant anerkennt die natürliche Selbsterhaltung als erste Pflicht des Menschen. Doch unsere vornehmste Pflicht ist *eine Selbsterhaltung von ganz anderer Art.* Man könnte sie die Pflicht zum Idealismus nennen. Was damit gemeint ist, lässt sich am einfachsten am Begriff des Erhabenen erläutern. Erhaben heißt bei Kant: unabhängig vom Triebgrund. Das Urphänomen des Erhabenen ist diejenige Erfahrung der bedrohlichen Übermacht der Natur, in der ein Wechsel des Maßstabs dem Menschen seine Überlegenheit über das Furchterregende beweist. Körperlich sind wir zwar ohnmächtig, aber geistig können wir widerstehen. Es geht hier um *ein Vermögen zu widerstehen von ganz anderer Art* als Körperkraft, nämlich eine *Seelenstärke,* die uns über unser *gewöhnliches Mittelmaß* hinaus reißt, indem sie einen *anderen nicht-sinnlichen Maßstab* anlegt; eine *Kraft (die nicht Natur ist)* stuft die Welt der Sorge, des alltäglichen Wohlbefindens zur Unbedeutendheit herab. In der Erfahrung des Erhabenen bekunden wir also eine *Achtung für etwas ganz anderes als das Leben,* womit verglichen das bloße Leben selbst *gar keinen Wert hat.*

Freiheit ist für Kant also eine Fähigkeit, die zugleich eine Unfähigkeit ist, nämlich, im Blick auf das Begehren, *ein Vermögen zu widerstehen* und zugleich die Unfähigkeit, dem Ruf der Pflicht zu widerstehen. Man liest leicht über die Provokation hinweg, die in dieser Konzeption liegt, und deshalb muss man Ernst Tugendhat dankbar sein, der den philosophischen Mut hatte, Freiheit als Pflichterfüllung den *Gipfel der Perversion* zu nennen. Aber Kant legt es durchaus darauf an. Denn immer wieder betont er, dass die Achtung vor dem Gesetz einhergeht mit der Demütigung der Sinnlichkeit. All das hat er zu einer berühmt gewordenen Anrufung verdichtet: *Pflicht! Du erhabener Name.*

Wenn ich meine Pflicht tue, will ich, was ich soll. Ich will, was ich soll, und ich kann, weil ich soll. Das befriedigt keine Bedürfnisse, sondern macht aus mir eine *bessere Person.* Vor diesem Hintergrund kann Kant dann die empirische Person von der Persönlichkeit als der erhabenen Natur des Menschen unterscheiden. Freiheit entsteht demnach, indem der Mensch seine Person seiner Persönlichkeit unterwirft. Moralisch verhalten wir uns, als ob diese Freiheit gegeben wäre. Angesichts des Freiheitsproblems wird die Ohnmacht der Theorie zur Stärke der Praxis. Das ist die Achse, um die sich die gesamte Philosophie Kants dreht.

Es gibt kein Sollen in der Natur – und deshalb auch kein Anderssein-sollen. Der Natur setzt das Sollen *Maß und Ziel, ja Verbot und Ansehen entgegen.* Das Empirische wird derart in die Ordnung nach Ideen hineingepasst, und zwar ganz handfest durch Verbote, Befehle und Vorschriften. Der kategorische Imperativ folgt aus dem Begriff der Freiheit, denn er verschafft den Ideen Realität, indem er Verhalten vorschreibt. Wir halten deshalb Thomas Manns Deutung des kategorischen Imperativs als *sozialer Befehl* für zutreffend. Kant selbst kommt dieser Interpretation entgegen, wo er den kategorischen Imperativ als Faktum der Vernunft bezeichnet: *sic iubeo.* Wenn wir nun Imperative als *objektive Gesetze der Freiheit* verstehen, dann steht der kategorische Imperativ für den Inbegriff aller Verbindlichkeiten. Griechisch klingt das natürlich eindrucksvoller. Kant hat in seiner Tugendlehre „to eleutheron“, d.h. Freiheit, und „ho nomos“, d.h. Ordnung, aufeinander bezogen, um eine Freiheit zu benennen, die sich an die Form des Gesetzes bindet: *Eleutheronomie* als die wahre Autonomie. Auch die Vorschrift des kategorischen Imperativs ist natürlich ein Zwang, aber es ist ein Zwang, der uns daran hindern soll, der Freiheit Hindernisse in den Weg zu stellen.

Freiheit ist der archimedische Punkt, von dem aus man die Welt aus den Angeln heben kann. Das hat Kant auf die Formel gebracht, eine Ursache *außer der Reihe* könne eine Wirkung *in der Reihe* haben – Kausalität aus Freiheit. Dann geht es aber nicht nur um die Gesinnung, sondern auch um die Geschichte. Die Freiheit des Menschen lässt sich zwar nicht in der Erfahrungswelt beweisen; und deshalb kann man von den Wissenschaften so wenig über sie lernen. Aber immerhin kann man sich fragen, ob es in der historischen Erfahrung der Menschheit Hinweise auf einen Fortschritt der Freiheit gibt. Und dann zeigt sich, dass man Freiheit zwar nicht beweisen kann, aber dass es Hinweise gibt, die eine historische Tendenz beweisen. Das ist der Kern von Kants Theorie des *Geschichtszeichens*.

Wenn der Begriff des Geschichtszeichens fällt, denken wir heute natürlich – und zu Recht! – an den Fall der Mauer 1989. Für Kant war es die Französische Revolution 1789. Doch hier muss man genauer lesen. Kant geht es eigentlich nicht um die Revolution selbst, sondern um den Eindruck, den das Geschehen auf die *Denkungsart der Zuschauer* gemacht hat. Die Franzosen stürmen die Bastille, aber der Zuschauer Kant sieht das Geschichtszeichen. Später wird Napoleon die Welt erobern, aber der Zuschauer Hegel sieht die Weltseele zu Pferde. Das Ereignis *vergisst sich nicht mehr* und wird dadurch zum Geschichtszeichen. Die Revolution hinterlässt ihre Spuren also vor allem im Gemüt der Zuschauer, die an dem Geschehen begeistert teilnehmen, ohne darin verwickelt zu sein. Nicht der Terror der Revolutionäre sondern der *Enthusiasm* der Sympathisanten zählt. Dieser Enthusiasmus der Freiheit ist gelebter Idealismus; und genau darum geht es in der Theorie des Geschichtszeichens.

Das Geschichtszeichen ist die Weise, wie Freiheit, die zwar *durch keine Erfahrung bekannt werden kann*, doch *in der Erfahrung dargestellt* werden kann. Der Historiker jedoch kennt das Geschichtszeichen nicht, denn die Wissenschaft weiß nichts von der Freiheit. Er kann nur den Kopf schütteln über eine Theorie, die mehr sein will als ein Instrument der Erkenntnis, nämlich die Verpflichtung zum Idealismus.

Europäischer Stil

Kann man für unser Thema etwas aus der abendländischen Tradition lernen? Dagegen scheint der Geist der modernen Wissenschaft zu sprechen. Denn als moderne hat sich die Wissenschaft ja gerade gegen die Denkfesseln der klassischen Philosophie definiert. Doch nach dem Bruch mit der abendländischen Tradition haben sich die Vorzeichen verändert. Der Antitraditionalismus der Wissenschaften ist nur noch Denkfaulheit im Blick auf klare Begriffe und orientierende Fragen. Heute müssten wir mit der wissenschaftlichen Tradition des Traditionsbruchs brechen – geleitet von der Hoffnung Niklas Luhmanns, *dass die Orientierung an der ontologischen Tradition, wenn sie aus der Distanz, wenn sie im Sinne eines Gesprächs und nicht als bloße Übernahme oft zitierten Gedankenguts erfolgt, Befreiung bedeuten kann.*

Die antike Freiheit der Polis kann für unsere moderne Gesellschaft natürlich keinen Modellcharakter haben, aber auf einige ihrer Motive werden wir im Verlauf dieser Untersuchung noch einmal treffen: den Thymos des Achill, die Verurteilung des Sokrates und die Platonische Höhle. Im antiken Stolz und Trotz verpuppt sich der freie Wille. Und das Selbst entsteht, nach einer schönen Formulierung Franz Rosenzweigs, im *Übergriff des freien Willens auf die Eigenheit.* In der Antike war die Freiheit eines Mannes allerdings noch nicht an die Privatsphäre geknüpft; deshalb konnte es damals den Gedanken einer autonomen Persönlichkeit gar nicht geben. In der Lebenswelt der Polis ist weder die christliche Freiheit der Person, noch die bürgerliche Freiheit des Eigentums denkbar.

Für die Frage nach der geistigen Freiheit in der modernen Massendemokratie ist nichts aktueller als die Verurteilung des Sokrates. Wir kommen in einem Abschnitt über die Geburt der Schreibkunst aus dem Geist der Verfolgung auf das Problem zurück. Es geht hier um die Tragödie der Aufklärung, die Adornos gefesselter Odysseus vor den Sirenen, aber eben auch die gefesselten Höhlenbewohner bei Platon aufführen. Was fesselt eigentlich? Das Fazit des Platonischen Höhlengleichnisses lautet in Hans Blumenbergs prägnanter Formulierung: *Nichts ist schwieriger als das Angebot der Freiheit akzeptabel zu machen.*

Und die metaphorische Erklärung dafür lautet: Die Vielen, die immer in der Höhle lebten, können nicht verstehen, was eine Höhle ist. Aufklärung, der Ausgang aus der selbstverschuldeten Unmündigkeit, wäre dieser Höhlenausgang. Zu Platons Mythos von der Höhle, in der niemand die Freiheit will, die am Höhlenausgang aus der Unmündigkeit winkt, hat Leo Strauss noch eine raffinierte Variante gefunden: Wir leben heute in einer zweiten Höhle unterhalb der Platonischen Höhle; deshalb müssten wir erst in Platons Höhle hineinkommen, bevor wir sie verlassen, d.h. philosophisch leben können.

Wie man sieht, lässt sich unser Thema nicht wissenschaftlich konstruieren, und so muss eine Philosophie der Freiheit nach mythischen Hilfskonstruktionen Ausschau halten. Bis zum heutigen Tag fasziniert die Hegelsche Urgeschichte der Freiheit als Dialektik von Herr und Knecht. Es geht hier um zwei Formen der Manifestation von „antiphysis", nämlich einmal durch Kampf (der Herr) und zum anderen durch Arbeit (der Knecht). Die berühmte Urszene der Hegelschen Dialektik präsentiert uns einen Kampf auf Leben und Tod, in dem der Mensch seine *Fähigkeit zur Freiheit* beweist. Es geht hier um den Weg des Menschen von der ersten Natur der Bedürfnisse zu seiner zweiten Natur als geistiges Wesen. Indem er dem Tod ins Angesicht schaut, befreit er sich von seiner Natürlichkeit. Seine Gleichgültigkeit gegenüber dem unmittelbaren, leiblichen Dasein, seine innere Freiheit gegenüber der natürlichen Welt von Not und Bedürfnis, die er dadurch beweist, dass er sich freiwillig in Gefahr begibt, machen ihn erst fähig, die eigentlich menschliche Sphäre zu erreichen, die Hegel *das Anerkanntsein* nennt und die wir wohl meinen, wenn wir von Menschenwürde reden. Das Anerkanntsein ist nicht die Notgemeinschaft der Ängstlichen, von der die Staatstheorie des Thomas Hobbes erzählt, sondern die freie Identität der Menschen füreinander. *Die Menschen müssen sich daher ineinander wieder finden wollen.* Das Anerkanntsein ist die in der Welt wirklich gewordene Freiheit. Hegel definiert es deshalb auch als *das System der Freiheitsbestimmungen.*

Der Kampf auf Leben und Tod bricht die Macht der Selbsterhaltung – das ist die neue politische Urszene. Hegel macht hier einen entscheidenden Schritt über Hobbes hinaus, indem er die Selbsterhaltung durch Anerkennung ersetzt. Der Kampf auf Leben und Tod tritt an die Stelle der Angst vor dem Tod. Das Unmittelbare, Natürliche ist nämlich das, was die Menschen *voneinander ausschließt,* und deshalb muss es im Kampf aufgehoben werden. Wer diesen Kampf scheut, also den Mut nicht aufbringt, sein Leben für die Freiheit zu wagen, bleibt ein Sklave.

Im „Leviathan" des Thomas Hobbes, dieser Gründungsurkunde des modernen Staates, herrschten ja noch Angst und Sicherheit statt Stolz und Freiheit. Der Knecht verkörpert genau diese Hobbes'sche Angst vor dem gewaltsamen Tod. Und was Hegels Philosophie nun der Angst vor dem Tod entgegenstellt, ist die Forderung, dem Tod ins Angesicht zu schauen. Menschen können nur *als freie füreinander* sein, wenn sie das Natürliche überwunden haben. Freiheit entsteht deshalb im Kampf um Anerkennung auf Leben und Tod. Sein Leben zu riskieren, ist ein Beweis der Freiheit; es gibt wichtigeres als die Selbsterhaltung. Die Gefahr des Todes ist also das Medium, in dem der Mensch seine Freiheitsfähigkeit beweist – ohne allerdings dieser Freiheit schon Bestand verleihen zu können.

Der Knecht zieht das Leben der Freiheit vor; deshalb muss er einem Herrn dienen. Der Knecht hat kein Selbst und kann es nur in der Arbeit finden. Er geht also nicht den Weg der *negativen Freiheit*, die sich im Kampf auf Leben und Tod vom natürlichen Dasein emanzipiert, sondern den Weg der *positiven Formierung* der Dingwelt durch Arbeit. Und darin versteckt sich die entscheidende dialektische Wendung vom Heroismus der Freiheit zur bürgerlichen Lebensführung. Wer sein Leben riskiert, erreicht damit die Freiheit vom Dasein; wer aber arbeitet, verschafft der Freiheit selbst Dasein.

Der Herr zwingt den Knecht zur *Entäußerung seines Willens*, d.h. er bricht dessen Willen und zwingt ihn in die Außenwelt der Arbeit. Mit anderen Worten: Der Knecht lernt gehorchen, und indem er arbeitend die Welt erobert, wird für ihn *Herrschaft überflüssig*. Das ist der Kern der Dialektik von Herr und Knecht: Dem wahren *Begriff der Freiheit* entspricht nicht die negative Freiheit des Herrn, sondern der *wahre Gehorsam* des Knechts. Der Knecht nämlich beherrscht die Natur durch Arbeit und Technik – und er beherrscht sich selbst. Er findet sein Herrsein in Naturbeherrschung und Selbstbeherrschung. Damit beginnt eine neue Zeit: die Neuzeit. Der vormoderne Souverän war also der letzte, der Freiheit durch Herrschaft über andere manifestieren konnte. Nun betritt der Bürger als Einheit von Herr und Knecht die Bühne der Weltgeschichte.

Die Furcht des Herrn ist tatsächlich der Anfang der Weisheit, denn sie unterwirft die *Selbstsucht* und ermöglicht dadurch überhaupt erst *Selbstregierung*. Es ist also gerade die *den Eigenwillen brechende Zucht*, die den Menschen *frei, vernünftig und zum Befehlen fähig* macht. Diese Urszene der Freiheit wiederholt sich alltäglich in der Kindererziehung. Die Erwachsenen beschränken die Lust der Kinder, um sie zur Autonomie des freien Willens zu erziehen. *Sie müssen gehorchen lernen*, d.h. ihr freier Wille entsteht, indem er von der Willkür, vom Eigenwillen befreit wird. Die Willkür ist die Unfreiheit. Und das gilt für Hegel eben auch im großen Maßstab der Weltgeschichte, die er als *Zucht* zur Freiheit begreift: von der Freiheit des Einen im Orient (Despotismus), über die Freiheit der Wenigen in der Antike (Sklaverei), bis hin zur Freiheit Aller in der Moderne.

Die Furcht des Herrn ist aber gleich in doppelter Weise der Anfang der Weisheit, denn sie bestimmt nicht nur das Verhältnis von Herr und Knecht, sondern auch von Gott und Mensch. Ich fürchte mich vor einer Macht, die mein Gelten negiert und meine Selbständigkeit verletzt. Doch während der Mensch im Kampf auf Leben und Tod sich durch seine *besondere Furcht vor Besonderem* als Knecht erweist, ergreift ihn in der Konfrontation mit der absoluten Macht Gottes eine Furcht, die ihn von allem Besonderen befreit. In der Furcht des Herrn, der der allmächtige Gott ist, liegt deshalb ein *Sichlossagen von der Furcht* – und damit Freiheit.

Man kann diese Idee von der Geburt der Freiheit aus der Konfrontation mit dem allmächtigen Gott aber auch undialektisch denken, indem man die Furcht des Herrn als absoluten Schrecken emphatisiert. Wir haben diese Interpretation ja schon in Hans Blumenbergs Lutherbild gefunden. Demnach muss man die moderne Freiheit vor dem Hintergrund von Ordnungsschwund, Selbstbehauptung und Weltkonstruktion sehen. Wenn der Mensch sich in einer Situation befindet, die er nicht versteht, muss er sich in ihr behaupten. Hans Blumenbergs Grundgedanke ist also der, dass der theologische Absolutismus des Spätmittelalters den Menschen zur technischen Selbstbehauptung gezwungen hat: Die Theonomie provoziert die Autonomie. Und in der Tat lässt Luther in „De servo arbitrio" keinen Zweifel daran, dass nichts, was der Mensch tut, Einfluss auf sein Heil hat. Die einzige Alternative zu dieser *Selbstentmächtigung* in schlechthinniger Abhängigkeit ist dann die *Selbstermächtigung* zu technischem Tun.

Das führt uns zu einem verblüffenden Zwischenresultat: Moderne Technik und protestantisches Sündenbewusstsein harmonieren sehr gut, denn beide setzen voraus, dass der Mensch nicht in Harmonie mit der Natur steht. Seine Freiheit ist untrennbar von der Vertreibung aus dem Paradies, und der derart Verstoßene kann nur ein technisches Weltverhältnis entwickeln. Der Mensch geht also nicht evolutionär aus der Natur hervor, sondern wird in sie geworfen – und muss arbeiten. Sobald man aber erkennt, wie Menschlichkeit vom technischen Willen erzwungen wird, erscheint die Autonomie des Menschen nicht mehr als Hybris, sondern als *Antwort auf die Not der wesenhaften Fremdheit in dieser Welt.*

Das Gestell der Technik konkurriert nicht mit dem antiken Kosmos, sondern mit der christlichen Schöpfung. Die neuzeitliche Selbstbehauptung ist Selbstprogrammierung; an die Stelle der Vorsehung Gottes tritt die Vorzeichnung der eigenen Existenzmöglichkeiten. Aus Blumenbergs Perspektive können wir erkennen, dass die Grundbegriffe der modernen Welt, nämlich Kontingenz und Komplexität, funktional äquivalent mit dem spätmittelalterlichen Willkürgott sind. Weil die Welt unberechenbar ist, setzt sie freie Konstruktionen frei. Diese moderne Autonomie aus dem Willen technischer Selbstbehauptung wird alternativlos, sobald die klassischen Beruhigungsformen nicht mehr überzeugen – nämlich die Flucht in die Transzendenz und die Flucht in die Ataraxie. Wenn es kein natürliches Maß für das Verhältnis zur Welt gibt, muss man experimentieren, variieren und Hypothesen bilden. Man verzichtet auf Wahrheit – und führt Freiheit in die Theorie ein.

Die Geschichte der Freiheit war die Zeit der Philosophie von der griechischen Polis zum preußischen Staat. Und, so müssen wir ergänzen, sie ist heute eingeklemmt zwischen der Naturgeschichte der Evolution und der Technikgeschichte von der Dampfmaschine bis zum Computer. Pessimisten wie Karl Jaspers haben deshalb in der Freiheit nur den flüchtigen, scheiternden Augenblick der Geschichte zwischen natürlichem und technischem Sein sehen können. Und tatsächlich spüren wir immer deutlicher, dass die Freiheit des Einzelnen eine historische Anomalie zu sein scheint, singulär in der Geschichte und beschränkt auf Europa. Sie ist eine unwahrscheinliche evolutionäre Errungenschaft der westlichen Welt, die weder in anderen Kulturen noch in der Natur des Menschen verankert ist.

Die unverwechselbare Eigenart der Freiheit des Westens hat sich in der einmaligen Konstellation von wissenschaftlich-technischem Fortschritt, wirtschaftlichem Wachstum, freiem Markt, Privateigentum, Individualismus, Demokratie und Rechtsstaatlichkeit herausgebildet. Und all das ist mitzudenken, wenn der Philosoph Husserl noch einmal alle Hoffnungen in den *festen Stil des Willenslebens des europäischen Menschentums* setzt. Doch schon zwischen Hegels Tod und Alexis de Tocquevilles Amerika-Buch liegt die große Zäsur: Die Europäer sind nicht mehr die Herren der Erde. Das ist der Anfang vom Ende der Geschichte als europäischer. Auftreten Amerika und Russland, die das Abendland untergehen lassen. 1914 endet dann definitiv der europazentrische Nomos der Erde.

Längst leben wir unter der Herrschaft der Akronyme EU, UN, NGO, usf. – übernationale politische Mächte, die wir unbefragt hinnehmen und die von den Intellektuellen bedingungslos gepriesen werden. Welthandelsorganisation, Sicherheitsrat und internationaler Strafgerichtshof greifen tief in unser Leben ein, ohne sich auf ein demokratisches Mandat berufen zu können. Diese Mächte sind nicht legitim, sondern bestenfalls effektiv; die Exekutive schafft Recht. Und in der Tat zielt unsere moderne Output-Demokratie auf eine Legitimation durch Ergebnis. Der Alptraum einer Weltregierung, gar eines Weltstaates wird heute wieder als Utopie verkauft, und nur „Reaktionäre" haben noch den Mut, ihn einen Alptraum zu nennen. So heißt es bei Carl Schmitt: *Freiheit ist Bewegungsfreiheit, eine andere gibt es nicht. Wie entsetzlich ist eine Welt, in der es kein Ausland mehr gibt.* Das sind natürlich Meldungen vom „verlorenen Posten", Nietzscheanische Gesten eines Heroismus der Isolation.

Was aber ist das letzte Asyl des Freiheitsbewusstseins? Carl Schmitt hat auf diese Frage in einem Brief an Ernst Jünger vom 14.1.1958 eine schmerzhafte Antwort gegeben: Der einzig mögliche Fortschritt im Bewusstsein der Freiheit wäre heute ein *Fortschritt im Bewusstsein der Niederlage.* Ganz konsequent hat er deshalb in seinem Spätwerk immer wieder über den Katechon, den Aufhalter des Antichrist nachgedacht und sich selbst als den letzten bewussten Vertreter des Jus Publicum Europaeum stilisiert. Für Schmitt war klar, dass nur noch ein Katechon Europa retten kann. Ein verzweifelter Gedanke, den man aber durch eine kleine Wendung sehr fruchtbar machen kann – indem man nämlich Europa als katechontischen Begriff fasst. Die wahren Grenzen Europas, heißt das, werden gegen die Evolution der Weltgesellschaft erfragt.

Die realen Gründe dafür, dass wir uns das wahre Europa nur noch als katechontischen, also „aufhaltenden" Begriff denken können, sind jedermann vertraut. Die neuzeitliche Wissenschaft und die kapitalistische Geldwirtschaft versachlichen und objektivieren die Welt. Das ist die ganz prosaische Bedingung für das alltägliche „Fürsichsein" der formalen individuellen Freiheit. Die Klagen über die Kälte der bürgerlichen Welt sind also durchaus berechtigt. Doch Arnold Gehlens These von der Geburt der Freiheit aus der Entfremdung hat sehr schön deutlich gemacht, dass wir als moderne Menschen hier ein positives Vorzeichen setzen müssen. Sachlichkeit und Unpersönlichkeit des Sozialen sind die konkreten Bedingungen individueller Freiheit. Wir werden immer abhängiger – von schwachen Bindungen! Mit anderen Worten: Wir werden von den Leistungen anderer immer abhängiger, aber von anderen Personen immer unabhängiger.

Der Arbeitgeber ist kein Herr; der Lieferant ist kein Diener. Das wird jeder aufgeklärte Mensch gutheißen. Doch welche Art von Freiheit gewährt die bürgerliche Kontrakt- und Vertragsfreiheit? Formal ermöglicht sie eine individuelle *Bestimmung der Bedingungen der eigenen Lebensführung.* Aber schon Max Weber hat deutlich gesehen, dass diese Freiheit im wesentlichen nur von den Arbeitgebern genutzt werden kann, um nicht durch autoritären Zwang sondern durch die Nutzung von Marktchancen *Macht über andere* zu gewinnen. Weber nennt das *Machtentfaltung im Marktkampf*.

Wir haben es hier mit einer Dialektik zu tun, deren Pulsschlag auch noch die heutige Politik taktet. Der Kapitalismus stellte zunächst einmal die Unabhängigkeitserklärung für die Wirtschaft dar, nämlich als Emanzipation des wirtschaftenden Einzelnen durch die positive Wertung des Profitmotivs. So hat der Kapitalismus, rein formal betrachtet, die spezifisch europäische Verheißung von Freiheit und Gleichheit in der ökonomischen Sphäre verwirklicht. Wie der Soziologe Talcott Parsons es ironisch formulierte: Alle Dollars sind frei und gleich geschaffen. Dieses Credo geriet Mitte des 19.Jahrhunderts aber in eine tiefe Krise – und das war die Geburtsstunde des Marxismus. Seither ist Freiheit zweitrangig. Wir begreifen jetzt, wie es dazu kommen konnte. Das moderne Dilemma der Freiheit liegt nämlich darin, dass man sie nur wahrnehmen kann, wenn man ökonomisch gesichert ist; aber die Sorge um diese ökonomische Sicherheit wurde zum größten Feind der Freiheit.

Dieses Problem wird von der Pathosformel „Freiheit, Gleichheit, Brüderlichkeit" bis zum heutigen Tage verdeckt – auch wenn man nun nicht mehr von Gleichheit, sondern von sozialer Gerechtigkeit, und nicht mehr von Brüderlichkeit, sondern von Solidarität spricht. Historisch betrachtet kämpfen Freiheit und Gleichheit zunächst gemeinsam, aber sie trennen sich nach dem Sieg. D.h. nur solange die Gleichheit die Freiheit politisch benutzen kann, verbünden sie sich. Im Kampf gegen autokratische Machthaber stehen Freiheit und Gleichheit auf derselben Seite der Barrikade. Der Kult der siegreichen Gleichheit fordert dann aber rasch das Opfer der Freiheit.

Lord Acton urteilte über die Französische Revolution, dass die Hoffnungen auf Freiheit an der Leidenschaft für die Gleichheit zu Schanden wurden. Dieses Urteil ist wohl gerecht. Gerade deshalb aber gilt es, Kants idealistische Interpretation der Französischen Revolution als Geschichtszeichen der Freiheit zu emphatisieren; das heißt für uns, 1789 und 1989 ineinander zu spiegeln. Und alle, die heute im Fall der Berliner Mauer unser Geschichtszeichen erkennen, wird die Erinnerung daran beschämen, wie viele Realisten gegen die Wiedervereinigung waren, weil sie zu viel kosten würde. Wie in einem welthistorischen Experiment haben die Parallelgeschichten von DDR und BRD gezeigt, wie Freiheit zu singulärem Wohlstand führt, Sozialismus dagegen zu Misere und Tyrannei. Die Republik, die sich selbst per antiphrasin demokratisch nannte – und deshalb zurecht von der Springer-Presse „DDR" genannt wurde –, hat die Gleichheit in der Knechtschaft gesucht. Und die meisten haben diese Lektion verstanden; nur die Linksintellektuellen und ihre Medien nicht.

Dass gerade die westlichen Intellektuellen seit der Französischen Revolution immer wieder zu Verrätern am europäischen Stil individueller Freiheit wurden, hat aber auch einen philosophisch beachtlichen Grund. Jacob Taubes hat ihn in der Formel resümiert: *der Geist blamiert sich*. Gemeint sind natürlich die großen Abbruchs- und Entzauberungsunternehmer Marx, Nietzsche und Freud, die es den Intellektuellen schmackhaft gemacht haben, den hilflosen Geist aus der Kultur auszutreiben. Im Begriff Geist dachte der deutsche Idealismus die Vernunft als Geschichte – heute gilt er nur noch als reaktionär. *Der Tod des Geistes ist der Preis des Fortschritts*. Mit diesem Satz hat Eric Voegelin einen Kristallisationsprozess beschrieben, in dessen Verlauf der leitende Geist des „berufenen" Politikers und Unternehmers durch den Geist des Amtes ersetzt wurde, und der geronnene Geist der Institutionen und Techniken den freien Geist erstickte.

So bietet uns die Universität heute eine Philosophie ohne Geist, eine Psychologie ohne Seele und eine Soziologie ohne Gesellschaft. Einsamkeit und Freiheit – beides wird heute bekämpft. Der Humboldt-Universität macht der Fortschritt den Bologna-Prozess. Ganz selbstverständlich und unverfroren tituliert man die Studentenschaft als „Generation Praktikum", weil es niemand mehr wagt, die rigorose Berufsbezogenheit des Studiums in Frage zu stellen. Trotzdem war es niemand geringeres als Jürgen Habermas, der für die Universitäten einmal die Institutionalisierung der Unzeitgemäßheit forderte: *Freiheit ist etwas Altmodisches*. Doch damals, vor gut einem halben Jahrhundert, erinnerten sich eben noch einige daran, dass der Gelehrte einmal in einer Art bürgerlicher Askese den Dienst an der Wissenschaft leistete – Helmut Schelsky zum Beispiel. Für seinen Helden Wilhelm von Humboldt war die Universität der Schauplatz, auf dem der Mensch – *durch und in sich selbst* – Einsicht in die reine Wissenschaft findet. *Zu diesem SelbstActus im eigentlichsten Verstand ist nothwendig Freiheit, und hülfereich Einsamkeit*. Freiheit ist notwendig, Einsamkeit ist hilfreich. Das kann man als zweite Urszene des freien Geistes neben Kants Aufklärungsmodell des Höhlenausgangs aus der selbstverschuldeten Unmündigkeit stellen.

Das metaphysische System des Liberalismus

Dass sich Freiheit politisch organisieren muss, um überleben zu können, stellt eine unauflösbare Paradoxie dar. Um dieses Grundproblem des Liberalismus bei seinen Wurzeln zu fassen, müssen wir noch einmal auf Thomas Hobbes zurückgehen. Lebensernst ist der Grundton seiner politischen Philosophie. Sie zeigt uns den Menschen als *Proletarier der Schöpfung*, der den überwältigenden Mächten des Naturzustandes ausgesetzt ist, nichts zu verlieren und keine andere Wahl hat, als sich selbst zu helfen. Leo Strauss hat sehr schön gesehen, dass das Bewusstsein der Freiheit, das sich unter diesen Umständen bilden kann, von verzweifelter Ernsthaftigkeit ist. Hobbes' Mensch ist nicht stolz auf seine Freiheit und eher geneigt, sie zu dissimulieren.

Hier wird der Bruch des modernen politischen Denkens mit der antiken Tradition besonders deutlich. Hobbes hat den Stolz als Leidenschaft des „vaine-glory" bekämpft. Gemeint ist der griechische Agon, also der Wettbewerb um den Vorrang und dessen Anerkennung durch die Anderen. Ganz konsequent verurteilt Hobbes die heroischen Tugenden der Antike, die an Ruhm und Ehre orientiert sind, als Formen der Eitelkeit. An die Stelle der Eitelkeit tritt die Furcht, an die Stelle des Hochmuts tritt die Demut. Und auch in der bürgerlichen Dichtung verdrängt allmählich das Familiäre das Heroische.

Indem Hobbes der Tapferkeit den Tugendcharakter abspricht, möchte er uns dazu anleiten, in der Todesfurcht die eigentliche Grundlage der bürgerlichen Existenz zu sehen. Der Schrecken des Naturstandes ist für ihn nämlich das eigentliche Bewusstseinsfundament der Gesellschaft. Folglich ersetzt die Furcht die Vernunft. Das ist, wie Leo Strauss gesehen hat, der gute Sinn des politischen Mythos vom Kampf aller gegen alle. *Die bürgerliche Existenz, die diese Schrecken nicht mehr erfährt, hat Bestand nur solange sie sich ihrer erinnert.* Das Freiheitsbewusstsein des bürgerlichen Menschen ist deshalb für Hobbes ein tiefer Ernst.

Nicht jeder Liberale kann Thomas Hobbes als Begründer des Liberalismus anerkennen. Das hat im wesentlichen zwei Gründe. Zum einen ist sein Grundgedanke ja der, dass der Staat die Freiheit des Einzelnen nicht bedroht, sondern schützt, sofern die Gefahren für die individuelle

Freiheit nicht primär in der Obrigkeit, sondern in den Kirchen und Propheten liegen, die den konfessionellen Bürgerkrieg schüren. Zum andern hat Hobbes den Liberalismus auf die dem aufgeklärten Bewusstsein anstößige Überzeugung von der natürlichen Bosheit des Menschen gegründet. Auch diese Einsicht nämlich hält der politische Mythos vom Kampf aller gegen alle inmitten der Zivilisation fest: dass der Mensch immer gefährdet und gefährlich ist.

Böse heißt für Hobbes konkret: gefährlich, und Gefährlichkeit impliziert Herrschaftsbedürftigkeit. Mit seiner Wiederentdeckung der Gefährlichkeit des Menschen hat er den Kulturtheorien von Freud und Carl Schmitt den Weg gebahnt. Man kann sich das an der Kontrastformel des Christentums besonders deutlich machen. Angesichts der primären Feindseligkeit des Menschen ist das Gebot der Nächstenliebe reine „antiphysis". Ob es nun um Macht, Geld oder Konsum geht – die Grenzenlosigkeit des Begehrens zeigt, dass der Mensch kein natürliches Wesen ist. Deshalb stellt sich der Naturstand dieses unnatürlichen Wesens als Kampf aller gegen alle dar. Und um diese Dialektik geht es Hobbes: Der „status naturalis" fordert den Staat, der Ordnung aus dem Chaos schafft. Aus der absoluten Unordnung eines grenzenlosen Begehrens entsteht der Staat als Ordnung überhaupt.

Thomas Hobbes gilt deshalb unstrittig als der erste Philosoph moderner staatlicher Souveränität. In seiner bewunderungswürdigen Konstruktion des „Leviathan" hat Carl Schmitt aber auch den gedanklichen Keim zur Zerstörung des Staates entdeckt. Und damit wird Hobbes zugleich als Begründer des modernen Liberalismus erkennbar. Er unterscheidet nämlich zwischen äußerem Bekenntnis und innerem Glauben, also zwischen öffentlichen und privaten Urteilen. Weil die Gedanken frei sind, gibt es immer einen *individualistischen Vorbehalt* gegen die Staatsmacht. Das wird dann zum Ansatzpunkt für die Entwicklung des liberalen Rechtsstaats, nämlich der Freiheitsrechte des Einzelnen und des Verzichts auf Wahrheit. Spinoza hat diese *große Einbruchstelle des modernen Liberalismus* in Hobbes' Staatstheorie sofort erkannt und aus dem *individualistischen Vorbehalt* einen neuen *formgebenden Grundsatz* gemacht. Das Innen der Gedanken- und Meinungsfreiheit ist nun wichtiger als das Außen der staatlichen Ordnung.

Sobald aber die Religion Privatsache wird, entwertet sich das öffentliche Leben. Für Carl Schmitt ist dies die politische Erbsünde des Liberalismus: die Unterscheidung von souveränem Staat und individueller Freiheit bzw. bürgerlicher Wirtschaftsgesellschaft. Der neutrale Minimalstaat setzt auf das freie Spiel der Meinungen und der wirtschaftlichen Kräfte, aus dem die alle Politik bestimmende öffentliche

Meinung und der alle politischen Ziele ersetzende Wohlstand erwachsen. Wir kommen darauf noch ausführlich zurück.

Es mag einen geneigten liberalen Leser erschrecken, in einem Kapitel über das metaphysische System des Liberalismus erst mit Thomas Hobbes und nun gar mit Carl Schmitt konfrontiert zu werden. Doch das Problem und die Grundlagen des Liberalismus kann man nur durch seine radikalen Kritiker kennen lernen. Hier liegt die Bedeutung, die das Werk Carl Schmitts für unser Thema hat. Er hat klar gesehen, dass der bürgerliche Rechtsstaat vor allem ein System der Hemmungen und Kontrollen des Staates ist, nicht aber selbst eine Staatsform. Für Schmitt resultiert deshalb jeder liberale Gedanke aus der Betrachtung eines Unpolitischen.

Unpolitisch heißt aber nicht inkonsequent. Carl Schmitt hat den Liberalismus als metaphysisches System verstanden, das folgerichtig aus einem Prinzip heraus gebaut ist. So wie sich der Reichtum für alle aus der freien wirtschaftlichen Konkurrenz ergibt, so entsteht die Wahrheit aus dem freien Wettbewerb der Meinungen. Deshalb hat die *ewige Diskussion* im liberalen System eine Schlüsselrolle; sie sorgt für die Teilung der Gewalten und die Öffentlichkeit der Meinungen. *Redefreiheit, Pressfreiheit, Versammlungsfreiheit, Diskussionsfreiheit sind also nicht nur nützliche und zweckmäßige Dinge, sondern eigentliche Lebensfragen des Liberalismus.*

Aus der Perspektive des Metaphysikers und politischen Theologen erscheint die Rede- und Pressefreiheit als Religion des Liberalismus. Carl Schmitt hat deshalb von Donoso Cortes die Definition des liberalen Bürgertums als *diskutierende Klasse* übernommen. Alles politische Handeln sei bei den Liberalen ins Reden verlegt – sie wollen diskutieren, wo eine *blutige Entscheidungsschlacht* mit dem Sozialismus ansteht; und *auf die Frage: „Christus oder Barrabas" antworten sie mit der „Einsetzung einer Untersuchungskommission"*. Diskussion ist der Gottesdienst der Liberalen.

Im 19. Jahrhundert wollte der Dezisionismus von links und rechts, „La gran contienda" des Donoso Cortes und Proudhons „Bataille Napoléonienne", die diskutierende Klasse zum Schweigen bringen. Sie machten gemeinsam Front gegen das Liberale: Diskussion, ewiges Gespräch und Kompromiss. Die Kritik der Bürger als diskutierender Klasse durch den Katholiken Cortes findet übrigens bei dem Protestanten Kierkegaard eine genaue Entsprechung. Er nennt die für die liberale Diskussion nötige *lange Zeit des Verstehens eine betrügerische Erfindung: je länger die Überlegung währt bei gleichzeitigem Vertagen der Entscheidung, um so mehr entfernt man sich von Gott.* Die romantische

Idee des ewigen Gesprächs erscheint so als Inbegriff des Liberalismus. Und deshalb ist die Selbstbezichtigung des Novalis, ein durch und durch unjuristischer Mensch zu sein, für den Juristen Carl Schmitt von größter Aussagekraft. Denn nur ein spezifisch juristischer Sinn für die nicht räsonierende, repräsentative Rede kann der unendlichen Diskussion Einhalt gebieten.

Am schärfsten urteilt der Weber-Schüler Christoph Steding über den liberalen Typus: *Solch ein Mensch verhandelt statt zu handeln, er verlegt sich notwendig aufs Reden und Debattieren und ist der geborene ‚Conférencier', der Besucher von nie zu einem Abschluss kommenden Konferenzen.* Der Begriff des Politischen dagegen unterstreicht den Ernst des Lebens in einer Welt, die sich zu Tode amüsiert. Das Politische steht polemisch gegen das Interessante und Unterhaltsame. Und so verbittert sich Kierkegaards Ekel vor dem „Geschwätz" in Carl Schmitts Ekel vor der „Unterhaltung".

Den konsequent individualistischen Liberalismus definiert Schmitt durch die *Negation des Politischen.* Der Liberale betreibt die Politik der Entpolitisierung und Neutralisierung. Mit anderen Worten: Liberale Politik besteht in der Kritik der Politik. Das metaphysische System des Liberalismus gewinnt seine Systematik demnach aus der systematischen Weise, in der er die Politik umgeht. Der Einzelne ist sein Alpha und Omega. Dieser hat keinen Feind und kennt keinen Grund, auf Leben und Tod zu kämpfen. Deshalb zerfällt der politische Kampf in Konkurrenz und Diskussion.

Das metaphysische System des Liberalismus entspricht exakt der funktionalen Differenzierung der modernen Gesellschaft, also der Ausdifferenzierung autonomer Sozialsysteme. Der Staat ist dann nur noch ein soziales Phänomen neben anderen. Darin kann Carl Schmitt aber nur eine Entpolitisierung sehen, die das Grundproblem der liberalen Politik verdeckt. Denn *das Risiko des Politischen* lässt sich nicht vermeiden. Alles, was öffentlich interessiert, ist der Möglichkeit nach politisch. Und es macht für Schmitt gerade die *Eigenart des Politischen* aus, dass man es nicht als Sachgebiet neben anderen, als das politische System neben anderen sozialen Systemen verstehen kann.

Carl Schmitts Begriff des Politischen formuliert die Antithese zum Liberalismus, den er ja gerade als Negation des Politischen definiert. Es ist von tiefer dialektischer Ironie, dass Schmitt dabei gerade an Hobbes, den Begründer des Liberalismus, anschließen kann. Denn Hobbes wusste noch, wogegen das liberale Ideal der Zivilisation errungen wurde – nämlich gegen die natürliche Bosheit des Menschen, den Naturzustand, die Erbsünde. Seit Hobbes die *Position der Zivilisation* durch die Negation des Naturzustandes markierte, ist der Liberalismus aber in einen politischen Schlaf verfallen; seine Kulturbeflissenheit hat die Gefährlichkeit des Menschen verdeckt. So kann Schmitt den Begründer des Liberalismus gegen den etablierten Liberalismus in Stellung bringen. Niemand hat das deutlicher formuliert als Leo Strauss: *Während Hobbes in einer illiberalen Welt die Grundlegung des Liberalismus vollzieht, unternimmt Schmitt in einer liberalen Welt die Kritik des Liberalismus.*

Wie Thomas Hobbes für die Konstruktion des Liberalismus, so steht Carl Schmitt für seine Dekonstruktion. Beide Unternehmen sind dadurch aufeinander bezogen, dass Schmitt den „Naturstand" von Hobbes in „das Politische" übersetzt. Daraus ergibt sich eine einfache weltgeschichtliche Dialektik. Hobbes markiert die Position der Zivilisation. Dagegen formiert sich der Liberalismus als Negation des Politischen. Und dagegen setzt Carl Schmitt die Position des Politischen. Dieser Begriff des Politischen ist heute der Inbegriff aller ernstzunehmenden Modernitätskritik. Sie stellt heute für den Liberalismus keine politische, wohl aber die einzig ernst zu nehmende intellektuelle Herausforderung dar. Der Liberalismus hat in dieser Auseinandersetzung nämlich nicht gesiegt, sondern seine politischen Gegner haben sich erschöpft. Es gibt keine Utopien mehr. Wir können uns die Welt besser vorstellen, aber dann nicht wesentlich anders. Und wir können uns die Welt anders vorstellen, aber dann auf keinen Fall besser. Das Ja zur liberalen Gesellschaft ist heute also nicht der Ausdruck naiver Selbstsicherheit, sondern der Ausdruck unserer Erschöpfung nach einer langen, erfolglosen Suche nach besseren Alternativen.

Das metaphysische System des Liberalismus besteht aus Marktwirtschaft, Eigentum, Freiheit des Einzelnen, Herrschaft des Rechts, staatlicher Sicherheit und Ordnung, formaler Chancengleichheit und Karrierechancen für jedes Talent. Der Liberale erkennt im Wettbewerb das Schicksal der Freiheit und im Recht das regulierende Supplement des Wettbewerbs. Mehr an Ordnung ist für eine moderne Gesellschaft weder nötig noch sinnvoll möglich. Die offene Gesellschaft kann man nur offen halten – aber das ist den meisten zu wenig. Deshalb werden die Liberalen niemals eine „Volkspartei" sein.

In der Größe des Liberalismus liegt zugleich seine größte Schwäche: der Wahrheitsverzicht. Hermann Lübbe hat das zu der dialektischen Pointe zugespitzt, man müsse gerade den Dezisionismus des radikal antiliberalen Carl Schmitt liberal lesen. *Liberal ist das Dezisionsprinzip, indem es Mehrheit statt Wahrheit zum Grund unserer bürgerlichen Verbindlichkeiten erhebt, deswegen, weil einzig so denjenigen Bürgern, die in der Minderheit verblieben, uneingeschränkt offen steht, die Wahrheit, statt bei der Mehrheit, an ganz anderer Stelle zu vermuten.* Die Diversität der Meinungen und der Lebensstile, die Varietät der Situationen und die Spontaneität der Individuen bilden das Medium einer liberalen Gesellschaft. Sie erträgt das Ärgernis, das ihr die Freiheit des Einzelnen bereitet. Ein Liberaler toleriert, dass andere anders leben und denken, als er selbst es für richtig hält. Gefahr droht der Freiheit nämlich nicht durch Unsinn, sondern durch Unduldsamkeit.

Unabhängigkeit, Selbstvertrauen, Risikobereitschaft, Mut zur abweichenden Meinung und Kooperationsbereitschaft sind die Tugenden des Liberalen. Vor allem die Tugend der Risikobereitschaft ist heute aber unbeliebt, weil sie männlich ist. Zunächst hat der Liberalismus ja den Herrn zum Unternehmer gezähmt und damit eine entscheidende Zivilisationsleistung erbracht. Doch der Preis, den er allzu oft, und zwar schon seit Hobbes, dafür entrichtet hat, ist hoch: die Verdrängung des Thymos. So liegt die Frage auf der Hand: Gibt es einen männlichen Liberalismus?

Wir wollen die Fragerichtung im folgenden umkehren und die These verfolgen, dass ein recht verstandener Liberalismus unter modernen Lebensbedingungen die einzige Form ist, in der sich Männlichkeit bewähren kann. Das signalisiert schon Max Webers Lieblingsbegriff der „Chance“, der auf die Einheit von Freiheit und Risiko verweist. „Chance“ ist die polemische Antithese zu unserem Kult der Sicherheit, der die Freiheit vom Risiko verspricht. Doch wer frei von Risiken leben will, gewinnt keine Sicherheit, sondern opfert seine Freiheit. Der Kern der echten Freiheit steckt in der *Möglichkeit des Lebens auf eigenes Wagnis* – so die prägnante Formel von Ernst Rudolf Huber.

Freiheit ist die Möglichkeit, das eigene Leben sinnvoll zu gestalten. Das klingt attraktiv, doch bei näherem Hinsehen ist leicht zu erkennen, warum die meisten Menschen im Zweifel für Sicherheit und gegen Freiheit plädieren. Freiheit differenziert und ist elitär. In einer liberalen Gesellschaft gibt es immer unverdiente Erfolge und unverschuldete Misserfolge. Freiheit ist nämlich nur die formale Garantie für die Gelegenheit, Erfolg zu haben. Erfolg ist die Belohnung für den, der an die Freiheit glaubt, denn er sieht sich allein verantwortlich für sein Schicksal. Doch wohlgemerkt: Nicht der Erfolg ist garantiert, sondern nur seine Chance.

Dass wir im Wohlstand leben und doch unzufrieden sind, hat Freud mit dem kulturell notwendigen Triebverzicht begründet. Doch es gibt noch zwei weitere, modernitätsspezifische Gründe für das Unbehagen in der Kultur, nämlich die Last der Wahl und den Zwang zur Eigenverantwortung. Eine freie, offene Gesellschaft zwingt den Einzelnen, selbst die Sphäre zu finden, in der er nützlich und erfolgreich sein kann. Das erklärt, warum Freiheit in der modernen Gesellschaft so unbeliebt ist: Sie zwingt zur Verantwortung und schafft Ungleichheit.

Alle pochen heute zurecht auf ihre Menschenwürde. Doch Würde setzt Freiheit voraus, und Freiheit schafft Ungleichheit, denn sie individualisiert. Und einige Lebensformen sind eben erfolgreicher als andere. Das hat schon Hegel sehr klar gesehen. Der moderne Rechtsstaat, der die Freiheit des Einzelnen schützt, eröffnet jedem die *Möglichkeit, seine Talente und Eigenschaften zu entwickeln.* Damit fördert die Freiheit aber nicht die Gleichheit, sondern die höchst individuelle Entfaltung der Persönlichkeit gerade in dem, *worin die Menschen ungleich sind und sich durch diese Bildung noch ungleicher machen.* Soziologen haben dieses Problem dann Abweichungsverstärkung genannt. Die Freiheit des Einzelnen ist sein Recht, sich von anderen zu unterscheiden. Und die liberale Demokratie sichert die rechtliche Gleichheit aller Menschen als Basis für die freie Entfaltung ihrer natürlichen Ungleichheit.

Wir betonen hier „liberale Demokratie“, denn über der Einsicht, dass Demokratie und Freiheit einen Gegensatz bilden können, liegt ein sozialdemokratisches Tabu, das die Diskussion, die wir mit diesem Buch anstoßen möchten, bisher erfolgreich blockiert hat. Je besser sich aber die Demokratie mit dem Sozialismus verträgt, desto deutlicher wird der Gegensatz zwischen Demokratie und Liberalismus. Nicht nur Carl Schmitt von rechts, sondern auch Georg Lukács von links haben gezeigt, dass demokratische Diktatur durchaus kein Widerspruch in sich ist. Die Unklarheit in diesem Punkt ist wohl deshalb so groß, weil die meisten Menschen den Begriff Demokratie romantisch verwenden, d.h. sie identifizieren ihn mit allem, was ihnen politisch sympathisch ist. Nüchtern betrachtet, sorgt Demokratie aber lediglich für Gleichheit, während nur der Rechtsstaat individuelle Freiheit garantiert.

Eigentum, Privatsphäre, Freiheit und der Prozess der Zivilisation sind untrennbar. Die bürgerliche Gesetzgebung sichert die Freiheit des Einzelnen, indem sie seinem Eigentum Sicherheit verleiht. Das Eigentum ist das Außenskelett des Individuums. Es steht für Leistung und gegen Daseinsfürsorge, für Prestige und gegen Neid, für Individualität und gegen Gruppenzwang. Doch diese Freiheit im Eigentum wird durch den von ihr ermöglichten *unverhältnismäßigen Reichtum einiger Bürger* selbst bedroht. Deshalb meinte schon der junge Hegel, *es wäre eine wichtige Untersuchung, wie viel von dem strengen Eigentumsrecht der dauerhaften Form einer Republik aufgeopfert werden müsste.*

Das liberale Bürgertum musste gleichzeitig an zwei Fronten kämpfen. Gegen die Monarchie behaupteten die Bürger Freiheit und Gleichheit; gegen das Proletariat verteidigten sie ihr Privateigentum. Angesichts dessen wird das Biedermeier als gesellschaftliches Wunschbild durchaus plausibel. Aber eben auch Nietzsches scharfe Kritik des liberalen Bürgertums! Die nur formal liberalen Bürger unterscheiden sich nämlich von ihren Feinden, den Sozialisten, nur durch ihren Besitz; in der Gesinnung sind sie ihnen gleich. Der Sozialismus ist die eigene Frage des Bürgertums als Gestalt. Dieses müsste also seinen eigenen Wohlstandsfetischismus überwinden, um jenen zu besiegen.

Carl Schmitt hat gezeigt, dass Privateigentum und individuelle Freiheit, auf denen das metaphysische System des Liberalismus gründet, in der bürgerlichen Gesellschaft des 18. Jahrhunderts noch *ein echtes Sollen* enthalten. Das setzt aber den Glauben an die Richtigkeit und Vernünftigkeit dieser Prinzipien und einen Willen zu diesem Sollen voraus. Die bürgerliche Welt der Freiheit bricht zusammen, sobald ein Positivismus bloßer Normen das Rechtsbewusstsein zu beherrschen beginnt. *Hier hört plötzlich das Sollen auf.* Diese normative Implikation des Privateigentums wieder herauszuarbeiten, ist eine der wichtigsten Aufgabe des Liberalismus heute. Ich beende dieses Kapitel mit knappen Skizzen der beiden wichtigsten Ansätze.

In einem Aufsatz des ehemaligen Richters des Bundesverfassungsgerichts Paul Kirchhof wird Eigentum als *geprägte Freiheit* definiert. *Freiheit heißt, sich auch im Erfolg seines Handelns von anderen unterscheiden zu dürfen. Wer also erwerbswirtschaftlich besonders erfolgreich war, wer sein Eigentum klug verwaltet, gemehrt und genutzt hat, findet in einer freiheitlichen Ordnung freiheitsverständige Anerkennung. Wer diese freiheitlich hergestellte Verschiedenheit nicht ertragen kann, verweigert sich letztlich dem Freiheitsgedanken.* Hier wird die normative Implikation des Eigentums als Schlüsselbegriff des Liberalismus besonders deutlich. Privateigentum diskriminiert: Das gehört mir, nicht dir. Hier habe ich ein Recht auf Ausschluss. Die Freiheit der Assoziation muss also auch eine Freiheit der Segregation sein. Der, mit dem ich handle, muss nicht auch mein Nachbar sein können. Deshalb ist jede erzwungene Integration freiheitsfeindlich.

Aber mehr noch als auf meine Freiheit und mein Eigentum stützt sich der moderne Liberalismus auf deine Freiheit und dein Wissen. Das ist die große Einsicht Friedrich von Hayeks. Er hat die individuelle Freiheit in einen zunächst verblüffenden Zusammenhang mit Ignoranz gebracht. Jeder weiß nur wenig, und besonders wenig wissen wir darüber, wer in der jeweiligen Situation am besten Bescheid weiß. Das gilt für den Klügsten genauso wie für den Dümmsten. Deshalb vertrauen wir dem Wettbewerb unabhängiger Anstrengungen. Auch der Liberale kann sich also das moderne gesellschaftliche Leben nicht ohne Unterwerfung vorstellen; der Einzelne muss sich nämlich den ebenso unpersönlichen wie unverständlichen Gesetzen des Marktes unterwerfen.

Weil mit dem Wachstum des Wissens auch die Ignoranz eines jeden wächst, muss man auf Wettbewerb und Freiheit setzen – nicht auf Planung und Gleichheit. Unser Nichtwissen verwandelt die Welt in Wahrscheinlichkeiten und Chancen. Ignoranz ist also selbst unsere konstitutive Freiheit, die einen Raum des Unvorhersehbaren eröffnet. Und alle Institutionen der Freiheit ratifizieren den Verzicht auf Gewissheit. Wir wissen wenig über die Welt – deshalb ist sie ein Überraschungsfeld. Wir wissen noch weniger über das beste Wissen in der konkreten Situation – deshalb setzen wir auf Wettbewerb. Und wir wissen nichts darüber, wie der andere seine Freiheit nutzen wird – deshalb ist sie allen nützlich.

Aus John Stuart Mills Apologie des Genies gegen die Tyrannei von *all mankind minus one* wird Friedrich von Hayeks Glaube an den *one man in a million*, dessen Freiheit für die Gesellschaft nützlicher sein kann als die Freiheit aller. Doch damit *einige* ihre Freiheit zum allgemeinen Besten *nutzen* können, müssen *alle* frei *sein*. Hayeks *one man in a million* ist nicht mehr Mills Genie, für dessen Exzentrizitäten man die Mehrheit um Verständnis bittet, sondern ein Unbekannter, dessen für alle wohltätiges freies Handeln nur gefördert werden kann, wenn man allen Freiheit einräumt.

Die individuelle Freiheit, auf die Hayek den entscheidenden Akzent setzt, ist also die Freiheit des Anderen – nicht meine Freiheit, sondern deine Freiheit. Denn wir alle profitieren am meisten von der Freiheit der Anderen, nicht von der eigenen. So profitieren unfreie Mehrheiten von freien Minderheiten, unfreie Staaten von freien Staaten. Wichtiger als die eigene Handlungsfreiheit – und damit auch wichtiger als die Frage, inwieweit ich in meinem Handeln eingeschränkt bin! – ist also die Tatsache, dass alles mögliche von irgend jemandem ausprobiert werden kann. Nicht dass ich meine, sondern dass du deine Freiheit nutzen kannst, fördert das gesellschaftlich Gute – und damit mein eigenes Bestes. Was mir am meisten nützt, ist die Freiheit der Anderen.

Die Macht des Einzelnen

In den 40er Jahren des 19. Jahrhunderts schreiben Max Stirner und Sören Kierkegaard gleichzeitig über den Einzelnen – Stirner über den Einzigen und sein Eigentum, Kierkegaard über den Einzelnen und sein Christentum. Ihre Motive könnten unterschiedlicher nicht sein, doch was sie verbindet, ist stärker: der Kampf gegen den Kult des Staates und den Kult der Menschheit, gegen die soziologische Theorie der sozialen Systeme und das kulturelle Selbstverständnis einer „christlichen Welt". Nicht nur das religiöse Genie aus der Kleinstadt, sondern auch der Privatlehrer eines Berliner Mädchenpensionats plante ein intellektuelles Attentat auf die moderne Welt. Diese Sonderlinge stellen zwei extreme Fälle dar, an denen man unser Problem der Freiheit wie an Laborpräparaten studieren kann.

Wenn man sich von der autodidaktischen Aufgeregtheit Stirners nicht irritieren lässt, trifft man auf eine Fülle höchst aktueller Beobachtungen. So bestelle der Staat Gutmenschen als Zensoren, die mit größtem Wohlwollen moralischen Einfluss auf uns ausüben. Stirner kritisiert in diesem Zusammenhang Goethe und Hegel als hörige Geistesfürsten der Bourgeoisie, die den gehorsamen Diener mit dem freien Menschen und die Gedankenfreiheit mit Staatsphilosophie verwechseln. Hier erweist sich ein Unterschied für Stirners Philosophie als zentral: *der Unterschied zwischen Selbstbefreiung und Emanzipation*. Den Emanzipierten hat man freigesprochen oder freigelassen, aber er hat sich nicht selbst befreit. Jeder Emanzipationsprozess unterstellt demnach, dass man es mit Sklaven zu tun hat.

Max Stirner entlarvt also die Emanzipation als das vergiftete Geschenk der Freiheit. Und im Gegenzug versucht er, von der „christlichen Welt" negativ gewertete Charaktere wie Frechheit und Ungezogenheit im Namen der wahren Freiheit der Eigenheit zu positivieren – sehr schön verdichtet in dem Satz: *mein Widerwille bleibt frei*. Nun wird auch klar, warum es Stirner nicht um den Einzelnen und seine Freiheit, sondern um den Einzigen und sein Eigentum geht. Es gibt nämlich einen alles entscheidenden *Unterschied zwischen Freiheit und Eigenheit*. Freiheit bleibt ein christliches Ideal, während Eigenheit wirklich ist in dem, was ich in meiner Macht habe. Die Denunziation von Eigenliebe, Eigennutz und Eigensinn zeigt für Stirner deutlich, dass das Christentum den Einzelnen nicht als Einzigen gelten lässt.

Der Christ Kierkegaard arbeitet mit einer ganz ähnlichen Unterscheidung wie der Atheist Stirner, aber nun innerhalb des Christlichen selbst. Mit polemischer Schärfe unterscheidet er das Christentum von der Christenheit. An die Stelle von Stirners anarchischem Widerwillen tritt bei Kierkegaard die Askese. Sie vereinzelt unmittelbar. Der Asket zieht den Hass der Vielen auf sich, weil er freiwillig dem entsagt, was ihnen das Wichtigste im Leben ist. *Das wirklich Seiende wird in Ausdrücken des wirklich Wichtigen und wirklich Wertvollen definiert.* Wenn wir diesen Satz Leo Schestows auf Kierkegaard anwenden, ergibt sich aber, dass das Wichtige am Leben das ist, was nicht für alle gilt – der Einzelne, die Ausnahme. Und weil der Einzelne die Ausnahme ist, hat er immer das gleiche Schicksal: Die Meute hetzt den Märtyrer und den Sündenbock. Kierkegaard hat das Martyrium ganz modern in die Innerlichkeit hineinreflektiert. Aber auch dort bewahrt es seine Freiheitsbestimmung – die Übermacht dessen, der bereit ist, ein Opfer zu bringen.

In der modernen Gesellschaft besteht das Martyrium im sozialen Ostrazismus. Für Kierkegaard ist die Demokratie als Herrschaft von jedermann die vollendete Tyrannei, weil es nun kein Rückzugsgebiet des Unbeobachtetseins mehr gibt; alle kontrollieren alle. Und nicht zu sein wie die anderen ist die Todsünde der Massendemokratie. Der Einzelne ist per se der Verbrecher. Kierkegaard dringt hier zu Einsichten vor, die man über hundert Jahre später auf den Begriff der Schweigespirale gebracht hat. Die Menschen fürchten nicht mehr, das Unwahre zu sagen, also die unrichtige Meinung zu haben, sondern nur noch, mit ihrer Meinung allein zu bleiben. Kierkegaard nennt das die *Angst davor, ein Einzelner zu sein.*

Der Pneumatiker erträgt nicht nur die Isolationsfurcht, sondern er kann auch *die Isolation aushalten.* Das Christ-Sein des Einzelnen ist also durch und durch polemisch – gegen sich selbst, um nämlich ein Einzelner zu werden, und gegen die Welt. Das Polemische des Christ-Seins besteht im Kampf des Einzelnen gegen die Anderen. *Wir Menschen bedürfen dagegen beständig ‚der anderen', des Haufens; wir sterben, wir verzweifeln, wenn wir nicht dadurch gesichert sind, dass wir in dem Haufen sind, derselben Meinung sind wie der Haufe usf.*

Der Einzelne steht aber nicht nur polemisch gegen die sozialen Systeme, sondern er ist auch der archimedische Punkt, von dem aus man „das System" aus den Angeln heben kann. Deshalb bezeichnet Kierkegaard den Christen als *das Außerordentliche auf dem Gebiete der Freiheit*. Der Christ überbietet damit das Genie, das die außerordentliche natürliche Begabung ist. Dieses Verhältnis wird aber noch weiter dialektisch zugespitzt. Während die Natur nur wenige Genies erzeugt, steht das Christ-Sein allen offen – und doch ist ein Christ seltener als ein Genie. Nichts ist seltener als ein Einzelner, aber jeder kann es sein. Es gibt für Kierkegaard nur noch einen supererogatorischen Akt: ein Einzelner zu sein. Niemand muss sich das zumuten, und die Anderen raten dringend ab, aber jedem steht die Möglichkeit offen. Wir kommen gleich auf derartige Leistungen zurück.

Man kann die Staatsfeindlichkeit Stirners und Kierkegaards nur verstehen, wenn man sich an die Erfahrungen erinnert, die zum Kult des Staates als des erscheinenden Gottes geführt haben. Am Anfang war der Bürgerkrieg, die Barbarei der ungezügelten Leidenschaften. Dann haben das moderne Kunstwerk des Staates und der asketische Geist des Kapitalismus Ordnung ins Chaos gebracht. Doch bald wurde der Preis spürbar, den der alte Adam für diese Ordnungsleistung entrichten musste: Entzauberung, Enttäuschung, Unbehagen und Langeweile. Aus dieser „großen Leere" befreiten dann Protest, Terror, Engagement und die Poesie des Krieges. Die letzten Helden starben im Ersten Weltkrieg. Stefan George hat das beschworen, Ernst Jünger hat es protokolliert.

Wo sich früher der Krieger oder der „Arbeiter" in heroischen Gesten gefielen, übt jetzt der Beobachter soziale Epoché. Sehr schön spricht Jünger einmal vom *Auftauchen aus den Funktionen*. Der Beobachter ist nicht mehr der Kamerad, sondern der Einzelne. Und weil der Einzelne für die Masse der *Sozialfeind* ist, muss er sich tarnen und verstecken. Er wird zum Waldgänger, zum Anarchen, zum *Refraktär*. Wenn die gesellschaftliche Ordnung posthistorisch erstarrt, liegt der Ort der Freiheit dort, wo uns der Leviathan nicht findet: im Chaos. Jünger nennt es mit einem Wort Solgers das Ungesonderte.

Von allen Figuren der Freiheit, die Jünger im Anschluss an Stirners Einzigen, Kierkegaards Einzelnen und Nietzsches Einsiedler skizziert hat, gewinnt der Waldgänger die stärkste Prägnanz. Es geht hier um die Entscheidung des souveränen Einzelnen. Der Waldgänger bezeugt Freiheit durch das Nein zur Macht – aber auf einem anderen Schauplatz der Negation. Dieses Nein ist vor allen Dingen auch ein Nein gegen die Schablonen des Protests, die uns die Tradition des „kritischen Bewusstseins" aufgezwungen hat. Die Freiheit des Waldgängers ist weder Flucht noch Opposition. Und auch in der Figur des Anarchen verwirklicht sich die Freiheit des Waldgängers – nun aber *von* der Gesellschaft *in* der Gesellschaft selbst.

Bis zum Ende seines langen Schriftstellerlebens hat Ernst Jünger versucht, Alternativen zum „verlorenen Posten", zum Heroismus der Isolation zu finden. Und wenn man die Idee der Freiheit durch soziale Epoché konsequente zu Ende denkt, stößt man auf die Figur des Zuschauers. Der unbeteiligte Zuschauer ist ein Unheld, der Freiheit nur als Unbetroffenheit kennt. Hans Blumenberg hat das zu seinem Lebensthema gemacht und am *Unhelden*, der die Macht der Geschichten entdeckt, das Erzählen als eine Praxis der Freiheit kenntlich gemacht. Das erklärt die Attraktivität von „Metaphorologie", Mythentheorie und modernem Polytheismus. Sie wollen weg vom Absoluten und Prinzipiellen, also weg von Religion und Metaphysik. Es gibt noch Theorie, aber sie ist nicht mehr das System der Wahrheit, sondern nur noch eine Schutzhöhle für das Bewusstsein. Freiheit heißt Distanzgewinn – deshalb das Lob des Skeptikers und des Zuschauers.

In der Figur des Zuschauers stecken zwei dialektische Entwicklungsmöglichkeiten, eine ästhetische und eine politische. Raymond Arons „spectateur engagé" nutzt die Distanz des Zuschauers zur aktiven Beobachtung des öffentlichen Intellektuellen (– und in dieser Position befindet sich jeder, der etwas über unser Thema schreibt!). Hier geht es um intellektuelle Tapferkeit, geistige Zivilcourage, die sich ohne Angst der fremden Meinung, ja auch der unberechtigten Kritik stellt und den *Mut zum Einzelkampf um die Wahrheit* aufbringt. Diese schöne Formulierung findet sich in einem Buch des großen Liberalen Ralf Dahrendorf mit dem für unser Thema so einschlägigen Titel „Versuchungen der Unfreiheit".

Ernst Jüngers Waldgänger und Hans Blumenbergs Zuschauer weisen aber in die andere, ästhetische Richtung. Das ist eine Perspektive, die wir in unserem Versuch über die Freiheit gleichsam aushängen, obwohl sie gerade für die deutsche Kultur einmal charakteristisch war: die Kunst als Gegenwart der Freiheit. Thomas Manns Geschichten kreisen um die Kunst als letztes Asyl asketischer Bürgerlichkeit. Gottfried Benns Gedichte präsentieren den Artisten als Katechonten, der mit der unüberbietbaren ästhetischen Selbstbehauptung *Gott ist Form* gegen die Entropie des Posthistoire antritt.

Das sind einige Beispiele für einen Figuralstil der Freiheit. Er orientiert sich an Größe, nicht an Vergangenheit oder Zukunft. Er präsentiert das Vorbild statt eines Weltbildes, und zwar das Vorbild als Ausnahme, nicht als moralisches Leitbild. Während uns also die modernen Soziologen predigen, dass Sein heute Ersetzbarsein heißt, wusste Jacob Burckhardt noch: Alle Menschen sind ersetzbar, nur die Großen nicht. In den großen Männern verdichtet sich die Geschichte – sie sind nicht moralisches Vorbild, sondern Ausnahme. Damit sind wir in der Welt der Helden und der welthistorischen Individuen, der Männer, die Geschichte machen und Zeichen setzen.

Dass all das quer zum modernen Selbstverständnis des Bürgers steht, liegt auf der Hand. Die Orientierung an Größe, die Sorge um den Ruhm erscheint geradezu als das Gegenteil der bürgerlichen Erfolgsorientierung. Und noch beunruhigender am Helden ist, dass er den Sinn des Lebens nicht im Glück sucht. Das kann man von den Kammerdienern der Geschichtsschreibung lernen: Die Helden sind nicht glücklich. Sie halten Distanz von der modernen Vergötterung des Erfolges, von der Suche nach dem Glück und von der Eitelkeit moralischer Vorbildlichkeit. Ihre heroische Identität kennt nur eine Währung: den Ruhm. Der Ehre den Vorrang vor dem Interesse zu geben, ist das Kennzeichen des wahren Adels.

Davon hat sich die moderne Welt unendlich weit entfernt. Seit die amerikanische Unabhängigkeitserklärung das Streben nach Glück gleichberechtigt neben die „unveräußerlichen" Rechte auf Leben und Freiheit setzte, ist uns der Horizont der konsumistischen Wohlstandsgesellschaft vorgezeichnet. Und seither stehen die Figuren der Freiheit als Solitäre isoliert in einer Massendemokratie, die nur noch eine „horizontale" Lebensorientierung anbietet. Das Streben nach Glück und das Streben nach Ruhm stehen orthogonal zueinander. Die einen suchen außer sich, die anderen über sich. Goethe hat hier noch sehr klar und antimodern gewertet: *Nicht das macht frei, dass wir nichts über uns anerkennen wollen, sondern eben, dass wir etwas verehren, das über uns ist. Denn indem wir es verehren, heben wir uns zu ihm hinauf und legen durch unsere Anerkennung an den Tag, dass wir selber das Höhere in uns tragen und wert sind, seinesgleichen zu sein.*

Der Goethe-Verehrer Thomas Carlyle hat viel Spott auf sich geladen, weil er sich die Begeisterung für den Helden und die Einsicht in die gesellschaftliche Notwendigkeit der Heldenverehrung nicht nehmen ließ. Was uns am Helden fasziniert, ist dies: *to see and dare, and decide* – sehen, wagen und entscheiden. Der Held sieht immer nur eine Sache; er wägt nicht ab. Und er kennt weder Ironie noch Kontingenz. Jede Heldentat sprengt die Immanenz des Lebens. Und auch die armseligste Existenz kann das Gefühl nicht unterdrücken, dass der Heroismus das Mysterium des Lebens berührt, die Lebensexzellenz.

Und nur in den Großen Büchern finden wir die wahren Helden. Deshalb ist die „kritische" Aversion gegen Klassiker, Kanon und Bildung nur ein anderer Ausdruck für den antiheroischen Affekt. Der antiheroische Affekt entsteht nämlich aus dem Ressentiment gegen die

Selbsttranszendenz. Der Held erinnert uns daran, dass das bloße Leben und Überleben nicht das gute Leben ist. Der Held ist das Über-sich-hinaus des Menschen. Seine Geschichte erzählt, was vielleicht niemals geschah, aber immer ist. Sie befriedigt das unzerstörbare Bedürfnis nach der bedeutsamen Geschichte, nach dem großen Ereignis in seiner Anschaulichkeit und Erzählbarkeit.

Während die moderne Soziologie alles in Zurechnung verwandelt, legt der Mythos das Geschehen als Tun aus, als Heldentat und Handlung. Der Tod des Helden lässt dann seine Geschichte zurück, die sein Wesen zeigt. Deshalb gehören zu den großen Taten des Herzens die großen Werke des Kopfes: Achill und Homer, Sokrates und Platon, Alexander und Aristoteles, Perikles und Thukydides, Christus und Paulus, Napoleon und Hegel. Das sind die wahren Helden, und sie werden erst untergegangen sein, wenn es niemanden mehr gibt, der die Großen Bücher lesen will.

Die Geschichte eines Helden weckt im Leser die Phantasie von einem anderen Willen. Das findet eine überraschende Bestätigung in Martin Heideggers Hauptwerk „Sein und Zeit". Er spricht dort ausdrücklich davon, *dass das Dasein sich seinen Helden wählt*. Das ist keineswegs metaphorisch gemeint. Indem sich das Dasein seinen Helden wählt, wiederholt es eine faktisch existent gewesene Möglichkeit. Mein Held wirkt als Kraft der Möglichkeit in meinem Dasein. Und gerade indem ich mich vor der Autorität dieser heroischen Existenzmöglichkeit beuge, bin ich meinem eigenen Selbst treu. Die Wiederholung einer überlieferten Existenzmöglichkeit erwidert diese Möglichkeit, widerruft damit die Macht der Vergangenheit und *entgegenwärtigt* die Gegenwart. So buchstabiert Heidegger Nietzsches Begriff des Unzeitgemäßen. Der entscheidende Effekt, den die Orientierung an der Autorität des Helden hat, ist die *Entwöhnung von den Üblichkeiten*.

Die Menschen, die ihre Lebensenergie aus der Ehrliebe, dem Rühmen und der Heldenverehrung ziehen, mussten immer schon gegen das Kartell der Mittelmäßigkeit antreten. Diese Verschwörung gegen die Exzellenz ist nicht nur in dem anthropologischen Grundfaktum, dass alle Menschen neidisch sind, begründet, sondern vor allem auch darin, dass Ruhm ein Nullsummenspiel ist. Man kann niemanden erheben, ohne andere herabzusetzen. Der Ruhm steht also immer im Kampf mit dem Neid. Der beste Schüler macht die Kameraden zu schlechteren. Die Eliteuniversität macht die anderen zu Hochschulen zweiter Klasse. Alle Exzellenzinitiativen sind ein Agon. Die Verwandlung des Scherbengerichts aus einem Schutzmechanismus gegen drohende Tyrannei in ein Instrument des Neides, mit dem ein Kartell der

Mittelmäßigen Konformität erzwingt und alle Exzellenz auf Normalmaß zurechtstutzt, lässt sich übrigens bis ins fünfte vorchristliche Jahrhundert zurückverfolgen. David Riesman hat darin eine Art Urgeschichte der Peer-Group gesehen.

Während wir auch heute noch ganz selbstverständlich den Verbrecher, der gegen die Norm verstoßen hat, bestrafen wollen, und den Trottel, den Versager, der unter der Norm bleibt, verspotten, tun wir uns mit der Bewunderung für den Helden, der über der Norm bleibt, sehr schwer. Die Ethik bezeichnet seine Taten als supererogatorisch, und das besagt im Wesentlichen, dass man Derartiges sich selbst nicht zumuten muss. Das Supererogatorische wird gerühmt, ist aber nicht verpflichtend. Insofern erscheint auch die Heldentat als abweichendes Verhalten. Jede Abweichung individualisiert und sichert Aufmerksamkeit – ist aber auch riskant. Der Königsweg der Individualisierung ist deshalb die überbietende Leistung, also Abweichung gepaart mit Konformität. Derart, als Übererfüllung der Norm, kann die bürgerliche Gesellschaft das Heldentum gerade noch ertragen.

Doch in der modernen Welt der Information braucht man keine Helden mehr, und wo Kollaboration regiert, gibt es keine Helden mehr. Der Bürger ersetzt die supererogatorische Leistung des Helden durch die innerweltliche Askese der Bewährung im Beruf. Das Industrielle verdrängt das Räuberische, und der Reichtum tritt an die Stelle der Trophäen des Erfolgs. So sind Schritt für Schritt die heroischen Taten durch bürgerliche Leistungen ersetzt worden. Der Bürger kennt keinen Ruhm mehr, sondern nur noch Prestige. Asketische Bürgerlichkeit braucht keine supererogatorischen Leistungen mehr. Aus dem Heldentum wird der Beruf. Wir kommen am Ende dieses Buches noch einmal ausführlich darauf zurück.

Was klagst du über Feinde?
Sollten Solche je werden Freunde,
Denen das Wesen, wie du bist,
Im Stillen ein ewiger Vorwurf ist?

Diese Verse von Goethe bekennen sich zu individueller Freiheit als Begünstigung und Schuld. Das Leiden der Größe ist die Buße für die Selbstermächtigung des Einzelnen – der Groll der Mittelmäßigen ist also begründet. Und so ergeht das Scherbengericht, der Schierlingsbecher wird gereicht, der Sündenbock an den Medienpranger gestellt. Hier gilt dann Hegels Satz aus den Vorlesungen zur Ästhetik: *Der Mensch, vom Geschick unterjocht, kann sein Leben verlieren, die Freiheit nicht.* Was den Helden zu seiner Pathosformel des „Es ist so" befähigt, ist das Unbezwingbare in uns, das Epikur „adespoton" genannt hat.

Platon unterscheidet in der menschlichen Seele drei Instanzen, nämlich Vernunft, Begehren und Thymos. Auch ein griechisches Wörterbuch hilft bei der Übersetzung kaum weiter; man kann nur interpolieren. Es geht um Stolz, Herz, Hingabe, Leidenschaft, um das, was bei Max Weber Würdegefühl heißt, aber auch um Empfindungen, die wir heute einem Adrenalinstoß zuschreiben würden. Mit dem Begriff Thymos definieren wir den Menschen nicht als das Tier, das die Rede hat, sondern als Alpha-Tier. Es geht um Selbstbehauptung, selbstsicheres Auftreten, die Freude an der erfolgreichen Handlung – genauer gesagt: der erfolgreichen Aggression. Das ist der Triebgrund des Heldentums. Es fordert den Mut, sich zu exponieren, der Gefahr ins Gesicht zu sehen. „Face it", sagen die Amerikaner noch heute. Held ist derjenige, über den man eine Geschichte erzählen kann, weil er sich exponiert hat.

Wirklich leben heißt gefährlich leben, lehrt Nietzsche; denn *Leben überhaupt heißt in Gefahr sein.* Und es ist nur eine andere Formulierung desselben Sachverhalts, wenn wir sagen: Das Leben ist gefährlich, weil Freiheit sein Element ist. Der antiheroische Affekt der Moderne hat den Thymos verdrängt. Damit droht aber die Idee der Freiheit ihre Lebensgrundlage zu verlieren. Kein Missverständnis, bitte! Es geht uns hier nicht um eine antimoderne Apologie des Heldentums, sondern um ein Verständnis dessen, was mit ihm kulturell auf dem Spiel steht. Wir haben ja an die zentralen Figurationen des Heroismus nur deshalb erinnert, weil er ein Inkognito der Freiheitsidee ist. Dass damit kein „Zurück zu Achill" gemeint sein kann, war schon Nietzsche klar. Die wahre Freiheit liegt für ihn deshalb auch nicht in der supererogatorischen Heldentat, sondern in der Selbstüberwindung des Helden zum *Über-Helden.* Was am Heros bis zum heutigen Tag fasziniert, ist das Über-sich-hinaus des Menschen. Sören Kierkegaard hat das *Selbstüberlegenheit* genannt. Und man kann dieser Idee von Freiheit als Selbsttranszendenz keine größere Prägnanz verleihen als durch ihre Gegenfigur – den Letzten Menschen.

Das lange Leben des Letzten Menschen

Der französische Wirtschaftsmathematiker Antoine-Augustin Cournot hat schon Mitte des 19. Jahrhunderts erstmals das Bild einer zivilisatorischen Phase entworfen, die man dann Posthistoire, also Nachgeschichte, genannt hat: die Zeit nach dem Ende der Geschichte. Die Leidenschaften des politischen Lebens haben sich beruhigt; alle Interessen haben als gemeinsamen Nenner die Aufrechterhaltung des Status quo. Das Gesellschaftssystem stellt sich auf Dauer, indem es alle politischen Kräfte neutralisiert. Dadurch werden alle Lebensenergien abgespannt. Und das bedeutet eben schon für Cournot: Die Geschichte löst sich auf wie ein Strom, der in tausend Bewässerungskanäle einfließt.

Die neue, nachgeschichtliche Welt stabilisiert sich im Faktenwissen. Das Organische wird vom Organisatorischen aufgesaugt. Absehbar wird ein Endzustand absoluter Kristallisation, in dem die Menschen wie Termiten ein Gehäuse endloser Routinen und Ereignisfolgen bewohnen. Dieses statische Zeitalter der Nachgeschichte hat dann wieder die Stabilität der Vorgeschichte erreicht. Es entwickelt sich ohne Krise, ohne Bewusstsein und ohne Freiheit. Und das heißt letztlich: ohne den humanistischen Menschen. So das düstere Bild von Cournot.

Es handelt sich beim Posthistoire wohlgemerkt nicht um eine Verfallsphase, sondern um den Austritt aus der Geschichte. Sie endet wie eine Schachpartie in Pattstellung. Die nachgeschichtliche Welt lässt das Leben erstarren und herrscht mit der mythischen Macht der alten Naturordnung. Im nüchternen Rückblick auf die Kulturentwicklung der Menschheit verliert sich die Phase „Geschichte“ als winziges Intervall zwischen Prähistorie und Posthistoire. Was sind schon 4000 Jahre auf dem Bildschirm der Evolution. Posthistoire heißt aber nicht, dass nichts mehr geschieht. Im Gegenteil: Ereignisse, Sensationen, Katastrophen allerorten. Aber es ändert sich nichts Wesentliches mehr in der Grundstruktur der westlichen Gesellschaft. Und der Rest der Welt hat kaum eine andere Option als die, sich an diese westliche Grundstruktur anzupassen.

Im Chaos der Ereignisse zeigen sich keine eigentlich historischen Strukturen mehr. Die Zeit, da Geschichte mit Großbuchstaben geschrieben wurde, ist nun endgültig vorbei. Was sich in der Welt ereignet, erscheint als kaleidoskopischer Bilderwechsel. Wir können deshalb unser Leben und unsere Welt nicht mehr aus der Geschichte heraus verstehen. Die historische Form ist ausgehöhlt. Gerade deshalb aber gibt es Heimweh nach Geschichte. Pilgerscharen ziehen ins Museum, um die Geschichte der Staufer und Etrusker zu erleben. Und im Recycling von Musik und Mode kehren die Jahrzehnte wieder, in denen wir geboren wurden.

Die wohl berühmteste und polemischste Figuration des Posthistoire bietet Zarathustras Lehre vom Letzten Menschen. *Alle sehr gleich, sehr klein, sehr rund, sehr verträglich, sehr langweilig. Ein kleines, schwaches, dämmerndes Wohlgefühl über alle gleichmäßig verbreitet, ein verbessertes und auf die Spitze getriebenes Chinesentum.* Das ist eine der Schlüsselideen Nietzsches: *der letzte Mensch: eine Art Chinese.* Angesicht der *bevorstehenden Wirtschafts-Gesamtverwaltung der Erde* droht das *höhere Chinesentum* des Posthistoire. Der letzte Mensch ist ohne Thymos; sein langes Leben verdankt er der Austreibung der Männlichkeit.

Wir haben schon auf die Schlüsselstellung des Thymos in Platons Seelenlehre hingewiesen. In der „Politeia" spricht Sokrates vom Eifrigen und Mutartigen, das mit der Vernunft und dem Begehren zu einer „symphonia" zusammenstimmen muss. Gerade dies Eifrige und Mutartige aber wird von der Moderne verdrängt. Max Weber hat das Resultat dieses Entmännlichungsprozesses in einem genial erfundenen „Nietzsche-Zitat" resümiert, das sich am Ende seiner Studie über die protestantische Ethik und den Geist des Kapitalismus findet: *Fachmenschen ohne Geist, Genussmenschen ohne Herz: dies Nichts bildet sich ein, eine nie vorher erreichte Stufe des Menschentums erstiegen zu haben.* Die einen folgen der Logik, die anderen dem Begehren; aber was beiden fehlt, ist der Thymos.

Fast ein halbes Jahrhundert nach Weber hat Clive Stapels Lewis das Motiv des Letzten Menschen wieder aufgegriffen, nun unter dem Titel „Die Abschaffung des Menschen". Lewis' Kritik zielt auf eine Pädagogik, die die Austreibung der Männlichkeit zum System erhebt. Die Letzten Menschen sind Menschen ohne Brust; sie haben kein Herz, weil man ihnen die großen Gefühle abtrainiert hat, und deshalb sind sie auch unfähig zur Tugend, zur Vision und zur großen Unternehmung. So charakterisiert dann auch Arnold Gehlen das Posthistoire durch den *Wunsch, die Welt zukunftslos zu machen und um diesen Preis die Sicherheit zu erkaufen.*

Das Subjekt des Posthistoire ist der Mensch als Haustier des Menschen. Übersetzt in den politischen Alltag heißt das: Die Letzten Menschen Nietzsches sind die konsumierenden Gutmenschen. Sie geleiten uns heute tatsächlich in *die Welt des ‚fröhlichen Roboters‘*, von dem Helmut Schelsky und Jacques Ellul gesprochen haben. Dass es fröhliche Roboter und glückliche Sklaven gibt, ist nämlich kein Huxley-Phantasma, sondern die schlichte Konsequenz eines Utilitarismus, der keinen Sinn für Freiheit hat. In dieser Welt herrscht das Rentnerideal freiwilliger Knechte, die Nietzsche *die autonome Heerde* nennt.

Sein Zarathustra trifft in diesem Zusammenhang nun eine wichtige Unterscheidung: Die Letzten Menschen haben das Glück nicht *ge*funden, sondern *er*funden. Es handelt sich nämlich um die Narkose der kleinen Gifte und Rauschmittel. Diese Drogen betrügen den Menschen aber um seine letzten Kräfte – nämlich die Sehnsucht und die Verachtung. Die fröhlich konsumierenden Roboter spüren nichts von dem, was Heidegger *die Not der Notlosigkeit* nannte. Die langsam fortschreitende Behaglichkeit des Wohlstands führt zur geistigen Versklavung. Deshalb lehrt Zarathustra den Ekel am Glück und die Kraft der großen Verachtung.

Es ist das bleibende Verdienst von Francis Fukuyama, die Aktualität dieser Überlegungen nicht nur Fachkollegen sondern auch einem breiten Publikum eindringlich gemacht zu haben. Sein Buch über das Ende der Geschichte und den Letzten Menschen gewinnt seine eigentliche Argumentationskraft aber nicht durch den Rückgriff auf Platon oder Nietzsche, sondern aus der Wiederentdeckung einer bestimmten Hegel-Lektüre. Alexandre Kojève hat einen interessanten Gedanken Hegels radikalisiert. Um seine Schlüsselthese verständlich zu machen, erinnern wir noch einmal daran, dass der Hegelsche Mensch als ein geistiges Wesen gedacht wird, das durch „Negativität“ und einen ständigen Prestigekampf um Anerkennung charakterisiert ist.

Negativität heißt bei Hegel das Gegenteil dessen, was man vermuten würde. Die negative Energie ist nämlich das „Positivste“ am Menschen. Hegel meint damit die Arbeit, auch die begriffliche Arbeit und alle Weisen des „Formens“. Dadurch macht sich der Mensch frei von den Fesseln des Materials und der Natur; er wird Geistmensch. Und Prestigekampf meint den Kampf um Anerkennung. Hegel entwickelt ihn in seiner Urform, als Kampf zwischen Herr und Knecht auf Leben und Tod. Wichtig daran ist, dass der Mensch hier nicht aus Bedürftigkeit und Not, sondern wegen eines ideellen Werts sein Leben riskiert. Wir haben das schon ausführlich dargestellt.

Der Kampf um Anerkennung und die Arbeit des Negativen machen also für Hegel den Menschen erst zum Menschen. Und dieser Mensch stirbt am Ende der Geschichte im napoleonischen Endstaat. Denn jetzt ist der Prestigekampf um Anerkennung ja gewonnen, die Knechte sind seit der Französischen Revolution gleiche Bürger, von denen die Macht ausgeht. Es gibt keinen Grund und Ansatzpunkt mehr für „Negativität". Nun beginnt das Posthistoire; der nachgeschichtliche Mensch betritt die Weltbühne. *Was verschwindet, ist der Mensch im eigentlichen Sinn. Das Ende der menschlichen Zeit oder der Geschichte bedeutet ja ganz einfach das Aufhören des Handelns im eigentlichen Sinn des Wortes. Das heißt praktisch: das Verschwinden der Kriege und blutigen Revolutionen. Und auch das Verschwinden der Philosophie; denn da der Mensch sich nicht mehr wesentlich selbst ändert, gibt es keinen Grund mehr, die Grundsätze zu verändern, die die Basis der Welterkenntnis und Selbsterkenntnis bilden. Aber alles übrige kann sich unbegrenzt erhalten: die Kunst, die Liebe, das Spiel.* Kojève hat selbst radikale Konsequenzen aus dieser Diagnose gezogen und seine wissenschaftliche Karriere beendet. Denn wenn die Geschichte am Ende ist, endet auch die „große Politik" – und damit ist auch die Philosophie am Ende. Kojève wurde Beamter in der Europäischen Gemeinschaft. Sie hat für ihn das Posthistoire symbolisiert.

Mehr noch als zu Kojéves Zeiten eignet sich Brüssel heute als Symbol für das Ende der Geschichte, den Letzten Menschen und seine stahlharten Gehäuse. Die Diagnosen Hegels, Nietzsches und Max Webers fügen sich hier nahtlos ineinander. Das moderne Leben lebte noch, solange die bürgerliche Askese das Berufsmenschentum und die Spezialisierung begeisterte. Wenn aber der Geist der Askese schwindet, erscheint der Letzte Mensch. Genau das meint Webers „Nietzsche-Zitat". Spezifisch für die Gesellschaft des modernen Okzidents ist *die absolut unentrinnbare Gebanntheit unserer ganzen Existenz [...] in das Gehäuse* der staatlichen Verwaltung. Hinzu kommt, dass wir alle in das *stahlharte Gehäuse* des kapitalistischen Wirtschaftskosmos hineingeboren werden. Die Unentrinnbarkeit des kapitalistischen Systems verdankt sich gerade der Rationalität seiner Ethik und seines Betriebscharakters.

„Unentrinnbarkeit" ist Max Webers Gegenbegriff zu Freiheit. Es gibt in seiner Theorie der Moderne einen sehr klaren Zusammenhang zwischen der Gerinnung des Geistes und der Unentrinnbarkeit des Systems. Was bei Hegel objektiver Geist heißt, ist bei Weber geronnener Geist, zum ehernen Gehäuse erstarrt. In seinem faszinierenden Bericht „Zur Lage der bürgerlichen Demokratie in Russland" aus den Revolutionsjahren 1905/06 beschreibt er *das Gehäuse für die neue Hörigkeit*, das gerade durch wohlfahrtsstaatliche Einrichtungen angesichts sinkenden wirtschaftlichen Wachstums zum unentrinnbaren Schicksal für die gefügigen Massen wird. Die wachsende Komplexität der Wirtschaft zwingt zu fortschreitender Bürokratisierung und Spezialisierung der Verwaltung, in der sich unweigerlich die Aristokratie einer administrativen „Kaste“ herausbildet. Sehr schön spricht Weber von einem *patentierten Mandarinentum.*

Nicht Demokratie, Freiheit und Individualität sind die Charakteristika des modernen Lebens, sondern Uniformierung, Standardisierung und Konformismus. Und was Weber damals in Russland beobachtete, sehen wir heute in China. Es wäre ein fatales Missverständnis, wenn man den Import des Kapitalismus als Signal für Freiheit interpretierte: *alle ökonomischen Wetterzeichen weisen nach der Richtung zunehmender ‚Unfreiheit‘.* In seiner Abhandlung über „Parlament und Regierung im neugeordneten Deutschland“ hat Max Weber diese Gedanken wieder aufgegriffen. Die Ideen eines Sozialismus der Zukunft und die Wirklichkeit des Ersten Weltkriegs haben für ihn einen einfachen gemeinsamen Nenner: den Siegeszug universeller Bürokratisierung, die in ihrer Rationalität unentrinnbare Herrschaft eines fachgeschulten, spezialisierten Beamtentums.

So erscheint die Welt als feindseliger Kosmos. Unentrinnbarkeit ist Webers Begriff für aussichtslose Unfreiheit. Ihre Tragik – man wird sie später „Dialektik der Aufklärung“ nennen – liegt darin, dass sie das Produkt von Rationalität ist. Genau das versucht Weber mit der Metapher vom *geronnenen Geist* zu fassen. Sowohl die leblose Maschine in der Fabrik, als auch die lebende Maschine der Bürokratie ist *geronnener Geist.* Gemeinsam arbeiten sie an dem *Gehäuse jener Hörigkeit der Zukunft*, dem die Menschen sich ohnmächtig einfügen müssen, wenn sie keine höheren Werte als die Wohlfahrt und Daseinsfürsorge mehr kennen. Das ist Webers Bild vom Letzten Menschen und seiner Mentalität *des Pazifismus der sozialen Ohnmacht.*

Angesichts dessen ist das Plädoyer für Freiheit, Individualität und Demokratie unzeitgemäß; es sind *altmodische Ideale*, die man nur gegen den Zeitgeist festhalten kann. Immer wieder hat Weber die Eigenart des europäischen Lebensstils, die Einzigartigkeit des Prozesses abendländischer Rationalität betont. Kaum eine Formel taucht in seinen Schriften häufiger auf als: „nur im Okzident…“. Deshalb ist auch sein Urteil über die Zukunft der Freiheit im Blick auf ihren unwahrscheinlichen Ursprung resignativ. *Die historische Entstehung der modernen ‚Freiheit‘ hatte einzigartige, niemals sich wiederholende Konstellationen zur Voraussetzung.* Es sind im wesentlichen vier: der Kolonialismus mit gutem Gewissen, die frühkapitalistische sozio-ökonomische Struktur Westeuropas, die Verwissenschaftlichung des Lebens und die vom asketischen Protestantismus geprägten Wertvorstellungen.

Von diesem einzigartigen Geist des europäischen Bürgertums ist nur noch das Gehäuse übrig geblieben. Er ist zur Unentrinnbarkeit geronnen: Bürokratie als Schicksal. Das Posthistoire des Letzten Menschen ist dann erreicht, wenn dieses Schicksal als Gnade erfahren wird. Und genau das scheint im Musterland der rationalen Daseinsvorsorge der Fall zu sein. Die Deutschen fühlen sich orientierungslos und unsicher, wenn sie *das gewohnte Gehäuse bürokratischer Bevormundung* einmal verlassen müssen. Völlig fremd geworden ist ihnen die Vorstellung, das eigene Leben in der eigenen Hand zu behalten. Kant hat das Unmündigkeit genannt, Weber spricht von politischer Unreife, und die Sozialpsychologen würden heute sagen: erlernte Hilflosigkeit. Wenn man Webers Diagnose teilt, kann die Frage nach der Freiheit nur noch so formuliert werden: *Wie ist es angesichts dieser Übermacht der Tendenz zur Bürokratisierung* überhaupt noch möglich, irgendwelche *Reste einer in* irgend*einem Sinn ‚individualistischen' Bewegungsfreiheit zu retten?*

Die Krankheit des Verwaltet-werden-wollens

Ausgerechnet Rousseau, dem geistigen Vater des modernen Totalitarismus, verdanken wir die Einsicht, dass nicht Vernunft sondern Freiheit den Menschen zum Menschen macht. Was dann bis zu Hegels Staatsphilosophie Geist heißt, ist das Bewusstsein dieser Freiheit. Rousseau hat aber eben auch gesehen, dass das Schicksal der Freiheit dem der Tugend gleicht. Man verliert das Gefühl für ihren Wert, wenn man sie selbst verloren hat. So erträgt der zivilisierte Mensch seine *ruhige Unterwerfung* ohne Murren und preist sein Ketten als die von Sicherheit und Ordnung. Deshalb spricht ihm Rousseau rundweg jedes Urteil über die Freiheit ab. Die Zivilisation ist die urbane, scheinheilig feine Welt der *glücklichen Sklaven* und ihrer konformistischen kleinen Seelen.

Der moderne Despotismus beruht darauf, dass sich diese Sklaven für freie Menschen halten. Schon Dostojewskijs Großinquisitor wusste, dass man die Freiheit besiegen muss, um die Menschen glücklich zu machen. Nur allzu schnell lernen die Rebellen den Gehorsam und suchen den, dem sie folgen dürfen. Aber sie alle ertragen *das Glück der Schwachen*, die Befreiung vom *Grauen* der Freiheit durch Unterwerfung nur, wenn alle dasselbe anbeten. Der Großinquisitor spricht hier sehr schön vom *Bedürfnis nach einer Allgemeingültigkeit der Anbetung*, das die Geschichte in eine Geschichte verschiedener Formen des Götzendienstes verwandelt, in dem die Menschen sich von der Last der Freiheit befreien.

Die Sklaven sind glücklich, weil sie von der Freiheit des Willens entlastet sind – das ist die Weisheit des Großinquisitors. Und seither meinen wir mit Wohlfahrt genau diese Freiheit von Wünschen und Ängsten, die sich bei näherem Hinsehen dann als Gefangenschaft in den Wohltaten entpuppt. Wir müssen uns demnach die Gefangenen des vorsorgenden Sozialstaates als glückliche Menschen vorstellen, denn wer keine Willensfreiheit hat, kann auch nicht für den Stand der Dinge verantwortlich gemacht werden. Das soziale Gefängnis bietet Sicherheit und Ordnung und erspart uns die Ängste des Ausgesetztseins in die Kontingenz. Man muss dabei weder Dostojewskijs Großinquisitor noch dem heutigen vorsorgenden Sozialstaat die guten Absichten absprechen. Aber die Bilanz des modernen Paternalismus ist doch deutlich: Über dem Versuch, die Bedingungen der Möglichkeit von Freiheit zu schaffen, haben wir die Freiheit selbst vergessen.

Die meisten haben Angst vor der Freiheit, weil es dann an Autorität mangelt. Entweder man hält sich am Glauben fest, oder an der Autorität. Wer frei ist, muss glauben, und wer keinen Glauben hat, muss gehorchen. Die Aktualität dieser Überlegung Alexis des Tocquevilles wird deutlich, wenn man sich klar macht, dass die Geschichte des Menschen die Geschichte seiner Selbstbehauptung gegen das Absolute war. Auf Distanz bringen musste er zunächst den ursprünglichen Absolutismus der Wirklichkeit durch Technik und Mythos – Hans Blumenbergs großes Thema. Am Beginn der Neuzeit behauptete sich der Mensch dann mit dem Kunstwerk Staat gegen den theologischen Absolutismus – das große Thema Carl Schmitts. Und schließlich entstand die Idee der modernen, freiheitlichen Demokratie im Kampf der Bürger gegen den politischen Absolutismus. Doch sind wir dieses Erfolgs in der Prosa des modernen Alltags rasch überdrüssig geworden und kultivieren nun wieder eine Nostalgie fürs Absolute.

George Steiner hat dieses Motiv 1974 in seinen Massey Lectures entwickelt, und Julien Jaynes hat dann darauf seine spektakuläre Theorie über die Ursprünge des Bewusstseins gestützt. So wie die Ilias eine Welt bezeugt, in der die Menschen unbeirrt dem Befehl von Göttern folgten, so erzählt das Alte Testament die Geschichte des allmählichen Verstummens der göttlichen Stimmen. Das Neue Testament ist dann neu gerade darin, dass es eine Religion für den bewussten Menschen ist. Das Gesetz des Moses sprach noch von außen; das Gewissen des Sünders spricht von innen. Seither wächst die Sehnsucht nach den verlorenen Autoritäten, nach dem göttlichen Befehl – die Nostalgie nach dem Absoluten. Der Absolutheitshunger strebt nach einer Beziehung zum verlorenen Anderen des göttlichen Befehls, nach einer archaischen Autorisierung des Lebens und damit nach der Lebenssicherheit dessen, der gehorchen darf.

Der Befehl eines Gottes befriedigt unser Bedürfnis nach Unterordnung. Alle Religion lebt von dieser archaischen Erbschaft des Gehorchens. Wir suchen nach dem „Du sollst“, das uns die schlechthinnige Abhängigkeit schenkt. Denn auch die Abhängigkeit ist ein Geschenk. Dass man eine Autorität anerkennt, heißt ja, dass man fremde Entscheidungen hinnimmt, aber sich eben damit auch von Entscheidung entlastet. Der, dem man dient, schützt. Und wenn Thomas Hobbes den Staat aus dem wechselseitigen Versprechen von Schutz und Gehorsam entstehen ließ, so hat er damit nur die fundamentalen Existenzialien des Menschseins ins Politische übertragen: Ich bin bereit zu gehorchen, weil du mich schützt.

Der Liberalismus kann diesen Absolutheitshunger nicht stillen. Für den Liberalen gibt es nämlich kein höchstes Gut – und deshalb Freiheit. Oder anders gesagt: Der Liberalismus ersetzt das höchste Gut durch Freiheit. Das ist natürlich eine sehr anspruchsvolle – für die meisten: zu anspruchsvolle – Umbesetzung. Ungewissheit ist der Preis der Freiheit. Und den meisten erscheint dieser Preis zu hoch. Das hat nun aber für unser Thema eine höchst bedeutsame Konsequenz. Der Paternalismus des vorsorgenden Sozialstaates wird den Menschen nicht nur aufgezwungen, sondern sie begehren ihn auch, denn er entlastet sie von der Bürde der Freiheit.

Die verwaltete Welt ist also für viele eine Wunscherfüllung. Paul Kirchhof hat das so formuliert: *Die Freiheit vom Staat, die den selbstbewussten, zur autonomen Gestaltung seines Lebens fähigen Menschen voraussetzt, wandelt sich zu einer Freiheit durch den Staat, die den auf staatliche Wohltaten angewiesenen Menschen schützt.* Mit dem Terror seiner Wohltaten rückt uns der vorsorgende Sozialstaat derart auf den Leib, dass die Distanz der Kritik eingezogen wird. Wir haben es dann mit Bürgern zu tun, die den Politikern zutiefst misstrauen und zugleich alles vom Staat erwarten. Nicht die „Politikverdrossenheit" ist aber das Problem, sondern die infantile Haltung gegenüber dem Staat. Das hat Hans Huber schon vor mehr als einem halben Jahrhundert sehr gut erkannt. Bei aller Bewunderung für das neuzeitliche Kunstwerk Staat – wer unkritisch zum Staat steht, gefährdet seinen Funktionssinn. Die Freiheit ist in Gefahr, wenn *der Bürger selber den Staat nicht mehr als präsumtiven Gegner seiner Freiheit, sondern als willkommenen Helfer aus Notlagen und virtuellen Mehrer seines Wohlstandes betrachtet.*

Wohlfahrtsstaatspolitik erzeugt Unmündigkeit, also genau den Geisteszustand, gegen den jede Aufklärung kämpft. Und so wie man Mut braucht, um sich des eigenen Verstandes zu bedienen, so kann man nur mit Stolz das eigene Leben selbständig leben. Wie für das Mittelalter ist deshalb auch für den Wohlfahrtsstaat der persönliche Stolz die größte Sünde. Vater Staat will nämlich nicht, dass seine Kinder erwachsen werden. Dieses Problem des Paternalismus einer staatlichen Daseinsfürsorge hat Wilhelm von Humboldt schon 1792 in seinem „Versuch, die Grenzen der Wirksamkeit des Staates zu bestimmen" genau gesehen: Die Leute gewöhnen sich daran, *mehr fremde Belehrung, fremde Leitung, fremde Hülfe zu erwarten, als selbst auf Auswege zu denken.* Dadurch verlieren die Fürsorgeempfänger aber nicht nur Lebensenergie und Dispositionsfreiheit, sondern auch jeden angemessenen Begriff *von Verdienst und Schuld.* Für ihre Daueralimentierung bezahlen sie mit ihrer Würde.

Humboldts kritisches Fazit lautet: *der Staat enthalte sich aller Sorgfalt für den positiven Wohlstand der Bürger, und gehe keinen Schritt weiter, als zu ihrer Sicherstellung gegen sich selbst, und gegen auswärtige Feinde notwendig ist.* Der Staat muss seinen Bürgern eine sichere Lebensführung ermöglichen, also seine körperliche Unversehrtheit garantieren und sein Eigentum schützen – aber nicht mehr. Sehr schön definiert Humboldt diese staatliche Sicherheit als *Gewissheit der gesetzmäßigen Freiheit.* Nur ein derart sich selbst beschränkender Staat kann ein starker Staat sein, mit dem sich die Bürger identifizieren, weil er *Ehrfurcht für die Individualität* mit *Sorgfalt für die Freiheit* verbindet.

Dagegen behandelt der Paternalismus des vorsorgenden Sozialstaates die Bürger als Kinder, Patienten oder Heiminsassen und verwandelt sie allmählich in fröhliche Roboter und glückliche Sklaven. An die Stelle von Freiheit und Verantwortung treten Gleichheit und Fürsorge. Und was Alexis de Tocqueville schon in den 30er Jahren des 19. Jahrhunderts an der Demokratie in Amerika beobachtete, gilt ohne Abstriche auch für unser heutiges Leben. Der demokratische Despotismus ist die Herrschaft der Betreuer, *eine gewaltige, bevormundende Macht,* die das Leben der Vielen überwacht, sichert und vergnüglich gestaltet. *Sie ist unumschränkt, ins einzelne gehend, regelmäßig, vorsorglich und mild. Sie wäre der väterlichen Gewalt gleich, wenn sie wie diese das Ziel verfolgte, die Menschen auf das reife Alter vorzubereiten; statt dessen aber suchen sie bloß, sie unwiderruflich im Zustand der Kindheit festzuhalten.*

Die umfassend Betreuten brauchen gar keinen freien Willen mehr und empfinden die totale Vorsorge als Wohltat. Der demokratische Despotismus entlastet sie nämlich vom Ärger des Nachdenkens genau so wie von der Mühe des Lebens. Ein Netz präziser, kleiner Vorschriften liegt über der Existenz eines jeden und macht ihn auch in den einfachsten Angelegenheiten abhängig vom vorsorgenden Sozialstaat. Die Überregulierung des Alltags verwandelt die Befolgung des Gesetzes aus einem Sollen in ein Gehorchen. Ein einfacher, aber sehr guter Test dafür ist heute das Steuernzahlen. An die Stelle des bürgerlichen Rechtsbewusstseins ist längst die soziale Kontrolle getreten. Nur deshalb kann der Eindruck entstehen, der Ehrliche sei der Dumme.

Einer flog über das Kuckucksnest – man muss sich die Patienten in einer geschlossenen Anstalt als zufriedene Menschen vorstellen. Es sind freiwillige Gefangene, für die man keine Ketten und Schlösser braucht; die Angst vor der Freiheit und die Sehnsucht nach Sicherheit und Ordnung schließen sie ein. Die Betreuer verstehen sich als die guten Hirten einer fleißigen Herde. Und die wenigen Widerstrebenden werden nicht gezwungen, sondern entmutigt; sie werden nicht physisch tyrannisiert, sondern psychisch zermürbt. So entsteht eine *Art von geregelter, milder und friedsamer Knechtschaft*. Und niemand scheint sich an der Bevormundung, der Herrschaft der Betreuer zu stören, weil man sich ja einreden kann, die Vormünder selbst gewählt zu haben.

Das paternalistische Staatshandeln „im Interesse der Bürger" ignoriert das Interesse der Bürger. Das hat Max Stirner schon sehr deutlich gesehen: *Die verteilende Billigkeitsbehörde lässt Mir nur zukommen, was ihr der Billigkeitssinn, ihre liebevolle Sorge für Alle, vorschreibt.* Jeder Paternalismus behandelt Menschen als Material. Das gilt gerade auch für die wohlmeinenden Reformer, die Belohnungen und Strafen zu einer Technik der Heteronomie organisieren. Ihr Erfolgsprodukt sind die Gutmenschen. Mittlerweile benutzen sie sogar schon das Glück der Ungeborenen, um uns die Freiheit zu rauben. Wir sollen Energie sparen, den Müll trennen, sozial sein und nicht rauchen. So schützt uns der Paternalismus des vorsorgenden Sozialstaates vor der Freiheit zum Schlechten – und verkauft das als Befreiung.

Dass das so gut funktioniert, hat anthropologische Gründe. Hilflosigkeit, Abhängigkeit, Hinfälligkeit, Übermacht und Feindseligkeit machen Angst. Deshalb wollen die meisten Sicherheit statt Freiheit. Darauf hat sich das politische System seit den Tagen von Thomas Hobbes immer konsequenter eingestellt. Im Wohlfahrtsstaat hat es den Menschen die Freiheit abgekauft, nämlich für das Versprechen der Sicherheit und Gleichheit. Und in der Tat bringt die fröhliche Sklaverei unter kapitalistischen Bedingungen fast allen einen akzeptablen Lebensstandard und sehr hohe Lebenssicherheit. Wir können deshalb den vorsorgenden Sozialstaat als Hoheitsverwaltung der Hilflosen definieren. Die Welt der Wohlfahrt zerfällt nicht mehr in Arbeiter und Kapitalisten, sondern in Betreute und Betreuer. Dabei entwickelt sich auf beiden Seiten eine unheilvolle Eigendynamik. Die Betreuer und Sozialarbeiter haben ein Interesse an der Hilflosigkeit ihrer Klientel. Und auf der anderen Seite sind diejenigen, die es gelernt haben, sich hilflos zu fühlen, nur noch mit der entlastenden Erklärung ihrer Unfähigkeit beschäftigt.

Auch bei diesem Thema sind Alexis de Toquevilles Betrachtungen über die Demokratie in Amerika immer noch unübertroffen. Seine entscheidende Ausgangsbeobachtung ist die, dass moderne demokratische Gesellschaften zwar die Freiheit lieben, dass Freiheit aber nicht das wesentliche Ziel ihrer Wünsche ist. Die ewige Liebe der Demokraten gilt der Gleichheit. Und in dieser Gleichheitssucht steckt die größte Gefahr der modernen Demokratie, nämlich die Verlockung, *einer Un-*

gleichheit in der Freiheit die Gleichheit in der Knechtschaft vorzuziehen. Hier könnte man auch unmittelbar Betrachtungen über die Demokratie in Deutschland anschließen. Die meisten Deutschen neigen zum Sozialismus, weil sie die gleiche Verteilung des Unglücks der ungleichen Verteilung des Glücks vorziehen. Die Gleichheit durch das Gesetz ersetzt heute die Gleichheit vor dem Gesetz. Um die Dramatik dieses Vorgangs zu verstehen, genügt eigentlich ein Minimum an Freiheitsempfindlichkeit. Wem sich aber bei einem Wort wie „Gleichstellungspolitik" nicht die Nackenhaare sträuben, der wird nie begreifen, was das Wort „liberal" besagt.

Der klassische Liberalismus ist allergisch gegen das Konzept der positiven Freiheit. Wer fragt „Freiheit wozu?" ist für den echten Liberalen ein Knecht. Und allein das macht schon deutlich, dass wir es hier mit einer Minderheitenposition zu tun haben. Was der Liberale in der Frage nach dem Wozu der Freiheit spürt, ist die Angst vor der Freiheit, der es eben an einer Autorität mangelt, der man sich unterwerfen könnte. Und tatsächlich hat Freiheit ihren Preis. Mehr Optionen verbessern nämlich nicht unbedingt die Situation. Manchmal wäre man froh, weniger Wahlmöglichkeiten zu haben. Hinzu kommt die höhere Riskanz des freien Lebens.

Die erhabene Lust, frei zu sein, ist dem Geist des vorsorgenden Sozialstaates fremd. Zwar wollen auch die Menschen in modernen Massendemokratien Freiheit. Aber das Freiheitsverlangen tritt immer gemeinsam mit einer ihm feindlichen Leidenschaft auf: dem *Bedürfnis, geführt zu werden.* Auch das war schon eine Einsicht Tocquevilles. Die verwaltete Welt ist also nicht nur Schicksal, sondern auch Wunscherfüllung. Walter Erbe, der liberale Tübinger Rechtswissenschaftler und erste Vorsitzende der Friedrich-Naumann-Stiftung, hat dem modernen Menschen sogar ganz prinzipiell die *Disposition zur Freiheit* abgesprochen; deshalb füge er sich so widerstandslos der Vorsorge des Sozialstaates. *Leider entspricht der Krankheit des Verwaltens eine kaum minder verbreitete Krankheit des Verwaltet-werden-Wollens.*

Doch diese Krankheit hat auch eine aggressive Außenseite. Mit der Freiheit verlieren die Vielen den Mut – und mit dem Mut die Motivation. Dann weckt die Freiheit anderer nur noch eine Wut, die sich zum Ressentiment einer hartnäckigen Knechtsgesinnung verfestigt. Das konnte man schon Mitte des 16. Jahrhunderts in Etienne de La Boéties Diskurs über die freiwillige Knechtschaft lesen. Es ist immer viel schwieriger, Freiheit auf Dauer zu stellen, als sich mit der Unfreiheit zu arrangieren. Und im Lauf der Jahrhunderte hat das Ressentiment der fröhlichen Sklaven eine raffinierte Dialektik ausgebildet. Wer die Freiheit als eigene Möglichkeit versäumt hat, hasst die Freiheit der Anderen. Aber dieser Hass hat es gelernt, sich als paternalistische Wohltat zu verkleiden. Seither muss man dem freien Geist raten: Sei auf der Hut vor dem staatlichen Wohlwollen! Wie schwierig das heute ist, hat der Journalist Gustav Seibt mit einem guten Bild verdeutlicht: *Der Liberalismus gleicht einem David, der es nicht mehr mit einem verwundbaren Goliath zu tun hat, sondern mit einem gummiartigen millionenarmigen Leviathan.*

Soziale Tyrannei

Die Diskussion über Freiheit und soziale Ordnung wird durch einige Paradoxien blockiert, die man nicht auflösen, sondern nur klar darstellen kann. So kann auch eine „freie Gesellschaft" totalitär sein – das zeigt der „volonté generale" Rousseaus. Was unser politisches Selbstverständnis aber noch stärker irritiert, ist die folgende Fassung desselben Problems: Eine Demokratie kann illiberal sein. Es gibt demokratische Diktaturen. Das haben, von ganz rechts, Carl Schmitt und, von ganz links, Georg Lukács unwiderleglich gezeigt.

Demokratie ist also keine Garantie der individuellen Freiheit. Ganz im Gegenteil kann sie deren Begriff bis zur Unkenntlichkeit entstellen. Es geht hier um die Suggestivkraft der Partizipation. Die Demokratie bietet dem Bürger eine Vorstellung von der „Beteiligung" an der Macht an – als könnten sie an der staatlichen Ordnung mitwirken. An die Stelle des freien Einzelnen tritt der partizipierende Untertan. Diese *Loslösung des Demokratismus vom Liberalismus* hat Hans Kelsen als unvermeidliches Schicksal der modernen Gesellschaft begriffen. Konkret heißt das: Auch wenn der Staat ganz tief in die Freiheit des Einzelnen eingreift, ist dennoch Demokratie möglich. Damit wandelt sich aber der Sinn des Freiheitsbegriffs selbst; er verliert seinen liberalen Gehalt. Demokratie erweist sich im Wortsinn als Sozialdemokratie. *Die, im Grunde genommen, unmögliche Freiheit des Individuums tritt allmählich in den Hintergrund und die Freiheit des sozialen Kollektivums in den Vordergrund.*

Die Tyrannei des Kollektivs hat ihren klarsten philosophischen Ausdruck nach dem Ersten Weltkrieg in der „reinen" Rechtstheorie von Hans Kelsen gefunden. Was es für den Einzelnen hier überhaupt noch an Freiheit gibt, verdankt er ganz und gar dem Staat – und Rousseaus „volonté generale" zwingt ihn zu dieser Freiheit. Wenn aber der Mensch nur als Staatsbürger frei ist, dann schafft mein persönlicher Wille, sofern er dem Gemeinwillen widerspricht, Unfreiheit. Von der demokratischen Mehrheit abweichen, heißt sich irren. Das Genie, der freie Geist, kann der idealen Demokratie nur störend dazwischenkommen. Freiheit ist für Kelsen deshalb nur die Ideologie einer modernen Demokratie, für den ernüchterten politischen Betrachter also genau so illusorisch wie die Willensfreiheit für den Deterministen.

Die spezifisch moderne Gefahr für die Freiheit liegt in der Tyrannei des Kollektivismus. Und dass gerade die Massendemokratie unaufhaltsam zur Tyrannei der Anderen treibt, haben schon Alexis de Tocqueville und John Stuart Mill klar erkannt. Der einzelne Tyrann kann sich nicht um die Lebensführung eines jeden seiner Untertanen kümmern; hier gibt es noch Freiheit. Doch wenn das Volk herrscht, kümmert sich jeder um die Angelegenheiten eines jeden. Die Furcht Gottes wird durch die Furcht vor der Mehrheit ersetzt. John Stuart Mills Essay „On Liberty" ist eine grandiose Abrechnung mit der sozialen Tyrannei der Mehrheit. Die Gesellschaft selbst ist der despotischste Tyrann über die Individuen, aus denen sie sich zusammensetzt. Indem sie Meinungen und Gefühle aufzwingt, versklavt sie die Seele.

Die Tyrannei der Mehrheit zwingt aber nicht nur den Konsens auf, sondern treibt auch den Dissens aus. Die Passage über das *silencing*, das Zum-Schweigen-bringen der abweichenden Meinung, gehört zu den großartigsten und aktuellsten in Mills Freiheits-Essay. Sein liberaler Standpunkt ist von bewundernswerter Klarheit: Auch die Immoralität einer Meinung ist kein Grund dafür, ihr Bekenntnis und ihre Diskussion zu beschneiden. Auch wenn nur ein einziger eine abweichende Meinung hat, gibt das der überwältigenden Mehrheit – im Grenzfall *all mankind minus one* – nicht das Recht, ihn zum Schweigen zu bringen. Dass die soziale Tyrannei des *silencing* dem Einzelnen schadet, ist trivial. Viel wichtiger ist für Mill, dass sie der Gesellschaft selbst schadet. Denn wenn die abweichende Meinung sich doch als richtig erweisen sollte, hätte sich die Gesellschaft um die Möglichkeit gebracht, einen Irrtum zu korrigieren. Und wenn die abweichende Meinung sich als falsch erweisen sollte, hätte sich die Gesellschaft um das lehrreiche Schauspiel einer Kollision der triumphalen Wahrheit mit dem Irrtum gebracht.

Wer eine Diskussion zum Schweigen bringt, beansprucht für sich selbst Unfehlbarkeit. Im Anspruch der Unfehlbarkeit steckt aber die Unfähigkeit, einen Irrtum zu korrigieren – und irren ist menschlich. Zur Korrektur eines Irrtums reicht Erfahrung nicht aus; man muss die Erfahrung auch interpretieren, und dazu braucht man die Diskussion. Deshalb darf es keine Einschränkung der Freiheit zum Widerspruch und zur abweichenden Meinung geben. Nur dann, wenn ich weiß, dass die anderen die Freiheit zum Widerspruch haben, kann ich mich auf meine eigene Meinung verlassen, als ob sie die Wahrheit wäre.

All mankind minus one – aber dieser eine könnte ein Genie sein. Genies sind individueller als andere Menschen und lassen sich deshalb schlechter in die Gesellschaft einpassen. Mill hatte den fabelhaften Mut, die zentrale Bedeutung des Genies für die Gesellschaft zu betonen und für es eine Atmosphäre völliger Freiheit zu fordern. Alles Wertvolle verdanken wir außergewöhnlichen Individuen; doch das will die öffentliche Meinung nicht wahrhaben. Und es ist ja auch nicht erstaunlich, dass mittelmäßige Köpfe keinen Sinn für die Bedeutung von Originalität haben.

In einer Welt der durch die Tyrannei der öffentlichen Meinung befestigten kollektiven Mittelmäßigkeit, in der die Massenmedien den Menschen das Denken abnehmen, ist das Wagnis der Exzentrizität die eigentliche heroische Tat des Genies. Ein Beispiel des Nonkonformismus zu geben, ist deshalb für Mill der größte Dienst, den ein Einzelner der modernen Gesellschaft erweisen kann. Der Held der modernen Gesellschaft besteht das Abenteuer der Isolationsangst; er bewährt sich vor der Übermacht der anonymen Masse. Er ist der Märtyrer des demokratischen Despotimus, der Tyrannei der Mehrheit.

Alle Tendenzen des sozialen Wandels, die John Stuart Mill beobachtet hat, stärken bis zum heutigen Tag ausschließlich die Gesellschaft auf Kosten des Einzelnen. Das Extrem eines geistigen Despotismus, der Einmischung der öffentlichen Meinung in die Freiheit, ist Mill vor allem in Gestalt von Comtes „Système de Politique Positive" entgegengetreten, das im Zeitalter des vorsorgenden Sozialstaates wieder von beklemmender Aktualität ist. Und Mills Brief an seine Frau vom 15.1.1855 über Comtes freiheitsmörderischen Sozialreformismus liest sich heute wie ein Aufruf zur Kritik des Paternalismus als erster Intellektuellenpflicht.

Die wesentlichen Überlegungen Mills sind rasch resümiert. Dass einige meinen zu wissen, was das Beste für die Anderen wäre, ist die aktuellste Bedrohung der Freiheit – die als Wohltat getarnte Tyrannei. Man darf niemanden zu einem bestimmten Verhalten zwingen, nur weil es besser für ihn wäre – z.B. nicht rauchen oder Diät halten. Letztlich profitieren wir nämlich alle mehr davon, dass wir es ertragen, dass die Anderen leben wie es ihnen gefällt, als dass wir sie zwingen, so zu leben, wie wir es für richtig halten. Die „wahre" Freiheit, deren Maß ein anderer bestimmt, ist mir weniger Wert als die individuelle Freiheit, meines eigenen Unglücks Schmied zu sein. Recht zu tun, darf man von jedem erwarten, nicht aber: das Richtige zu tun. Inhaltlich betrachtet ist die Freiheit eines jeden eigenrichtig.

Auch mein Versuch über die Freiheit kann es nicht vermeiden, Sätze zu formulieren und zu zitieren, in denen von wahrer, substantieller, positiver, affirmativer Freiheit die Rede ist. Aber jeder Zusatz zum Begriff der Freiheit sollte eigentlich Misstrauen erwecken. Denn in jedem Zusatz steckt der Anspruch anderer, meine Freiheit inhaltlich zu normieren. Jede „Freiheit für..." schränkt Freiheit ein. Ist Freiheit rechtfertigungsbedürftig, muss sie durch ein Ziel konditioniert sein? Es geht hier um die von Leo Strauss immer wieder betonte schwierige Unterscheidung von Freiheit und Zügellosigkeit.

Auch John Stuart Mill beschränkt seine Doktrin der Freiheit, nämlich auf wahrhaft erwachsene Menschen. Betreuungsbedürftige und unreife Menschen müssen wie Kinder vor ihrem eigenen Handeln geschützt werden. Das gilt im übrigen auch für primitive Gesellschaften, und deshalb erscheint es Mill durchaus legitim, dass moderne Regierungen despotisch mit „Barbaren" verfahren. Freiheit als Prinzip findet also erst Anwendung, wenn die Menschen Vernunftgründen zugänglich und bereit zur Diskussion unter Freien und Gleichen sind. Die liberalen Kritiker Mills haben in diesen Beschränkungen der Freiheit das Einfallstor des Paternalismus gesehen. Und wir müssen heute erkennen: zu Recht.

Der vorsorgende Sozialstaat entzieht seinen Bürgern Freiheiten, um sie zu bessern und vor sich selbst zu schützen. Der Paternalismus erscheint denen gerechtfertigt, die glauben, dass man die Menschen vor der eigenen Willensschwäche schützen müsse. Dieser Gedanke, dass eigenrichtige Freiheit für die Gesellschaft und den Einzelnen selbst unzuträglich sei und durch eine beschränkte Wahlfreiheit für Inkompetente ersetzt werden müsse, hat neuerdings einen netten Namen bekommen: „Nudge". Das ist der Titel eines Buches von Richard Thaler und Cass Sunstein – zu Deutsch etwa: der Schubser in die richtige Richtung des aufgeklärten Verhaltens. Im Klartext geht es um eine Art Sozialvormundschaft im Namen der Mündigkeit. Das Problem des „Nudge" haben amerikanische Organisationssoziologen bisher unter so kalten und unübersetzbaren Begriffen wie „people processing" und „social engineering" diskutiert. Es geht hier um die Frage, wie man die Lebensführung von Menschen zum Guten verändern kann.

Das paternalistische Patentrezept des „Nudge" ist rasch erklärt. Wenn es um Gesundheit, Bildung und Altersvorsorge geht, hilft es den Menschen nicht, wenn man ihnen eine Fülle von Wahlmöglichkeiten anbietet. Je komplexer die Lage, desto wichtiger ein Sozialdesign, das die Bürger und Kunden in die richtige Richtung schubst. Der Paternalismus schützt mich vor Willensschwäche und Irrationalität. Andere tun für mich, was ich selbst tun würde, wenn ich bei klarem Verstand wäre. Die Leute, die nicht wissen, was gut für sie ist, brauchen also „Wahl-Helfer" im wortwörtlichen Sinne, kompetente Menschen, die ihre Entscheidungen wohltätig beeinflussen. Thaler und Sunstein nennen sie Wahl-Architekten.

Die modernen Paternalisten gehen also davon aus, dass einige den legitimen Anspruch haben, das Verhalten anderer Leute so zu beeinflussen, dass diese länger, gesünder und besser leben. Was diese Wahl-Architekten eigentlich anstreben, ist ein benutzerfreundliches Design des Sozialen. Konkret sieht das so aus, dass ein allgemeiner Konsens mit dem politisch korrekten Verhalten unterstellt wird und jedes abweichende Verhalten ausdrücklich deklariert werden muss: Ich will nicht teilnehmen am vernünftigen Leben der Guten. Ich will keine Riester-Rente. Ich will meine Organe im Todesfall nicht spenden. Die Schwierigkeit, sich dem unterstellten Konsens der Politischen Korrektheit zu entziehen, wäre dann das neue Maß der Freiheit.

Cass Sunstein, eigentlich Rechtsprofessor, ist für seine Erfindung des „Nudge" mit einem Posten in der Administration Barack Obamas belohnt worden. Aber auch der politische Soziologe Antony Giddens, immer noch auf der Suche nach dem dritten Weg zwischen Kapitalismus und Sozialismus, plädiert für eine Erweiterung der staatlichen Daseinsvorsorge zur Politik der positiven Wohlfahrt. Hier wird das Glück als universalisierbarer Wert verstanden, und deshalb kann sich die positive Wohlfahrtspolitik als Entwicklungshilfe eines sich selbst bestimmenden Einzelnen begreifen. Das ist eine schöne Paradoxie: Der Staat betreibt Mitbestimmung bei der Selbstbestimmung des Einzelnen. So wird Politik zum Glückszwangsangebot.

Noch erstaunlicher ist in diesem Zusammenhang eine begriffliche Neuprägung von Jürgen Habermas. Er hat im Blick auf den Medienkonsum von einem „Auto-paternalismus" gesprochen. Wer sich informiert, entscheidet sich nicht auf einem Markt der Informationen nach eigenen Präferenzen, sondern er setzt sich *einem Lernprozeß mit unbestimmtem Ausgang aus*. Und hier habe der Staat die Aufgabe, die geistige Energieversorgung der Gesellschaft sicherzustellen. Einflussreiche Leute, wie etwa Jürgen Habermas, können dabei starke Signale für angemessenes Verhalten setzen. Und wer sich dennoch lernunwillig zeigt, kommt an den Medienpranger, der als *social nudge* funktioniert. So bildet sich die öffentliche Meinung.

Wenn die öffentliche Meinung in einer Massendemokratie gesprochen hat, bringt niemand mehr den Mut zum Widerspruch auf. Ihr Druck ist so groß, dass gesetzlicher Zwang vielfach überflüssig wird. Und so breitet sich das Posthistoire als ewiger Friede des Intellekts aus. Niemand wagt es, einem unabhängigen Gedankenzug zu folgen. Deshalb gibt es auch keine großen Denker mehr. Abweichende Meinungen, die sich noch aus der Deckung wagen, werden sozial bestraft. Wie eh und je ergeht dann das Scherbengericht. Die soziale Intoleranz des Ostrazismus fügt heute zwar niemandem mehr körperlichen Schaden zu, aber wer anders denkt, muss seine Meinung maskieren oder auf Publizität verzichten. Schon John Stuart Mill suchte deshalb nach Asylen für Individualität. Auf diese Lage antworten Leo Strauss mit seiner Kunst des Schreibens, aber auch Elisabeth Noelle-Neumann mit ihrer Theorie der Schweigespirale. Wir kommen gleich darauf zurück.

Öffentliche Meinung und Politische Korrektheit

In der Heldenzeit der Aufklärung war das moderne Problem der sozialen Tyrannei durch den Druck der öffentlichen Meinung noch nicht so deutlich erkennbar. Das Recht auf Meinungsfreiheit und Redefreiheit stellt ja gerade die abweichende Meinung, den Dissens, ins Zentrum der Freiheitsidee. Entscheidend ist dabei, dass ich mit meiner abweichenden Meinung zwar zu einer Minderheit gehöre – aber eben nur auf Zeit. Meine abweichende Meinung macht mich noch nicht zum Angehörigen einer kulturellen oder sozialen Minorität. Mein Dissens ist „prozedural", nicht substantiell. Wer eine Minderheitenmeinung vertritt, gehört damit noch nicht permanent zur Minderheit.

Leider versteht sich diese Position der Aufklärung schon lange nicht mehr von selbst, und wir werden nun fragen müssen, wie sich ihr liberaler Geist in eine sehr viel komplexere Gegenwart retten lässt. *Faulheit und Feigheit* sind bei Kant das zentrale Problem jeder Aufklärung. Unmündigkeit ist nämlich keine Frage mangelnder Intelligenz, sondern mangelnden Mutes. Es geht um den Mut zur Mündigkeit, den das schöne deutsche Wort „beherzt" meint. Dabei geht es Kant nicht primär um den Mut dessen, der gegen Zensur und Verfolgung an der eigenen Überzeugung festhält, sondern um den Mut des Selbstdenkens überhaupt. Aufklärung kämpft gegen die Versuchung, aus Bequemlichkeit andere für sich denken, Vormünder für sich entscheiden zu lassen. *Es ist so bequem, unmündig zu sein.*

Wenn die Unmündigkeit aber erst einmal zur zweiten Natur geworden ist und die Menschen *sie sogar liebgewonnen* haben, wird es für die Aufklärung schwierig, überhaupt noch einen Ansatzpunkt für freies Denkens zu finden. Die Leute empfinden den *Gängelwagen* des Paternalismus und die *Fußschellen* der Unmündigkeit ja gar nicht als bedrängende Unfreiheit, sondern als Sicherheit und Bequemlichkeit. Deshalb überfordert der Aufklärungsruf „Sapere aude!" die meisten Menschen. Aus eigener Kraft zum freien Geist zu werden, ist fast unmöglich. Die von der Aufklärung erstrebte Freiheit *von den Fesseln gewohnter und durch die allgemeine Meinung bestärkter Begriffe* ist für den Einzelnen so schwer zu erreichen, dass selbst Philosophen sich ihrer nur selten rühmen dürfen.

Vor allem durch die Öffentlichkeitstheorie von Jürgen Habermas ist Kants Lösung dieses Dilemmas berühmt geworden: Dass der Einzelne sich aus der Unmündigkeit befreit, ist unwahrscheinlich. *Dass aber ein Publikum sich selbst aufkläre, ist eher möglich.* Der öffentliche Gebrauch der Vernunft befreit das Denken. Mit anderen Worten, die bürgerliche Freiheit der Diskussion muss als genitivus subiectivus *und* obiectivus verstanden werden. Das öffentliche Gespräch der Bürger ist frei und es gebiert aus sich die eigentliche Freiheit des Geistes.

Entscheidend ist hier die Einsicht Kants, dass der Begriff der Gedankenfreiheit unabhängig von der Meinungsfreiheit keinen Sinn hat. Wer etwas publiziert, kann die Leute nicht zwingen, es zu lesen. Wer etwas schreibt, kann die Verlage nicht zwingen, es zu publizieren. Aber immerhin kann jeder seine Meinung sagen, aufschreiben – und heute sogar ohne großen Aufwand ins Netz stellen. Erst recht sind die Gedanken frei. Könnte man meinen. Es ist aber ein Irrtum, zu glauben, dass derjenige, dem man das Sprechen und Schreiben beschneidet, immerhin noch frei denken könne. Es gibt keine Freiheit des Denkens ohne die Möglichkeit einer öffentlichen Mitteilung des Gedachten. *Allein wie viel und mit welcher Richtigkeit würden wir wohl* denken, *wenn wir nicht gleichsam in Gemeinschaft mit anderen, denen wir unsere und die uns ihre Gedanken* mitteilen, *dächten!*

Jeder Mensch hat den Beruf zum freien Selbstdenken, jeder Gelehrte hat den Beruf zur Publizität. (Hier ist Beruf natürlich nicht als Job gemeint, sondern als Berufung.) Nur die Ruhe und Ordnung des staatlich geordneten Lebens bilden die Grenze für den freien Geist. Aber gerade diese Grenze stabilisiert ihn. Deshalb endet Kants Aufklärungsschrift mit einer Paradoxie. Die geistige Freiheit wächst nicht mit der bürgerlichen Freiheit. Souverän machtgeschützt gedeiht der freie Geist besser. Denn nur wenn der Staat des Gehorsams seiner Bürger sicher ist, muss er sich nicht vor ihrem Räsonnement fürchten. Der aufgeklärte Absolutismus brauchte keinen geistigen Despotismus. Friedrich der Große hatte keine Angst vor der Philosophie.

Der Sonnenaufgang der Aufklärung ist das morgendliche Erscheinen der Tageszeitung, die das Licht der Öffentlichkeit verbreitet. Hier tritt der Glaube an Diskussion und Öffentlichkeit gleichsam an die Stelle des Gottesglaubens. Die öffentliche Diskussion erscheint dann als das Medium der Aufklärung, die sich vernünftige Gesetze gibt, indem sie Meinungen zu einem Kampf antreten lässt, in dem jeder bereit ist, sich von seinem Gegner durch rationale Argumente überzeugen zu lassen. Jürgen Habermas hat dieses Bild der bürgerlichen Öffentlichkeit mit scharfen Konturen in seiner Habilitationsschrift gezeichnet. Die bürgerliche Öffentlichkeit hat für Habermas deshalb ein so überragendes Interesse, weil sich dort Privatleute zu einem *Publikum* im wörtlichen und damit emphatischen Sinn versammeln. Als Publikum sind die Privatleute Staatsbürger, d.h. in der Lage *sich äußerlich so zu verhalten, als ob sie innerlich freie Menschen wären.*

Um dieses Als-ob der Freiheit aus der Geschichte der bürgerlichen Öffentlichkeit heraus plausibel zu machen, hat Habermas zu einer idealtypischen Stilisierung gegriffen. In der bürgerlichen Diskussion löse sich Herrschaft selbst auf, und zwar in einem *leichtfüßigen Zwang, der nurmehr in der zwingenden Einsicht einer öffentlichen Meinung sich durchsetzt.* Und mit dem zwanglosen Zwang des besseren Arguments verbürge diese öffentliche Meinung eine *moralisch prätentiöse Rationalität, die das Rechte und das Richtige in einem zu treffen sucht.* Wer von diesem Zwang gezwungen wird, seine abweichende Meinung preiszugeben, wird ihn im Nachhinein als Befreiung begrüßen. Und wenn er verstockt bleibt, genügt auch das äußerliche Als-ob der Habermasschen Freiheit: Konformismus.

Das ist der Geist der Aufklärung, den Jürgen Habermas in die Gegenwart retten wollte. Doch diese aufgeklärte Welt verdunkelt sich schon im 19. Jahrhundert. Der Liberalismus zerbricht an der Herausforderung des Sozialismus und den Notwendigkeiten der Massendemokratie. Das Argument erweist sich als ohnmächtig vor der Propaganda-Maschine, die Diskussion verstummt vor der Diktatur, die Öffentlichkeit erstarrt zum Ornament der Masse. Und 1926 spottet der Staatsrechtler Carl Schmitt: *Manche Normen des heutigen Parlamentsrechtes, vor allem die Vorschriften über die Unabhängigkeit der Abgeordneten und über die Öffentlichkeit der Sitzungen, wirken [...] wie eine überflüssige Dekoration, unnütz und sogar peinlich, als hätte jemand die Heizkörper einer modernen Zentralheizung mit roten Flammen angemalt, um die Illusion eines lodernden Feuers hervorzurufen.*

Auf den entscheidenden Grund für diese Verdunkelung der aufgeklärten Welt stoßen wir in Alexis de Tocquevilles Darstellung der Versklavung des demokratischen Lebens durch die Tyrannei der öffentlichen Meinung. Das Thema ist heute aktueller denn je. Denn nichts fürchtet die Regierung mehr als einen selbständig denkenden Menschen. Nietzsche hat einmal gesagt, der große Mensch sei *ohne Furcht vor der ‚Meinung'.* Und das heißt eben auch umgekehrt, dass massendemokratische Gesellschaften, die große Menschen ja nicht mehr kennen, durch die Furcht vor der Meinung der Anderen zusammengehalten werden. Je weniger sich die Meinungen der Einzelnen in der massendemokratischen Öffentlichkeit zur Geltung bringen können, desto stärker wird der Druck der öffentlichen Meinung auf den Einzelnen und sein Meinen.

Die öffentliche Meinung zähmt das Meinen. Aus Angst vor Isolation beobachtet man ständig die öffentliche Meinung. Und öffentlich heißt eben genau die Meinung, die man ohne Isolationsangst aussprechen kann. Wir fürchten also nicht, eine falsche Meinung zu haben, sondern mit ihr allein zu stehen. Die Isolationsangst – wie Kierkegaard gesagt hätte: *die Angst davor, ein Einzelner zu sein* – regiert die Welt. Aus Tocquevilles Amerika-Buch geht schon klar hervor, dass es in modernen Massendemokratien nicht um Argumente und Überzeugung geht, sondern dass die öffentliche Meinung einen geistigen Druck ausübt, dem sich niemand entziehen kann. Das ist *ein neues Gesicht der Knechtschaft.*

Vor der Schwelle der modernen Welt konnten sich die Menschen am ungeschriebenen Gesetz der Sitte, am Gesetz Gottes oder doch wenigstens am Gesetz des Staates orientieren. Diese Traditionswerte zerbrechen in der Moderne und werden durch öffentliche Meinung ersetzt. Zugleich schwindet die Orientierungskraft des guten Geschmacks; auch er wird in der Massendemokratie durch die öffentliche Meinung ersetzt. Hinzu kommt die seit der Französischen Revolution unabweisbare Forderung der Gleichheit, die zu einem Autoritätsverlust führt, den jeder Einzelne als Orientierungslosigkeit erfährt. Und gerade deshalb ergibt sich der Massendemokrat widerstandslos der Tyrannei der öffentlichen Meinung. In den unüberbietbar klaren Worten Tocquevilles: *solange die Mehrheit ungewiss ist, redet man; hat sie aber unwiderruflich gesprochen, verstummt jeder.*

Die Bedeutung dieser knappen Bemerkung ist gar nicht zu überschätzen. Dass die moderne Gesellschaft aus Kommunikationen besteht, ist ein Soziologenwissen, das sich nicht nur in Seminaren sondern auch in den Feuilletons gut etabliert hat. Dabei wird aber gerne übersehen, dass die moderne Gesellschaft, indem sie kommuniziert, immer auch Schweigen produziert. Sie schließt aus, was nicht anschlussfähig ist. Es gibt deshalb zum psychologischen Begriff der Verdrängung eine bedeutsame soziologische Entsprechung: die Schweigespirale. Wie gerade gezeigt, hat Alexis des Tocqueville diesen Sachverhalt schon 1835 entdeckt. Aber erst Elisabeth Noelle-Neumann hat den Begriff dann medienwissenschaftlich ausgearbeitet.

Das Grundkonzept der Schweigespirale lässt sich ganz einfach darstellen. Wer den Zorn der Anderen fürchtet, schließt sich leicht der Meinung der scheinbaren Mehrheit an, auch wenn er es eigentlich besser weiß. Er bringt sich selbst zum Schweigen, um seinen guten Ruf nicht aufs Spiel zu setzen. Das ist der Ansatzpunkt für die Dynamik der

Schweigespirale, die heute vor allem von der Politischen Korrektheit genutzt wird. Wir werden im Folgenden ausführlich zeigen, dass die Politische Korrektheit als ein unmittelbarer Effekt der Schweigespirale verstanden werden kann. Sie ist gekennzeichnet, erstens, durch die Fusion von Thema und Meinung, und zweitens durch die Moralisierung am Medienpranger.

Die Ausgangsüberlegungen sind wohl unstrittig. Man glaubt, was andere glauben, weil sie es glauben. Und wer zu einem Thema bisher eine andere Meinung hatte, kann sie ohne Gesichtsverlust ändern, wenn und solange er anonym bleibt, also schweigt. Man beobachtet deshalb ständig, wie die Anderen die Welt beobachten, und dadurch wird in jedem von uns ein quasi-statistischer Sinn trainiert, mit dem man Beobachtungen über die Meinung der Anderen anstellen kann: Was man so sagt. Doch was man so sagt, ist in Demokratien zumeist die Meinung gut artikulierter Minderheiten. Mit anderen Worten: In der Mediendemokratie werden die Menschen durch eine Sprache versklavt, die als die unwiderrufliche der Mehrheit auftritt, in Wahrheit aber von gut organisierten Minderheiten lanciert wird. Die öffentliche Meinung verhilft also immer häufiger nicht der Majorität sondern der Orthodoxie zum Ausdruck. Diese Orthodoxie heißt heute Politische Korrektheit.

Wohlgemerkt: Die Mehrheit kann durchaus abweichender Meinung sein, aber sie täuscht sich oft über die Mehrheit, denn niemand kann wissen, ob eine Meinungsäußerung der Ausdruck eines unabhängigen Urteils, einer Informationskaskade oder der Selbstzensur ist. Je besser die Massenmedien und die kämpferischen Minderheiten die öffentliche Meinung organisieren, desto wahrscheinlicher wird es, dass sich die meisten Menschen in ihrem Urteil über die Meinung der meisten Menschen irren. Dieser Irrtum potenziert sich dann in der öffentlichen Meinung über die öffentliche Meinung. Und deshalb bestätigt sich immer wieder das Gesetz der „Pluralistic Ignorance“, das Elisabeth Noelle-Neumann so formuliert hat: *Die Bevölkerung täuscht sich über die Bevölkerung.* Wenn sich aber die Mehrheit über die Mehrheit täuscht, muss dem eine Angstdynamik zugrunde liegen, die so alt ist wie die Demokratie: die Angst, von der Mehrheit geächtet zu werden. Dabei ist entscheidend, dass die Masse zumeist das kritische Urteil der Intellektuellen über die Masse teilt: Die Anderen sind so! Erst das macht die Schweigespirale unentrinnbar.

Öffentliche Meinung ist also nicht das, was die Leute meinen, sondern das, was die Leute meinen „was die Leute meinen“. Und die Massenmedien informieren uns vor allem darüber, dass die Meisten der gleichen Meinung sind. Wenn man aber sagt, dass die öffentliche Meinung die Versklavung der eigenen Meinung darstellt, dann muss das nicht nur heißen, dass ich die Meinung der Anderen übernehme. Viel wichtiger ist, dass ich den Themenrahmen der Öffentlichkeit übernehme. Es geht in der Medienwirklichkeit nicht nur um politisch korrekte Meinungen, sondern vor allem auch um Themenstabilität, Agenda Setting.

Wenn also Allan Bloom das Fernsehen als *consensus monster* bezeichnet, dann bedeutet das in erster Linie, dass es Schemata der Wahrnehmung und „wichtige“ Themen durchsetzt, zu denen man auf Dauer nicht „keine Meinung“ haben kann. Die öffentliche Meinung verbreitet nämlich nicht nur Meinungen, sondern auch Skripts, Drehbücher der Weltwahrnehmung. Und vor allem imprägniert sie uns mit ihrem zweiwertigen Code: dafür sein oder dagegen sein. Wer nicht gegen Präimplantationsdiagnostik oder Studiengebühren ist, ist dafür – und exponiert sich. Und genau hier schlägt die Freiheit in Sklaverei um. Aus Angst davor, sich mit der eigenen Meinung zu isolieren, beobachtet man ständig die öffentliche – was man so sagt und meint.

Die Politik und die Demoskopie haben bei der Formierung der Medienmacht natürlich eine privilegierte Stellung, ja eine Gatekeeper-Funktion. Die Regierung kann der öffentlichen Meinung nicht folgen, ihr aber auch nicht entkommen. Deshalb müssen die herrschenden Parteien dafür sorgen, dass die öffentliche Meinung der Regierung folgt. Das ist möglich, weil es auf der Ebene der einzelnen Meinungen einen wachsenden Orientierungsbedarf gibt, den man sich allerdings nur ungern eingesteht. Es fällt schwer, zu akzeptieren, dass man unfähig ist, eine eigene Meinung zu Afghanistan oder der Pflegeversicherung zu haben. Und deshalb ist man anfällig für Propaganda – die Meinung von der Stange. Dieser Propagandabegriff meint aber nicht nur Gehirnwäsche und Zensur. Moderne, westliche Regierungen zensieren nicht im klassischen Stil, sondern sie kontern Fakten mit Fakten. In der Zeit der Aufklärung war der Staat Erzieher. Heute ist der Staat Verführer: Designer der Gefühle, Hauptkunde der Marktforschung und eben Warenanbieter auf dem Markt der öffentlichen Meinung.

Das erklärt die Schlüsselrolle der Demoskopie in der modernen Demokratie. Die Demoskopie hilft den Leuten, ihre Wahl zu treffen, denn dazu müssen sie wissen, wie die anderen wählen; und sie hilft den Politikern, sich im Wahlkampf zu profilieren, denn dazu müssen sie wissen, was die Leute hören möchten. Die Bedeutsamkeit der Demoskopie für die Demokratie erklärt sich zum einen sozialpsychologisch aus der Befriedigung, befragt zu werden, zum andern aus der Selbstbezüglichkeit der Meinungsumfragen. Das Dass der Befragung ist wichtiger als das Was. Meinungsumfragen produzieren Bedeutsamkeit für Themen, und der Befragte schließt vom Faktum der Befragung auf die Bedeutsamkeit des Themas. So werden die Wähler schließlich zu Zuschauern ihres eigenen vorausgesagten Verhaltens.

Da es auf Dauer zu anstrengend ist, anders zu denken als man redet, denken die meisten auch schon politisch korrekt. Heute dürfen die Bürger sagen und schreiben, was sie wollen, weil sie ohnehin dasselbe denken. Angesichts dessen muss man bezweifeln, ob das Recht auf Redefreiheit ein ausreichendes Fundament für die Freiheit darstellt. Wir haben die Pressefreiheit als Ersatz für Gedankenfreiheit. Der amerikanische Champion der Politischen Korrektheit, Stanley Fish, hat deshalb ganz selbstbewusst dekretiert, freie Rede gebe es genau so wenig wie selbständiges Denken. Wenn wir diese Provokation als Problembestimmung ernst nehmen, gelangen wir zu einem wichtigen Zwischenergebnis unserer Untersuchung. Dass man die Freiheit hat, zu sagen, was man denkt, besagt nicht viel, wenn man nicht mehr zu denken wagt, was man nicht sagen darf. Dass die Gedanken frei sind, ist keine hinreichende Bedingung für freie Gedanken. Auch Hannah Arendt hat diese Problematik reiner Gedankenfreiheit gesehen. Keine menschliche Fähigkeit ist verletzlicher als das Denken, und unter Bedingungen der Tyrannei ist es immer noch leichter, frei zu handeln, als frei zu denken.

Die Kritik der bloß negativen Freiheit kann hier ein starkes Argument geltend machen: Der Schutz der Freiheitsrechte kann nicht selbst dafür sorgen, dass es das, was geschützt wird, überhaupt gibt. Was nützt der Schutz des Eigentums wenn man keines hat? Was nützt der Schutz der Meinungsfreiheit, wenn die Leute nicht diskutieren wollen und nicht urteilen können? Bei Eric Voegelin heißt es dazu: *Nur die wenigsten sind sich bewusst, dass Meinen nicht Denken, dass rhetorische Exposition einer Meinung nicht rationale Diskussion einer Sache ist und dass der Rechtsschutz der Diskussionsfreiheit die Menschen nicht diskussionsbereit macht.*

Wir brauchen deshalb eine Kultur der freien Rede, die zum Dissens ermutigt. Das müsste zumindest denjenigen einleuchten, die ständig von „Innovation“ reden und neuerdings auf die „Weisheit der Vielen“ setzen. Denn Innovation ist eine Gestalt des Dissens. Und auch die Weisheit der Vielen setzt die Freiheit der Einzelnen voraus; sie ist das Gegenteil der öffentlichen Meinung. Es geht hier um Unabhängigkeit als die Kraft, in der Gruppe Freiheit zu bewahren. Ich stehe zu meinen Überzeugungen – im vollen Bewusstsein der Alternativen. Und ich muss nicht respektieren, was ich toleriere. Toleranz ist nämlich das Klima der Koexistenz von Andersgläubigen. Friedliche Koexistenz gibt es nur durch Verzicht auf Konsens.

Die Konsensgläubigkeit der modernen Gesellschaft stößt uns immer wieder auf die zentrale Paradoxie der Demokratie: je freier die Menschen, desto versklavter durch die öffentliche Meinung. Auf den ersten Blick scheint es hier nur einen Ausweg zu geben, nämlich die tapfere Bewährung des modernen Helden vor der Masse. Als der Märtyrer der öffentlichen Meinung hält er die Isolationsangst aus. Doch es geht auch anders. Wer sich mit seiner Meinung isoliert, kann Gesinnungsfreunde unter Großen Büchern finden. Als Leser ist er dann nicht nur frei vom Zeitgeist, sondern auch frei von der Furcht vor dem Zeitgeist. So könnte er z.B. Saul Bellows „Ravelstein" als Schlüsselroman über die großen politischen Philosophen Allan Bloom und Leo Strauss lesen. Dort findet sich die Bemerkung, es sei nicht einfach, reich und berühmt zu werden, indem man genau das sagt, was man denkt, und zwar in eigenen Worten und ohne Kompromisse. Wer das kann, braucht keine Angst vor dem sozialen Scherbengericht zu haben.

Doch wie könnte das gehen? Das gesamte Werk von Leo Strauss gibt eine Antwort auf diese Frage. Die Geburt der Schreibkunst aus der Verfolgung lautet sein Thema, und es wird zwar überwiegend an Autoren der Antike exemplifiziert, doch an der brennenden Aktualität der Fragestellung gibt es keinen Zweifel. Wenn es in einem Staat keine Freiheit der Rede gibt, steht man vor der Alternative, ob man Sicherheit und Konformismus oder Wahrheit und Verfolgung wählt. Sokrates wählte den Nonkonformismus – und damit den Tod. Dagegen ist Platons Kunst des Schreibens viel dialektischer. Sie versteckt die philosophische Ansprache an die Elite in einer „vulgären" Ansprache an das Volk; sie versteckt also die gefährliche Wahrheit in der öffentlichen Meinung.

Nicht dass es Platon an Mut zur Aufgeklärtheit gefehlt hätte; seine Kunst des Schreibens ist kein Ausdruck von Feigheit, sondern von politischer Klugheit. Die sokratische Rhetorik Platons ist erfüllt vom Geist der sozialen Verantwortlichkeit. Sie löst das Grundproblem, dass die Suche nach Wahrheit nicht mit den Anforderungen der Gesellschaft harmoniert, weil diese Wahrheit nicht harmlos ist. Für Strauss ist es also ganz selbstverständlich, dass die Gesellschaft versucht, das Denken zu tyrannisieren. Deshalb bedarf es der Rhetorik und der Kunst des Schreibens. Sie befreien die Wahrheitssuchenden von Vorurteilen, trainieren sie im Denken und blockieren den Zugang für all diejenigen, die nicht reif für die Wahrheit sind. Bis zum Ende des 18. Jahrhunderts haben die großen Denker diese Vorsicht in der Kommunikation ihrer Wahrheiten gewahrt. Erst mit der Aufklärung und dem

Historismus verliert sich der Sinn für den Unterschied von Esoterik und Exoterik.

Wenn die politische Philosophie scheitert, beginnt die Propaganda. Die regierungskonformen Ansichten werden den Menschen aber nicht direkt aufgezwungen; ihnen wird vielmehr der Boden bereitet, indem Widersprüche zum Schweigen gebracht werden. Gedankenfreiheit bedeutet für die meisten Menschen nämlich nur die Möglichkeit, zwischen einigen wenigen Ansichten zu wählen, die von einer kleinen Minderheit öffentlich Redender und Schreibender verbreitet worden sind. Deshalb zerstört das *silencing*, das Zum-schweigen-bringen abweichender Meinungen, die Gedankenfreiheit selbst.

Um nicht zum Schweigen gebracht zu werden, muss der Philosoph zu schweigen wissen. Vorsicht im Umgang mit den Vielen ist angebracht. Am Gegenpol zum Mut des freien Geistes, Kants „sapere aude!", steht also nicht nur die Ängstlichkeit, sondern auch die Vorsicht, Spinozas „caute!", und die politische Verantwortung. Der Weise kann unter jeder Regierungsform leben, solange er die Dialektik von Esoterik und Exoterik beherrscht, etwa, wie Spinoza, seinem Atheismus ein biblisches Erscheinungsbild verleiht. Leo Strauss teilt zwar die Auffassung der großen antiken Denker, dass die philosophische Lebensform die höchste sei; aber er sieht den Philosophen eben auch in der politischen Pflicht. Die Gesellschaft, die ihm sein „wahres" Leben ermöglicht – Marxisten würden sagen: die ihn vom abgezweigten Profit leben lässt –, hat einen Anspruch auf seine politische Weisheit. Das ist der politisch-existenziale Kern der Dialektik von Esoterik und Exoterik, von „sapere aude!" und „caute!"

Dass sich der Sinn für diese Dialektik im Zeitalter der Aufklärung verliert, kann man gerade auch an Kant zeigen. Bei ihm tritt an die Stelle des Unterschieds von Esoterik, also der wahren Lehre, und Exoterik, also dem, was man dem breiten Publikum zumuten kann, die Unterscheidung zwischen dem öffentlichen und dem privaten Gebrauch der Vernunft. Unter privatem Vernunftgebrauch versteht Kant – und das führt heute meist zu Missverständnissen – gerade das, was man von Amts wegen, also z.B. als Lehrer vor Schülern, als Priester vor der Gemeinde oder als Professor vor Studenten sagt. Dieser private Vernunftgebrauch darf eingeschränkt werden. Völlig frei dagegen soll der öffentliche Vernunftgebrauch sein, also das, was *jemand als Gelehrter [...] vor dem ganzen Publikum der Leserwelt* präsentiert. Diese neue Unterscheidung ruht ganz und gar auf dem Vertrauen in die heilende Kraft der bürgerlichen Öffentlichkeit. Kant geht als Untertan des aufgeklärten Absolutisten gerade nicht mehr von einem Denken unter

Bedingungen der Tyrannis, vom Schreiben unter politischer Verfolgung aus. Und das ermöglicht ihm eine fein säuberliche Doppelexistenz als Beamter und Freigeist. Doch wie realistisch war und ist das?

Tapferkeit, Gerechtigkeit und Weisheit sind die großen Tugenden eines Lebens in Freiheit – aber sie lassen sich nicht harmonisch praktizieren. Mut und Gerechtigkeit machen den Gentleman aus. Aber kann der Weise Aug' in Aug' mit der Tyrannis ein Gentleman sein? Riskiert er sein Leben um der Freiheit willen? Immer wieder ist der freie Geist mit Einschränkungen der Redefreiheit konfrontiert, die ihn zur indirekten Mitteilung auf Umwegen und zwischen den Zeilen zwingen. Es ist lebensklug, öffentlich geschützte Meinungen nicht frontal anzugreifen, und zuweilen ist es sogar unumgänglich, diese geschützten Meinungen als die eigenen auszugeben. Leo Strauss nennt das die vorübergehende Anerkennung anerkannter Meinungen.

Die Umsicht, die erforderlich ist, um heterodoxe Wahrheiten zu verbreiten, ohne dafür bestraft zu werden, bewährt sich in einer Kunst des Schreibens zwischen den Zeilen. Und da man gerade die politischen Wahrheiten der Mehrheit des Volkes nicht zumuten kann und darf, muss die politische Philosophie ihre entscheidenden Botschaften prinzipiell zwischen den Zeilen formulieren. Das Schreiben zwischen den Zeilen vereinigt die Vorteile privater und öffentlicher Kommunikation, ohne ihre Nachteile tragen zu müssen. Wie die private Kommunikation richtet sich das Schreiben zwischen den Zeilen nur an die „Freunde" des Autors, die eben auch die seltenen Freunde der Wahrheit sind. Aber als öffentliche Kommunikation erreicht es diese „Freunde" überall in der Welt, ohne dass dem Autor Strafe und Verfolgung drohten. Denn – so das Leo-Strauss-Axiom: gedankenlose Menschen sind schlechte Leser.

Verfolgung und die Kunst des Schreibens – diese Themenstellung erweist ihre Aktualität, sobald man die Isolationsdrohung des sozialen Ostrazismus als moderne Form der Verfolgung begreift. An die Stelle von Hobbes' Todesfurcht ist heute die Isolationsfurcht getreten, die Furcht vor dem sozialen Tod. Die Gedanken sind vielleicht frei, aber nicht ihre Äußerung. Abweichende Meinungen werden heute schärfer sanktioniert als abweichendes Verhalten. Diese Sanktion läuft nicht über Kommunikation, sondern über Ausschluss. Zwar gibt es das Recht auf Meinungsfreiheit, aber der Zugang zu den Plattformen der Meinungsäußerung ist stark eingeschränkt. Gerade diese Einschränkung macht aber die Bildung einer öffentlichen Meinung überhaupt erst möglich. Öffentliche Meinung gibt es also nur, weil es *das Indiskutable* gibt. Jede Gesellschaft hat Tabuzonen, wo nicht das Recht sondern die

Scham regiert. Das tut man nicht, das sagt man nicht – und wer es dennoch tut und sagt, trifft auf Ablehnung und wird unbeliebt. Jeder Mensch hat, wie Elisabeth Noelle-Neumann so schön gesagt hat, eine *soziale Haut*, die sensibel dafür ist, was er sich in der Öffentlichkeit leisten kann.

Diese Dialektik beutet die Politische Korrektheit aus. Ihre akademischen Funktionäre besetzen die Stellen der sozialen Kontrolle dessen, was als diskutabel gilt. Damit koppeln sie die Moral vom gesunden Menschenverstand ab. Der Politischen Korrektheit geht es nicht darum, eine abweichende Meinung als falsch zu erweisen, sondern den abweichend Meinenden als unmoralisch zu verurteilen. Die beste Definition der Politischen Korrektheit findet sich übrigens avant la lettre in Thomas Manns „Betrachtungen eines Unpolitischen“: *die Auferstehung der Tugend in politischer Gestalt, das Wieder-möglich-werden eines Moralbonzentums sentimental-terroristisch-republikanischer Prägung, mit einem Worte: die Renaissance des Jakobiners.*

Den einzigen Begriff von Freiheit, den die Politische Korrektheit akzeptieren kann, ist der Rousseausche. Nur wer moralisch gut ist, gilt auch als frei. Der politische Gegner ist aber moralisch korrupt; deshalb muss man ihn mit Gewalt zu seinem wahren Willen befreien. Und wenn die Mehrheit der Bevölkerung korrupt ist, hat die tugendhafte Minorität das Recht zu dem, was Carl Schmitt den *Despotismus der Freiheit* genannt hat. So verwehrt man dem Einzelnen sein Recht auf Diskriminierung, z.B. auf den freien Gebrauch des Eigentums, maßt sich aber ganz selbstverständlich das Recht an, Gruppen zu diskriminieren, um die Diskriminierung anderer Gruppen zu bekämpfen.

Man könnte sich nun fragen, warum die Politische Korrektheit sich so nahtlos in eine moderne, westliche Kultur einfügt, die doch stolz auf ihren Individualismus ist. Doch die Antwort liegt nach dem bisher Gesagten auf der Hand. Die Rückseite des Individualismus ist der Paternalismus. Oder um postmodernen Geisteswissenschaftlern verständlich zu bleiben: Lifestyle, Political Correctness und Nudge bilden ein Dispositiv der Macht. Seine ungewöhnliche Aggressivität hat schon John Stuart Mill verspürt und auf den großartigen, analog zu „crusade“ gebildeten Begriff des „civilizade“ gebracht – der Kreuzzug der Politischen Korrektheit. Man kritisiert abweichende Meinungen nicht mehr, sondern hasst sie einfach.

Politische Korrektheit ist in erster Linie Sprachdiktatur, die Versklavung der Menschen durch Sprachherrschaft. Heute sagt einem nicht mehr die eigene *soziale Haut*, was man sagen und tun darf, sondern eine Elite von Zensoren und Inquisitoren, die das Erbe der 68er-Bewegung angetreten haben. Angesichts dessen zeigen bekannte sprachphilosophische Thesen einen harten politischen Kern. Die Grenzen meiner Sprache sind die Grenzen meiner Welt. Meine Muttersprache gibt die Sprachspiele vor, in denen ich ein soziales Wesen werde. Die Sprache ist das Haus des Seins. Und am Verhältnis des Subjekts zum Signifikanten zu rühren, heißt nach Jacques Lacan, die *Vertäuung* seines Seins in Frage zu stellen.

Wer das zu abstrakt und philosophisch findet, mag sich nur an den deutschen Streit um die Rechtschreibreform (der wir uns hier, sanft angeleitet vom Rechtschreibprogramm des Computers, beugen – Nudge!) erinnern. Obwohl er eigentlich nur im Feuilleton ausgetragen und dort auch rasch verspottet wurde, war dieser Streit ein erfreuliches Symptom dafür, dass einige noch Sinn dafür haben, was mit der Sprache einer Kultur auf dem Spiel steht – nämlich eben jene Vertäuung unseres Seins. Der Widerstand gegen die nassforschen Regeländerungen war nicht konservativ, sondern kultiviert; und der vorauseilende Gehorsam einiger Zeitschriften war nicht fortschrittlich, sondern reformkonformistisch.

Als einige französische Sprachpuristen mit staatlicher Unterstützung Front gegen die Anglizismen der Weltkommunikation machten, ließ der weltweite Spott nicht lange auf sich warten. Er hat eine Debatte erstickt, die eigentlich von größter Dringlichkeit wäre, nämlich: Was widerfährt einer Kultur, deren Menschen nicht mehr willens oder in der Lage sind, sich in eine hochdifferenzierte Sprachkultur hineinzusozialisieren, sondern lieber mit konfektionierten englischen Ausdrucksformen hantieren? In Dichtung findet Sprache ihr Selbstverhältnis – aber wer liest sie noch; wer kann noch lesen? Und war es nur Kultureitelkeit, als der Philosoph Martin Heidegger dekretierte, um Philosophie zu verstehen, müsse man Altgriechisch und – Deutsch verstehen?

Wortpolitik kennen wir vor allem in der Form, dass Politiker, Meinungsführer und Multiplikatoren versuchen, bestimmte Begriffe zu besetzen, etwa Gerechtigkeit, Solidarität oder Freiheit. Diese besetzten Begriffe bekommen dann wieder die physiognomische Qualität von Namen, man könnte auch sagen, dass sie Markencharakter annehmen. Wortpolitik lässt sich also auf die Formel bringen: Je weniger man handeln und verändern kann, desto wichtiger werden Fragen der Benennung. Oder noch genereller und mit Hans Blumenberg gesagt: *Die ‚Umbesetzungen', aus denen Geschichte besteht, werden rhetorisch vollzogen.*

Eine Gesellschaft, die sich weder an Religion noch an bürgerlicher Tradition und gesundem Menschenverstand orientieren kann, wird zum willenlosen Opfer eines Tugendterrors, der in Universitäten, Redaktionen und Antidiskriminierungsämtern ausgebrütet wird. Man darf ihn übrigens nicht offiziell als Politische Korrektheit ansprechen – das wäre politisch unkorrekt. Alan Charles Kors und Harvey A. Silverglate haben in ihrem eindrucksvollen, beklemmenden Report über den akademischen Verrat an der Freiheit, „The Shadow University", die heutige Universität als den größten Feind der freien Gesellschaft bezeichnet, weil sie die Studenten nicht mehr als Individuen sondern als Verkörperungen von Gruppenidentitäten behandelt und sie entsprechend in Gruppenrechten unterrichtet. Die neuen Ingenieure der Seele arbeiten mit Sprachcodes, Gruppenidentitätszuschreibungen und Trainingscamps für „sensitivity" und „awareness". Wer das Wort „Individuum" benutzt, weckt den Verdacht, gegen den heiligen Geist der Gruppe zu sündigen.

In dieser „Schattenuniversität" der Politischen Korrektheit ist die offene Diskussion freier Individuen längst durch Zensur, Einschüchterung und Indoktrination ersetzt worden. In der Vergangenheit diskriminierte Gruppen sollen durch positive Gegendiskriminierung Wiedergutmachung erfahren. Und weil Freiheit für die Politische Korrektheit ein Nullsummenspiel ist, müssen dafür die weißen Männer büßen. Wer widerspricht, wird nicht widerlegt, sondern zum Schweigen gebracht. Das ist der Sieg von Herbert Marcuse über John Stuart Mill.

Die Intellektuellen zehren vom Charisma der Vernunft, sind aber, anders als die spröden, prosaischen Wissenschaftler, „engagiert" und wollen „kritisch eingreifen". Mit anderen Worten: Sie nutzen ihren quasi-wissenschaftlichen Status, um die öffentliche Meinung zu beeinflussen. Und das funktioniert, denn Intellektuelle haben die rhetorische Macht, bestimmte Illusionen zu privilegieren. Sie bedienen das Begehren des Publikums nach Orientierung durch die eigene Meinung und Wertung, d.h. sie definieren den Stand der Dinge. Es ist heute wohl unstrittig, dass öffentliche Meinung nur veröffentlichte Meinung ist. Und diese operiert als – mit Begriffen der Synergetik formuliert – „Versklavung" der je eigenen Meinung. Die privilegierten Illusionen der Intellektuellen funktionieren dabei als „Ordner". Dass das so reibungslos funktioniert, lässt sich wiederum mit der Theorie der Schweigespirale erklären: Aus Angst vor Isolation beobachtet man ständig die Meinung der Starintellektuellen.

Der Schritt von der politisch korrekten Wortpolitik der modernen „Schattenuniversität" zur „Meinungspflege" im politischen System ist nicht groß, auch weil sich der Austausch zwischen beiden Systemen immer reibungsloser vollzieht. Seit Lenin und Hitler wurde Ideologie durch Propaganda ersetzt. Und heute wird Propaganda durch ein

Branding der Politik ersetzt. Genau das meinen Politiker und Parteien nämlich, wenn sie davon sprechen, es gehe darum, Themen zu besetzen. Der permanente Wahlkampf ist Werbung, deren Rhetorik uns den Zeitaufwand politischer Information erspart. Und jeder Bürger weiß, dass es sich nicht lohnt, viel Zeit in politische Information zu investieren – denn man hat ja nur eine Stimme.

Ökonomisch betrachtet, senkt das Branding der Politik also die Transaktionskosten der Wähler, nämlich die hohen Kosten der Informationsbeschaffung. So wie ich auf dem Markt verführt werden will, so will ich im politischen Leben propagandiert werden. Der Bourgeois in mir will Verführung, der Citoyen in mir will Propaganda. Diese sorgt nicht nur für Orthodoxie, sondern auch für Orthopraxis. Geistige Freiheit setzt aber das Bewusstsein von Alternativen voraus. Die moderne Tyrannei zwingt nicht zur Übereinstimmung, sondern bestreitet die Möglichkeit anderer Möglichkeiten. Dass es auch anders geht, soll nicht mehr gedacht werden können. Deshalb hat sich auf internationalem politischem Parkett das Akronym TINA durchgesetzt: There Is No Alternative. Luther predigte noch spirituelle Freiheit in politischer Knechtschaft; wir haben heute spirituelle Knechtschaft in politischer Freiheit.

So etwas wie Redefreiheit gibt es nicht – und das ist gut so! Das ist der erfrischend klare Titel eines Buches von Stanley Fish. Er treibt sein dialektisches Spiel mit Paradoxien wie der, dass es wenig freie Rede über das Thema Redefreiheit gebe, weil die Toleranzapostel denen gegenüber intolerant seien, die den Schutz der freien Rede weniger wichtig finden als andere Werte. Im Kern geht es Stanley Fish um eine Kritik der liberalen Grundüberzeugung, dass es eine faire Diskussion als neutralen prozeduralen Rahmen für die Auseinandersetzung streitender Meinungen geben könne. Weil menschliche Intelligenz endlich und damit parteiisch sei, gebe es keine transzendente Perspektive.

Der Geist des Menschen ist niemals frei und offen, sondern immer durch seinen kulturellen Kontext geprägt. Wenn es aber kein Jenseits der Parteilichkeit und des Perspektivismus gibt, dann gibt es auch keinen Liberalismus. Das ist eine politische Variante des Nietzscheschen Perspektivismus: Niemand kann dahinter zurück, dass er einen Standpunkt hat und deshalb voreingenommen ist. Diese Unentrinnbarkeit des parteiischen Standpunkts ist für Fish das Politische. In der Redefreiheit kann er nur ein Label sehen, das wir unserer Agenda aufdrücken. Jeder Begriff ist ein Kampfbegriff – und deshalb prinzipiell der Regulierung durch Sprachcodes unterworfen.

Die Pointe von Stanley Fishs Argumentation besteht darin, dass Redefreiheit gar kein verfassungsrechtliches Problem sein kann, weil es gar keine freie Rede gibt. Er kämpft gegen den „Absolutismus“ des First Amendment, des berühmten Ersten Zusatzes zur Verfassung der Vereinigten Staaten. Wer sich ausdrückt, tut das immer in einer Gemeinschaft und muss deren Einschränkungen und Grenzen akzeptieren. Im Grunde sind alle Meinungsäußerungen selbst das Produkt dieser zweckorientierten Begrenzungen und ideologischen Einschränkungen, der Vorurteile und Präsuppositionen. Sie bilden den Hintergrund und Kontext aller sich formenden Gedanken. Weil sich jede Rede vor dem Hintergrund des Ungesagten abhebt und dieses Ungesagte das ist, was zum Schweigen gebracht wurde, gibt es gar keine Alternative zur Beschränkung der Redefreiheit. Und wer sich darüber beklagt, dass die Politische Korrektheit eine Instanz der Selbstzensur im Geist der Menschen verankert, der muss sich von Stanley Fish belehren lassen, dass schon immer ein regulierender Code in seinem Hinterkopf am Werk gewesen ist. Wenn es aber keine freien Gedanken gibt, gibt es eigentlich auch kein Argument gegen Gehirnwäsche. Der so genannte freie Geist ist in Wahrheit von seiner Illusion der Unabhängigkeit abhängig.

All das ist raffiniert ausgedacht und elegant formuliert. Die Sprechakttheorie wird hier von Stanley Fish zu ihrem politischen Extrem getrieben: Reden heißt sich verhalten und handeln – mit realen Folgen; deshalb müssen wir Verantwortung für unsere Sprechakte übernehmen; und deshalb ist es notwendig, die Rede zu kontrollieren. Jede Freiheit, die nicht durch einen Zweck bestimmt ist, der sie begrenzt, ist für Fish leer. Was er nicht denken kann, ist die Möglichkeit der Selbstdistanz, Selbstentfernung. Für ihn gibt es weder kritisches Bewusstsein noch geistige Offenheit.

Nur in der Konfrontation mit einem solchen Gegner kann der Liberalismus in Zukunft intellektuellen Kontur bekommen. Für diese Konfrontation ist er allerdings von Haus aus nicht gut gerüstet. Freiheit ist für ihn ja das selbstverständliche Recht, anders zu sein, ohne dafür bestraft und an den Pranger gestellt zu werden. Liberal ist ein Mensch, der nicht dem Impuls nachgibt, denjenigen, der eine andere Meinung hat, zu maßregeln oder zu bestrafen. Mit einem Wort: Feindschaft fällt dem Liberalen schwer. Aber in der Konfrontation mit der Politischen Korrektheit muss er erkennen, dass er in seiner Existenz in Frage gestellt wird.

Der Götzendienst der Gruppe

Die Liberalen haben die Feinde der Freiheit oft in der falschen Richtung gesucht. Nicht nur der Staat bedroht die Freiheit des Einzelnen, sondern vor allem die organisierten Interessen, die Gruppen, die die Gesellschaft im Griff haben. Der Rechtsstaat ja hat eigentlich die Aufgabe, den Einzelnen vor den indirekten Mächten zu schützen. Wir können heute aber eine neue Segmentierung der Gesellschaft durch die Ansprüche von Gruppen beobachten, die es gelernt haben, sich als Opfer dieser Gesellschaft zu präsentieren. Der Rechtsstaat schützt nun zwar noch formal das Individuum, aber der Sozialstaat belohnt die Gruppe. Schritt für Schritt führen uns die Wohltaten des vorsorgenden Sozialstaates und die Aufmerksamkeiten der Peer-Groups in die Gefangenschaft der Brüderlichkeit.

Die einfache Botschaft des Western „High Noon“ bot einmal jedem Liberalen Seelennahrung: Wenn es ernst wird, versagt die Gruppe und verkriecht sich in Angst. Gary Cooper muss zum einsamen Helden werden. Am Ende verachtet und verlässt er die Gruppe, die ihm dankbar sein und Beifall zollen möchte. Die Gruppe ist die Gemeinschaft ohne Verantwortung, Verpflichtung und Leistung. Was hier zählt, ist nicht die persönliche Individualität, sondern der soziale Status. Die Gruppe sorgt sich um die Gruppenbeziehungen, nicht um die Sache. Es geht um Konsens und Kommunikationsgemeinschaft. Das ist eine teuflische Parodie auf das Gespräch, das wir sind. Was hier entsteht, wird als „Teamgeist“ gefeiert, besteht aber nur aus reiner Selbstbezüglichkeit. Es wird nichts produziert. Die Gruppe konsumiert sich selbst; sie lockt mit dem Sozialrausch.

Wenn das Anerkanntsein seinen alleinigen Maßstab im Beifall der Peer-Group findet, kann es für den Einzelnen nur noch darum gehen, möglichst viele Freunde zu „machen“. Die Lebensweisheit Dale Carnegies, nämlich wie man Freunde macht und Leute beeinflusst, nimmt heute in den sozialen Netzwerken des Internet technisch konkrete Gestalt an. Die Zahl der „Freunde“ bei Facebook ist das aktuelle Maß des Anerkanntseins. Ja, man könnte sagen, im Web 2.0 wird die Peer-Group zum Maß aller Dinge. Deshalb sind die Jugendlichen heute ständig mit der Taxonomie ihrer Freundschaften, der Klassifikation ihrer Vorlieben und dem Vergleich mit den anderen beschäftigt; deshalb sind sie fasziniert von Popularitätstests, Rankings und Ratings. Statt eines protestantischen Gewissens haben die meisten Seelen einen quasi-statistischen Sinn oder ein psychologisches Radargerät. Aus der Isolationsangst ist ein Automatismus der sozialen Signalverarbeitung geworden, die sklavische Orientierung an der Peer-Group.

Wie die Massenmedien beschwichtigt auch der Gruppenkult die Weltangst der Menschen vor der Komplexität der modernen Gesellschaft und der Einsamkeit in ihr. Genau so mächtig wie das Begehren nach Anerkennung ist das Begehren nach Gruppenzugehörigkeit. Aus Angst davor, allein zu stehen und isoliert zu werden, fliehen die Menschen in die soziale und geistige Sicherheit der Gruppe. Doch nicht das ist überraschend und nachdenkenswert, sondern der unwahrscheinliche, große welthistorische Sachverhalt, dass unsere abendländische Kultur sich einmal gegen dieses Sicherheitsbedürfnis entschieden hat. Was mit der massendemokratischen Neujustierung der Verhältnisses von Einzelnem und Gruppe auf dem Spiel steht, hat Helmut Schelsky deutlich ausgesprochen: *Hier wird das seit der griechischen Philosophie größte und gewagteste geistige und daher auch soziale Abenteuer unserer Kulturtradition, die Überbetonung der einzelnen Person und ihrer Denk- und Willensfreiheit, zurückgenommen in die geistige und soziale Betreuungssicherheit eines neuen Mittelalters.*

Wer Angst vor Fehlern hat, flieht in die Gruppe, denn sie entindividualisiert. Seit diese Fluchtbewegung mit dem Namen „Teamgeist“ geadelt wird, haben sich die meisten Menschen mit gutem Gewissen von der Idee der Freiheit entlastet. Sie fühlen sich frei, seit sie von der Herkulesarbeit der Freiheit befreit sind. Jetzt dürfen sie ihre „Persönlichkeit“ ausdrücken, sich „selbst verwirklichen“. Und das gelingt in der Unterwerfung unter den Rhythmus der Gruppe, in dem sie sich zu Typen ausprägen. Nicht frei wollen sie sein, sondern „automata“. Es wäre also ein Missverständnis zu glauben, der Ich-Kult sei ein Schritt der Befreiung des Einzelnen aus den Fesseln der Gesellschaft. Das sieht schon Emile Durkheim sehr klar: *Der Kult, den das Individuum für sich selber und in seinem Innern organisiert, ist, statt der Kern des Kollektivkultes zu sein, nur der Kollektivkult, der für die Bedürfnisse des Individuums hergerichtet ist.* Ich habe das an anderer Stelle unter dem Titel „Konformismus des Andersseins“ ausführlich dargestellt.

Niemand wird ernsthaft bestreiten wollen, dass jede Gruppenzugehörigkeit abhängig macht, und jede Abhängigkeit die Freiheit des Einzelnen reduziert. Zuerst büßt man die Freiheit des Entscheidens ein und dann die Freiheit des Denkens. *Am Ende steht*, wie der Rechtswissenschaftler Walter Erbe mit bitterer Ironie bemerkte, auch *eine Freiheit: die Freiheit von der eigenen Meinung*. Mit rein rationalen Mitteln, mit dem Logos der Aufklärung, ist diesem Problem nicht mehr beizukommen. Hier hilft nur der Thymos weiter, die Risikobereitschaft zur Abweichung. Denn neue Meinungen entstehen nicht schon durch Informationen und das bloß formale Recht auf Meinungsfreiheit. Gedanken- und Meinungsfreiheit setzen den Mut voraus, der Gruppe und den Medien zu trotzen.

Der Gruppe und den Medien zu trotzen – nur wenigen ist heute die Freiheit wichtig genug, um dieses Wagnis einzugehen. Denn nicht zur Gruppe zu gehören, ist die Sünde wider den Heiligen Geist des Sozialismus. Wer hervorragen will, gilt als asozial. Prämiert werden Anpassungsfähigkeit und „Teamgeist". Im persönlichen Stolz sieht der egalitäre Sozialismus die größte Sünde, in der Selbstauslöschung dagegen eine Tugend. Wer nicht mitmacht in den „communities" und Kommissionen gilt als Verworfener. Ehrgeiz, Eitelkeit und Arroganz sind die schlimmsten Sünden wider den Gruppengeist. Und sein sozialpsychologischer Effekt ist durchschlagend: Wenn ich Erfolg habe, fühle ich mich schuldig; wenn der andere Misserfolg hat, fühle ich mich verantwortlich. Die Gruppe zwingt sich heute als die Kirche auf, außerhalb derer kein Heil ist. Ihr Kult und die genau komplementäre Fernethik des Humanitarismus zerstören aber das Selbstsein und die Liebe zum Nächsten.

Ein Geschichtsphilosoph könnte leicht zeigen, dass es anti-westlich ist, von Gruppen her und auf Gruppen hin zu denken. Denn Gruppe heißt immer: nicht Individuum. Und ein Soziologe könnte leicht zeigen, dass der Kult der Gruppe den Strukturnotwendigkeiten der modernen Gesellschaft widerspricht. Denn die gesellschaftliche Modernisierung nahm ja den Weg vom Status zum Kontrakt. Heute treten die politisch Korrekten wieder den Rückweg an. Im Namen von Fairness und Gleichstellung propagieren sie die Privilegierung der Unterprivilegierten.

Was in Amerika „affirmative action" heißt, kämpft gegen Diskriminierung mit der Wunderwaffe der Repräsentation, also mit Hilfe der Quote. Die Forderung nach Quoten zielt immer auf eine Vorabzuschreibung wertvoller Stellen an Gruppenmitglieder. Nicht die individuelle Leistung zählt, sondern die Gruppenzugehörigkeit. Damit aber wird die berechtigte Kritik von Diskriminierung ad absurdum geführt. Früher gab es Menschen, deren individuelle Leistung aufgrund einer bestimmten Gruppenzugehörigkeit nicht anerkannt wurde. Heute werden Menschen aufgrund einer bestimmten Gruppenzugehörigkeit gefördert, unabhängig von ihrer individuellen Leistung. Also hat sich nur das Vorzeichen der Diskriminierung gewandelt. Früher hat man Schwarze und Frauen diskriminiert – so gut ihre Leistungen auch waren. Heute werden Schwarze und Frauen gefördert – so schlecht ihre Leistungen auch sein mögen. Jede Gleichstellungspolitik diskriminiert also nicht nur diejenigen, die zu Opfern der ausgleichenden historischen Gerechtigkeit werden, sondern auch diejenigen, die es aus eigener Kraft geschafft haben oder schaffen könnten, z.B. Frauen auf C4-Professuren.

Der Ungeist der Gruppe breitet sich vor allem in den Bildungsanstalten aus. An die Stelle von Humboldts „Einsamkeit und Freiheit" ist dort längst das „soziale Lernen" getreten. Systematisch betreibt die Gruppe an Schulen und Universitäten die Austreibung der Einsamkeitsfähigkeit. Unsere moderne Massendemokratie scheint prinzipiell schutzlos gegen diesen Konformismus zu sein. Sie überbetont die sozialen Tugenden der Kooperation und zerstört die nur im Privatleben entfaltbare Kultur der Einsamkeit dessen, der alleine für eine Sache kämpft. Einsamkeit ist nämlich der Preis der Freiheit und Einsamkeitsfähigkeit deshalb die Bedingung der Freiheit.

Doch um Privatheit muss man heute kämpfen. Und jede Bemühung darum erzeugt ein Schuldgefühl. Oder um es ökonomisch auszudrücken: Die Privatsphäre, das Nicht-Mitmachen im Team, wird immer teurer. Das bekommen z.B. die Eltern zu spüren, die ihre Kinder nicht in die Kinderkrippe oder die Ganztagsschule geben wollen. Doch an der zunehmenden Schärfe der Reaktionen auf den ungebrochenen Willen zur Privatsphäre kann man eben auch gut erkennen, dass es bei Themen wie Ganztagsschule und Gesamtschule um einen Kulturkampf geht. Denn um die Kinder zu indoktrinieren, muss man ihnen jede Rückzugschance nehmen. Indoktrinieren kann man nur, wenn man Privatheit unmöglich macht.

Mit Humboldts Geist der Einsamkeit und Freiheit hat auch die Wissenschaftspraxis an den Universitäten natürlich schon lange nichts mehr zu tun. Die weltweite Kollaboration der Wissenschaftler und ihr gemeinsames Werk der Weltobjektivation im Dienste zivilisatorischen Fortschritts bietet dem Menschen die Gelegenheit, seine Subjektivität zu vergessen. Über dieses Subjekt, das sich in den Kommunikationen des Wissenschaftsbetriebs verliert, schreibt der Psychoanalytiker Jacques Lacan mit beißender Ironie: *Es kann in seiner täglichen Arbeit effektiv an dem gemeinsamen Werk mitarbeiten und seine Freizeit vom Kriminalroman bis zur Memoirenliteratur, von Pädagogikvorträgen bis zur*

Orthopädie von Gruppenbeziehungen mit allen Annehmlichkeiten einer überwuchernden Kultur ausstaffieren, die ihm Stoff bietet, seine Existenz und seinen Tod zu vergessen und zugleich in falscher Kommunikation den besonderen Sinn seines Lebens zu verkennen. Die Wissenschaft ist längst in den Dienst des Gruppenkults getreten. Und an dem typischen Campus-Phänomen der Politischen Korrektheit kann man sehen, dass heute nicht mehr die Wissenschaft verfolgt wird, sondern sie selbst die Verfolgung des heterodoxen Geistes organisiert. Auch an Universitäten darf man heute dumm sein, aber man darf nicht von der Parteilinie abweichen.

Die Gruppe ist selbst die Krankheit, für deren Therapie sie sich hält. Sie funktioniert als Gehirnwäsche, und es ist völlig gleichgültig, ob es sich dabei um Gruppentherapie, Teamtraining oder soziales Lernen handelt – stets geht es um die Austreibung von Individualität und Wettbewerb. Aber das wird den Menschen nicht einfach nur angetan. Die Propaganda für Teamarbeit, Partnerschaft und Gemeinschaft verstärkt nämlich das kindliche Vorurteil für Verteilungsgleichheit. Wer heute einen Job sucht, muss vor allem den Eindruck erwecken, „teamfähig" zu sein. Und Schülern bringt man im so genannten „sozialen Lernen" bei, dass Gruppenarbeit die einzige Lebensform des guten Menschen ist. Kommunikationstraining statt Mathematik!

Teamwork ist bei Lichte betrachtet aber nur ein Euphemismus dafür, dass die anderen die Arbeit tun. Hannah Arendt hatte den fabelhaften Mut, diese Wahrheit ganz unzweideutig auszusprechen: Es gibt nichts, was der Arbeitsqualität fremder und schädlicher wäre als Gruppenarbeit. Der Wettbewerbsimpuls richtet sich dann nämlich nicht mehr auf die sachliche Leistung, sondern auf die Zustimmung der anderen. Wer den Wettbewerb um die „Freunde" gewinnen will, muss den ökonomischen Wettbewerbstrieb, den Konkurrenzkampf unterdrücken. Kooperation wird prämiert, Rivalität wird diskriminiert. Deshalb wird, wer im Eignungstest gut abschneidet, im Persönlichkeitstest eher schlecht abschneiden. Ja, man darf durchaus vermuten, dass die Chefs beim Persönlichkeitstest ihrer eigenen Unternehmen heute durchfallen würde. An die Stelle des Führers, der einmal Charisma ausstrahlte, soll der Moderator treten, der nur noch das Feedback der Mitarbeiter, Kunden und Wähler studiert.

Den Sozialwissenschaftlern und Pädagogen verdanken wir die entsprechende Säkularreligion der kreativen Gruppe. Sie hat vor allem in Schulen rasch Fuß gefasst. Viele Lehrer vermitteln keinen Stoff mehr, sondern sie stimulieren die Interaktion der Schüler. Das widerspricht nicht nur dem gesunden Menschenverstand, sondern auch der Erfahrung jedes produktiven Menschen, dass Kreativität die Freiheit voraussetzt, sich von seinem Gegenstand beherrschen zu lassen. Wir finden sie heute nur noch in der Wirtschaft, wo die letzten Pioniere mit dem Mut zum Risiko Freiheit und Abenteuer suchen. Oder prosaischer und mit Max Weber gesagt: Nur der Unternehmer ist noch immun gegen Bürokratie. Der Ökonom Joseph Schumpeter hat den Führer deshalb nicht mehr in der Politik sondern in der Wirtschaft gesucht; es ist der Unternehmer mit seinem fabelhaften Mut zum Neuen. *Mancher kann sicher gehen, wo noch keiner ging, ein andrer nachfolgen, wo erst einer ging, ein dritter nur im Haufen, aber in diesem unter den ersten.* Und in seinen Reflexionen über diese Führungsarbeit des „plus ultra" hat Schumpeter ganz deutlich ausgesprochen, was den typischen Unternehmer motiviert. Es ist die Kraft der Selbstbehauptung, der Wille zum Sieg und die *Freude am Gestalten.*

Im Zeitalter des Internet scheint der Kampf zwischen dem kreativem Einzelnen und der sich selbst kultisch verehrenden Gruppe zugunsten des Kollektivismus entschieden. Alle Welt redet euphorisch von Netzwerken, „communities" oder sozialen Medien. Auch die warnenden Stimmen bestätigen die Diagnose. So hat der Internet-Pionier Jaron Lanier sogar von einem „digitalen Maoismus" gesprochen. Und in der Tat kann man heute in jedem Zukunfts-Workshop erfahren, dass alle klüger sind als jeder und die Weisheit der Vielen die Expertise der genialen Einzelnen in den Schatten stellt. Doch hier lohnt es sich, genauer hinzusehen und zu differenzieren. Die Theorie von der Weisheit der Vielen ist nämlich gerade kein Lob der Gruppe. Nur wenn jeder so unabhängig wie möglich denkt und handelt, kann es zu guten kollektiven Entscheidungen kommen. Was wir brauchen, sind nicht Konsens und Kompromiss, sondern Dissens und Wettbewerb.

Damit die Vielen klüger sind als jeder Einzelne, müssen vier Bedingungen erfüllt werden. Es muss eine bunte Vielzahl der Meinungen geben; die Menschen müssen in ihren Urteilen völlig unabhängig voneinander sein; die Informationen müssen privat, d.h. speziell, lokal und dezentral sein; und es muss einen neutralen Aggregationsmechanismus geben, der die Einzelurteile in eine kollektive Entscheidung verwandelt. Nicht die Intelligenz des Klügsten, sondern die Fülle der Perspektiven gibt den Ausschlag. Hier helfen sogar Naivität und Ignoranz weiter. Je homogener dagegen eine Gruppe ist, desto lernunwilliger ist sie. Daraus folgt aber: Nichts ist geistloser als „team spirit". Die Gleichgesinnten tappen nämlich in die Falle des Gruppendenkens, das abweichende Meinungen gar nicht erst zensieren muss, weil es sie unwahrscheinlich macht.

Die Gewalt des Gruppendenkens ist so groß, dass es für den Einzelnen psychologisch einfacher ist, seine abweichende Meinung im Sinne der Gruppe zu ändern als diese herauszufordern. Die Gruppe wird also umso dümmer, je intensiver die persönlichen Kontakte sind. Mit anderen Worten, die Dummheit beginnt, sobald sich das Gruppenbewusstsein bildet. Diese unheilvolle Dynamik lässt sich ganz leicht erklären. Irren ist menschlich. Deshalb ist es wichtig, zu verhindern, dass sich die Irrtümer der Leute korrelieren. Das ist aber genau das, was im Gruppendenken geschieht. Nur die Unabhängigkeit jedes Einzelnen kann das verhindern. Der unabhängige Gedanke mag sich irren und wird sich irren, aber dadurch macht er die Vielen nicht dümmer. Es ist also kein Problem, in einer Gruppe zu *sein* (das ist lebenspraktisch unvermeidlich!); aber alle Freiheit ist verloren, sobald man zu einer Gruppe *gehört.* Die Gruppe dringt prinzipiell auf Gleichgesinntheit, und die Gleichgesinnten neigen zum Extremismus, d.h. zur Dummheit.

Das Gegenteil der Weisheit der Vielen ist also die Informationskaskade. Die Menschen verlassen sich nicht auf ihre privaten Meinungen und Informationen, sondern schließen sich anderen an. Das geschieht um so schneller, je enger die Gruppenbindungen sind. Diese Informationskaskaden nehmen dann leicht die Gestalt von „sozialen Kaskaden" an – wenn etwa Menschen Angst vor XY bekommen, weil andere Menschen Angst vor XY zeigen. Solche sozialen Kaskaden bestimmen fast immer den gesellschaftlichen Umgang mit Risiken. Und hier haben die Massenmedien mit ihrer Angstkommunikation natürlich eine Schlüsselrolle.

Deshalb entspricht dem Liberalismus ein methodologischer Individualismus. Er orientiert sich primär an der Wirtschaft und ihren Risiken, nicht an der Gesellschaft und ihren Ängsten. Wirtschaftswissenschaftler betonen ja immer die Unabhängigkeit des Menschen, Soziologen dagegen seine Abhängigkeit. Ihnen widmen wir das nächste Kapitel. Empirisch sind diese Abhängigkeiten ja unbestreitbar. Die Frage ist nur, ob die Informationskaskaden unser unentrinnbares Schicksal sind. In all den Lebenssituationen, in denen ein Sein-in-Gruppen nicht zu vermeiden ist, sollte man nicht zu viel Aufmerksamkeit auf das verwenden, was die anderen sagen. „Lass sie doch reden" ist deshalb ein guter Rat. Das ist höflich, schützt vor Isolation und wahrt doch die eigene Unabhängigkeit.

Nur diese höfliche Distanz, die für die Gesellschaft des 18. und 19. Jahrhunderts noch selbstverständlich war, lässt auch Diskussionen gelingen. Bürgerliche Geselligkeit ist nämlich das Gegenteil des modernen Gruppenkults und seines Teamgeists. Das hat schon Jürgen Habermas mit seinem emphatischen Begriff des „Publikums" markieren wollen. Die bürgerliche Gesellschaft hegt die Freiheit. Aber diese Hegung der Freiheit setzt Differenzen, ja Antagonismen voraus. In seiner „Idee zu einer allgemeinen Geschichte in weltbürgerlicher Absicht" spricht Kant das in wunderbarer Klarheit aus. Die bürgerliche Gesellschaft ist keine Gemeinschaft friedlicher Haustiere, sondern eine *pathologisch-abgedrungene Zusammenstimmung* eigensinniger Einzelner.

Diese prekäre Stellung des Einzelnen zu seinesgleichen definiert Kant paradox als *ungesellige Geselligkeit*. Das ist rasch erklärt. Ich kann die Andern nicht leiden, aber auch nicht von ihnen lassen. Der heilsame Widerspruch zwischen Vergesellschaftung und Vereinzelung entfaltet die Kräfte und Talente, kurzum: die Menschlichkeit des Menschen. Und hieraus erwachsen jene *Früchte der Ungeselligkeit*, die wir Kultur nennen. Sie verdankt sich also nicht der Eintracht, sondern der Zwietracht, nicht dem Konsens, sondern dem Dissens. *Dank sei also der Natur für die Unvertragsamkeit, für die missgünstig wetteifernde Eitelkeit, für die nicht zu befriedigende Begierde zum Haben, oder auch zum Herrschen!*

Paradoxien der Freiheit

Lenin hat die Freiheit ein bürgerliches Vorurteil genannt. Das trifft zu. Aber daraus folgt gerade nicht, dass wir uns von ihr verabschieden sollten, denn dieses Vorurteil ist unser europäischer Stil, die unwahrscheinlichste kulturelle Errungenschaft der Weltgeschichte. Freiheit kann man nicht schlüssig erklären, sondern nur verteidigen. Dass das so schwierig ist, liegt am Facettenreichtum des Begriffs. Und diese Facetten fügen sich keineswegs zu einem einheitlichen Bild.

- Ist Freiheit ein Wert? In der modernen Gesellschaft machen wir jedenfalls die Erfahrung, dass Freiheit der Wert ist, der gerade durch Werte gefährdet wird. Dann dürfte es aber gegenüber der Freiheit keinen pluralistischen Werteopportunismus geben.
- Wer sich mit einem negativen Freiheitsbegriff bescheidet, muss sich die Frage gefallen lassen: Freiheit wozu? Aber jede positive Freiheit spaltet das Selbst. Wir haben das in dem Kapitel über „Freiheit als Passion" ausführlich gezeigt und uns dort um der Klarheit der Darstellung willen jeder Skepsis enthalten. Der negative Freiheitsbegriff artikuliert aber genau diese Skepsis, etwa gegenüber der Idee eines „besseren Selbst".
- In philosophischen und theologischen Diskursen erscheint Freiheit meist mit Adjektiv, vor allem als „wahre Freiheit". Aber auch hier zeigt die historische Erfahrung, dass Freiheit durch die „wahre" Freiheit nicht gestärkt, sondern eher bedroht wird. Denn was die wahre, positive Freiheit ist, schreiben immer die kompetenzkompetenten Volkspädagogen vor.
- Wollen wir Freiheit oder Freiheiten? Aus der Perspektive der Freiheit als Kollektivsingular hat Freiheiten, wer nicht frei ist. Doch je selbstverständlicher sich unsere postmoderne Kultur als pluralistische und relativistische versteht, desto plausibler erscheint den meisten auch ein rein distributives Verständnis von Freiheit – eben als Freiheiten. Das rechtfertigt dann sogar den Verzicht auf die großgeschriebene Freiheit zugunsten der kleinen bürgerlichen Freiheiten. Man muss

dann akzeptieren, dass die Leute lieber Bingo spielen als Jürgen Habermas zu lesen.

- Marktwirtschaft und Demokratie legen es nahe, Freiheit als Wahlfreiheit zu interpretieren. Aber wir haben ja schon von den glücklichen Sklaven gehört, die man vor allem unter den Utilitaristen antreffen kann. Sie haben keinen Sinn für Freiheit. Das weckt den Verdacht, dass wir gar nicht frei sind, solange wir nur die Wahl haben. Wahlfreiheit wäre dann der Freiheitsersatz für die Unfreien. Vor allem die Freiheit der politischen Wahl scheint das zu bestätigen; sie hat vor allem einen Expressionswert.

Diese holzschnittartigen Bemerkungen mögen genügen, um die Komplexität des Begriffs der modernen Freiheit anzudeuten. Hinzu kommt, dass die Bedingungen seiner gesellschaftlichen Implementierung für die meisten Menschen den Charakter von Zumutungen haben. Ralf Dahrendorf hat das so formuliert: *Die Wissenschaft ist kalt, auch die Demokratie ist kalt […]. Die Marktwirtschaft ist kalt.* Es kann deshalb nicht überraschen, dass die meisten Menschen Angst vor der Freiheit haben. Aber nur die Freiheit besiegt die Angst! Man kann sich das Problem sehr gut am Verhältnis der Begriffe Gefahr und Risiko klarmachen. Die Unfreien sind Gefahren ausgesetzt, die Freien gehen Risiken ein. Vor allem für die Deutschen erscheint Freiheit oft nur als Gefährdung ihrer Sicherheit. Wie Neurotiker klammern sie sich an ihre Angst vor der Freiheit, die sehr leicht in einen Kampf gegen die Freiheit umschlagen kann. Zumeist verkleidet er sich als Prophetie des Untergangs – zur Zeit: die Klimakatastrophe.

Wer Angst vor der Freiheit hat, ist umso empfänglicher für die kleinen Freiheiten. Solche Freiheiten kann man messen – nämlich in Zeit und Geld, in Mobilität und Kommunikationschancen. Besonders überzeugend funktioniert hier das Geld als Freiheit, die übertragbar ist. Aber man denke auch an das eigene Auto und das Handy. Sie sichern die Freiheiten zur eigenen Disposition des Lebens, der Existenz nach eigenem Fahrplan. Für die Mehrzahl eröffnet sich diese Dimension auch heute noch erst nach Dienstschluss – als Freizeit. Und jahrzehntelang haben Gewerkschaften um ihre Verlängerung gekämpft. Doch stellt sich natürlich die Frage: Was tun mit der Freiheit, also der arbeitsfreien Zeit? Die Phänomenologie der Freizeit zeigt, dass die meisten den Zeitgewinn zum Zeitvertreib nutzen. Man vertreibt die gewonnene Zeit. Die Freizeit ist das Zeitloch, durch das die Freiheit rinnt.

Das ist ein altes, aber nicht falsches kulturkritisches Motiv: Freizeit als satanische Parodie der Freiheit. Wenn Freiheit zur Freizeit wird, ist alles nur noch Spiel und Unterhaltung. Man kann deshalb Freizeit als misslungene Zeitfreiheit interpretieren; als missglückten Umgang mit der eigenen Zeit. Mit den Begriffen Zeitfreiheit und auch Eigenzeit gewinnen wir also eine Perspektive auf unser Thema, in der Freiheit geradezu in Gegensatz zu Freizeit tritt. Das ist aber nicht nur eine theoretische Antithese. An den Erfolgreichen, den Globalisierungsgewinnern können wir einen Horizontwechsel weg von der Zukunfts- und Freizeitorientierung hin zur Eigenzeit beobachten. Eigenzeit ist nicht Freizeit sondern Zeitfreiheit.

Souveränität bedeutet im alltäglichen Leben Zeitfreiheit als die Freiheit, deren Maß der gelungene Umgang mit Eigenzeit ist. Und nur die Produktion von Sinn macht aus freier Zeit Zeitfreiheit. Hermann Lübbe spricht von der *Aufgabe moderner Lebensverbringung, aus Freiheit Sinn zu generieren.* Ich muss mich selbst zu einer Aufgabe bestimmen, die mein Können herausfordert. Lebenskunst heißt heute also Eigenzeitmanagement. Die moderne Identität bildet sich in dem Bewusstsein, dass es auch anders geht, und dieser Horizont anderer Möglichkeiten wird als Zeit bewusst. Umgekehrt bekundet die Klage der „Sinnlosigkeit" eigentlich nur ein Leiden daran, dass alles auch anders möglich wäre – also letztlich ein Leiden an der eigenen Freiheit, an der Kontingenz.

Aus der Perspektive des souveränen Eigenzeitmanagements erscheint die Wahlfreiheit des Konsums als das Recht der Unfreien, denn die Wahl des Konsumenten hat keinen echten Entscheidungscharakter. Nur wenn man weiß, was man wirklich will, weil es einem wirklich wichtig ist, kann man ernsthafte Entscheidungen treffen. Dagegen schwächt das Simulakrum der Wahl meinen Identitätssinn. Gerade auch die konsumistische Freiheit kostet also etwas. Die Vermehrung der Optionen macht das Leben nämlich nicht leichter. Zugespitzt gesagt, die Freiheit wird zur Bedrohung der Identität, wenn sie als konsumistische Wahlfreiheit in einer Multioptionsgesellschaft verstanden wird. Deshalb die Konjunktur der „Selbstverwirklichung" und die plötzliche Evidenz des „weniger ist mehr".

Hier zeigt sich wieder, dass die vertraute Unterscheidung zwischen „Freiheit wovon?" und „Freiheit wozu?" unser Thema nicht ausreichend strukturieren kann. Zur Freiheit gehört nicht nur die Freiheit von Zwang und die Freiheit der Wahl, sondern auch die Freiheit von der Wahl. Freiheit heißt wählen und verwerfen. Es geht also vor allem auch um die Kraft der Verwerfung einer Wertalternative, die *Haltung des Das-bin-ich-nicht oder Das-ist-nicht-mein-Reich, die die Rejektionsfunktion zum logischen Ausdruck der Subjektivität stempelt.* Wir haben Freiheit ja schon als den Wert definiert, der durch Werte bedroht wird; das wird von Gotthard Günthers logischem Begriff des „Rejektionswerts“ sehr gut zum Ausdruck gebracht. Das Subjekt verweigert die Wahl zwischen zwei Werten und gewinnt so Freiheit von der Zweiwertigkeit.

Diese Freiheit des Rejektionswerts haben aber nur Subjekte. Soziale Systeme bleiben dagegen immer an die Zweiwertigkeit gebunden. Deshalb erscheint die Freiheit des Subjekts in den sozialen Systemen immer als Paradoxie. Das gilt gerade auch für unser politisches System, den freiheitlichen Rechtsstaat. Freiheit als Rechtsbegriff ist paradox, denn Freiheit ist die Negation des Gesetzes. Wie alle Paradoxa ist auch dieses unauflösbar; man kann ihm nur eine andere Gestalt geben. Das ist der tiefste Sinn der vom Rechtsstaat garantierten, rein negative Freiheit. Das Recht kann die Freiheit nämlich nur schützen, wenn man es nicht mit dem „Positiven“ von Vernunft und Moral verwechselt. Freiheit setzt die Trennung von Recht und Moral voraus. Man kann es auch so sagen: Das Recht schafft Freiheit, indem es den Menschen ermöglicht, die Zumutungen von Vernunft und Moral auf Distanz zu halten – in der Liebe, in der Kunst, in der Kirche, im Konsum. Das Recht schützt die Freiheit des Einzelnen gegen die Zielbestimmungen von Vernunft und Moral; es schützt deshalb die Minderheitenmeinung und das sozial unerwünschte Verhalten gegen den Paternalismus des richtigen Lebens und der guten Gesellschaft.

Unproblematisch ist Freiheit also nur als negative Ordnung. Mit jeder positiven Freiheit droht Entmündigung. Doch auch eine negative Ordnung bleibt eine Ordnung, d.h. sie muss positiv organisiert werden. Die gesellschaftliche Paradoxie der Freiheit besteht also darin, dass jede Organisation, die eigentlich ihrer Verteidigung dient, zugleich an ihrer Substanz zehrt. Es gibt keine logisch saubere Lösung dieses Problems. Man kann die Paradoxie der Freiheit näherhin so definieren: Es gibt Freiheit nur, indem man sie beschränkt. Die spezifisch moderne Bewältigung der Paradoxie besteht nun darin, ein Steigerungsverhältnis zwischen Ordnung und Freiheit zu konstruieren. Ermöglicht wird das durch „Delegationen“ und „Ligaturen“.

Am Anfang war die Bindung. So heißt es bei Niklas Luhmann: *das Faktum konkret festlegender Selbstverstrickung in den sozialen Prozess ist die ‚Natur' des Menschen.* Traditionell lebten die Menschen mit wenigen Optionen in starken Bindungen. Modern leben sie mit vielen Optionen in schwachen Bindungen. Wer aber zu viele Optionen hat, braucht Navigatoren und *Ligaturen.* Man kann nämlich nicht wählen, wenn man zu viele Möglichkeiten hat. Wir haben das Problem ja gerade unter dem Titel „konsumistische Wahlfreiheit“ diskutiert. Die anderen Möglichkeiten verderben uns das Vergnügen. Und so macht Kontingenz unglücklich. Das ist die aktuelle Variante des Unbehagens in der Kultur: Die moderne Explosion der Erwartungen und Optionen stürzt uns in Depression. Vor diesem Hintergrund hat Ralf Dahrendorf seinen Begriff der Ligaturen entwickelt; darin steckt der liberale Grundgedanke, dass Freiheit und Ordnung sich nicht widersprechen, sondern gegenseitig steigern. Oder müsste man sagen: sich gegenseitig steigern, weil sie sich widersprechen? Freiheit und Bindung, Optionen und Ligaturen machen gemeinsam die Lebenschancen aus. Freiheit ist nämlich die Bedingung dafür, dass Bindung Sinn stiftet. Und die Ligaturen funktionieren als Koordinaten der Optionen.

Zur Koordinationsfunktion der Ligaturen tritt die Entlastungsfunktion der Delegationen hinzu. Man muss nicht alles selbst machen, man muss nicht das Ganze besorgen, und man muss sich nicht als ganzer Mensch einsetzen – das ist Freiheit durch Delegation. Die Kürze des Lebens und die Grenzen des Verstandes machen es unmöglich, alle Lebensumstände selbst zu erforschen. Auch demokratische Gesellschaften brauchen deshalb geistige Autoritäten, und es gibt keine vernünftige Alternative dazu, sich bestimmte Meinungen im Vertrauen auf andere zu eigen zu machen. Sehr schön spricht Alexis de Tocqueville hier von einer *heilsamen Unterwerfung*, denn sie macht überhaupt erst einen sinnvollen Gebrauch von Freiheit möglich.

Dass Unterwerfung heilsam sein kann, sieht man natürlich vor allem an den Anderen. Vertrauen ins Funktionieren der Gesellschaft lernt man ja, indem man beobachtet, wie die Freiheit des Anderen durch Institutionen gezähmt wird. Die Selbstanwendung dieser Beobachtung liegt dann aber auf der Hand: Meine Freiheit hat ein Sozialapriori. Ich bin „immer schon" eingebettet in die zweite Natur der Gesellschaft. Das Verhältnis von sozialer Geworfenheit und Freiheit muss also dialektisch konstruiert werden. Wenn wir nun nach einer logischen Struktur suchen, die diesen Gedanken tragen kann, hilft Hegels Wesenslogik weiter, und zwar die Bestimmung des *in sich reflektierten Gesetztseins*. Gesetztsein steht für die soziale Geworfenheit, logisch formuliert: für das Sein durch das Andere. Reflexion-in-sich steht für Freiheit als Negation dieses Andersseins. Wie beide Bestimmungselemente als ein Verhältnis gedacht werden können, hat Kierkegaard dann etwas verständlicher formuliert. Er übersetzt *das in sich reflektierte Gesetztsein* Hegels als *das frei angeeignete Gegebene*. Autonomie darf also nicht mit Autarkie verwechselt werden. Das Individuum, das sich frei entwickelt, ist dadurch nicht unabhängig. Seine Freiheit besteht vielmehr darin, *sich das Gegebene frei anzueignen und also darin durch die Freiheit vollkommen abhängig zu sein.*

Wenn wir nun diese anspruchsvollen logischen und theologischen Strukturbestimmungen auf die modernen Lebensverhältnisse übertragen, dann gewinnt unsere Beschreibung der Gesellschaft zwar an Realitätsgehalt, aber zugleich verliert der Begriff der Freiheit an Prägnanz. Wir werden gleich sehen, dass das in der Soziologie dazu führt, den Begriff Freiheit ganz zu opfern oder ihn kognitivistisch aufzulösen. Auch mit Helmut Schelskys berühmter Unterscheidung zwischen dem selbständigen und dem betreuten Menschen lässt sich unser Thema nämlich nicht ausreichend strukturieren. Betreuung ist in der modernen Gesellschaft nicht mehr das einfache Gegenteil der Selbständigkeit. Modernes Leben steht unter dem Motto: je freier, desto abhängiger. Um selbst mehr leisten zu können, macht man sich von fremden Leistungen abhängig. Man verzichtet freiwillig auf „Herrschaft", um besser steuern zu können. Ich mache mich sehenden Auges von Dienstleistern, Sekretärinnen und Beratern abhängig, um das, was ich eigentlich kann und tun will, effektiver und souveräner tun zu können. Und das gilt nicht nur in privaten Zusammenhängen. Die Abhängigkeit von staatlichen Leistungen und die Spielräume der Existenz wachsen miteinander.

Der Staatsrechtler Ernst Forsthoff hat in diesem Zusammenhang ein interessantes Begriffspaar eingeführt. Er unterscheidet den beherrschten vom effektiven Lebensraum. Im Prozess der Moderne schrumpft der beherrschte Lebensraum, in dem das Individuum eine gewisse Autarkie hat, also als Herr auftreten kann, während sich der effektive Lebensraum durch Technik und Medien enorm erweitert. Je moderner man lebt, um so größer wird die Abhängigkeit von staatlichen Versorgungsapparaturen, von Leistungen der Daseinsvorsorge. Im effektiven Lebensraum gewährleistet der Staat die Existenz.

Der große Humorist der deutschen Nachkriegsphilosophie, Odo Marquard, hat gegenüber jener Schelskyschen Antithese von selbständigem und betreutem Menschen und der Forsthoffschen Antithese von beherrschtem und effektivem Lebensraum die Position des lachenden Dritten bezogen und einen bürgerlichen Ausweg aus dem Unbehagen in der Kultur gezeigt. Marquards Philosophie der Endlichkeit ist eine Kritik der Freiheit im Namen der Freiheiten. Er interpretiert Skepsis als Abschied vom Prinzipiellen und als Entlastung vom Absoluten. So wird Mündigkeit umgedacht in die *Einsamkeitsfähigkeit* dessen, der aus Kontingenzen heraus leben muss und sich verstehend in ihnen zurechtfindet. Lebenskunst heißt dann: Balance halten zwischen den rivalisierenden Mächten, Dogmen und Wirklichkeiten. Der skeptische Einzelne ist der lachende Dritte beim Zusammenprall der absoluten Überzeugungen. Seine endliche Freiheit entsteht aus der Gewaltenteilung.

Gerade aus dem, was der absoluten Freiheit entgegensteht, nämlich Zufall und Determination, holt die endliche Freiheit ihre Kraft. Sie hält sich nicht frei von Bestimmungen, Überzeugungen und Traditionen, sondern vervielfältigt sie. Wenn mehrere Mächte um meine Seele streiten, gewinne ich den Spielraum der Distanz zu jeder einzelnen. Marquard nennt das *die Freiheitswirkung der Überdetermination.* Ich bin in jeder Situation genau in dem Maße frei, als ich noch andersweitig gebunden bin. Ich distanziere mich von den jeweiligen Erwartungen, indem ich auf andere Verpflichtungen verweise. So hängt moderne Freiheit an der Möglichkeit, *sich mit Bindungen zu entschuldigen.* Diese Formulierung Niklas Luhmanns trifft den Effekt dessen, was Marquard Determinantengerangel nennt, sehr genau. Gerade das, was ich nicht gewählt habe, der Lebenszufall, den der philosophische Begriff der Kontingenz meint, ermöglicht meine konkrete Freiheit, die mir aus der Buntheit der Lebenswirklichkeit zufällt. Deshalb mündet die Philosophie der Endlichkeit in die Paradoxie vom *Zufall Freiheit.*

Der Zufall Freiheit – was wie ein guter humoristischer Einfall des Skeptikers Odo Marquard klingt, ist in Wahrheit aber der höchst verdichtete Ausdruck einer Modaldialektik der modernen Freiheit, die Niklas Luhmann weiter ausgefaltet hat. *Freiheit negiert Notwendigkeit, um dadurch die Möglichkeit zu gewinnen, sich durch Zufälle [...] bestimmen zu lassen.* Und das bedeutet für unseren europäischen Stil: *Der Begriff der Freiheit ist historisch gegen natürliche Notwendigkeiten und kulturelle Selbstverständlichkeiten gerichtet und bezeichnet eine neue Form von Kontingenz, nämlich die Möglichkeit, die eigene Verhaltenswahl durch Zufälle bestimmen zu lassen.* Für den freien Geist ist Kontingenz ein Stimulans.

Der Mensch als Überraschungszentrum der Gesellschaft

Es gibt keine Soziologie der Freiheit. Schon in ihrer Grundthese richtet sich die Soziologie gegen die Gewissheiten der neuzeitlichen Philosophie und Ökonomie, nämlich das „cogito" und den „homo oeconomicus": Man kann nicht den Einzelnen zum Ausgangspunkt der gesellschaftlichen Konstruktion machen. Der Einzelne muss erst als Individuum institutionalisiert werden. Und deshalb wollen die Soziologen uns immer nur zeigen, warum wir keine Wahl haben. Dieser methodische Antihumanismus der Soziologie macht sie unfähig, die Freiheit zu denken. Dass sie den Menschen zum *homo sociologicus* entfremdet, hat Ralf Dahrendorf schon vor über 50 Jahren in seinem gleichnamigen Essay eindrucksvoll gezeigt. Als Soziologe anerkennt er die Tatsache der Gesellschaft, aber als Liberaler kämpft er für *die Befreiung des Einzelnen vom Ärgernis der Gesellschaft*.

Die Soziologie weiß also nichts von Freiheit und Würde. Es gibt nämlich keinen empirischen Nachweis der Freiheit. Aber sie ist evident – für mich zumindest! Und sie wird jedem evident, der heute den Mut fasst, gegen die Logik der Wirtschaft ein Unternehmen zu gründen, gegen den Rat der Realisten eine Familie zu gründen, oder gegen den Druck der öffentlichen Meinung einen abweichenden Gedanken zu denken. Der Mut des Unternehmers, der Mut des Familienvaters und der Mut des Denkers – in der Welt der Sozialwissenschaftler sucht man diese Freiheitsphänomene vergebens. Man könnte es mit einem prägnanten Begriff Joseph Schumpeters auch so sagen: Jedes *Unternehmermoment* widerlegt die Soziologie.

Ich will aber im folgenden an den Thesen Niklas Luhmanns zeigen, dass man den Effekt des methodischen Antihumanismus in der modernen Soziologie auch positiv interpretieren kann. Dass die sozialen Systeme der modernen Gesellschaft nichts mit Menschen anfangen können, lässt sich nämlich als Bedingung von Freiheit verstehen. Der „ganze" Mensch, der aus der Gesellschaft ausgeschlossen wird, kann sie dann mit Freiheit überraschen. Mit anderen Worten, wir können frei sein, weil die funktional differenzierte Gesellschaft uns als „ganze" Menschen in Ruhe lässt. Erneut münden unsere Überlegungen hier in eine Paradoxie: Die soziale Differenzierung erzwingt (erzwingt!) Freiheit, denn nur ein freier Mensch kommt mit den verschiedenen Medien und Codes der sozialen Systeme zurecht. Und umgekehrt gefährdet jede Tendenz zur Entdifferenzierung diese Freiheit, wenn etwa der Staat als Unternehmer, die Wirtschaft als Caritas, oder die Kirche als politischer Aufklärer auftritt. Funktionale Differenzierung ist also die gesellschaftliche Grundbedingung der Freiheit, und deshalb ist auch das politische System nur eines unter anderen sozialen Systemen.

Jede klassische Soziologie lädt uns dazu ein, die Perspektive des Einzelnen durch die des Systems zu ersetzen. Freiheit erscheint dann nicht mehr als Handlungsspielraum des Individuums, sondern als die endogene Unruhe der Gesellschaft. Die entzauberte Freiheit der Soziologen meint „nichts anderes als" die soziale Integration durch lose Kopplung. Es ist nämlich charakteristisch für die moderne Gesellschaft, dass sie sich durch lose Koppelung der Elemente eine große rekombinatorische Freiheit verschafft. Deshalb können wir ohne Grundlagen leben und Abschied vom Prinzipiellen nehmen. Unsere Gesellschaft stabilisiert sich durch Variation. Dazu trägt der Einzelne auf ganz prosaische Weise bei, indem er frei zwischen dem wählt, was der Markt ihm bietet. Das genügt, um den erforderlichen Strukturreichtum für modernes Leben zu garantieren. Denn auch die einfachste Form der Wahlfreiheit setzt die Selbsttranszendenz des Erlebens, das Immer-schon-auf-anderes-Verweisen der Erlebnisgegebenheit, voraus. Diese anderen Möglichkeiten sind komplex und kontingent, und deshalb ist jede Auswahl riskant.

Komplexität, Kontingenz, Risiko – das sind die Grundbegriffe jeder Theorie der modernen Gesellschaft. Ihr Zusammenhang liegt auf der Hand. Komplexität zwingt zur Selektion. Und das ermöglicht eben Freiheit als Wahlfreiheit. Die von der Komplexität der Welt erzwungenen Selektionen sind riskant und kontingent. Das zeigt sich in der Ungewissheit, was wirklich wichtig ist, und in der Ahnung, dass es morgen anders ist. Jede Reduktion von Komplexität produziert Kontingenz. Niklas Luhmann hat das auf die schöne Formel gebracht: *Alles könnte anders sein – und fast nichts kann ich ändern.*

Das Problem der Freiheit versteckt sich bei den Soziologen also im Begriff der Kontingenz. Dafür gibt es einen einfachen Grund. Aus der Perspektive der Soziologie bin ich nicht Ego, sondern Alter Ego. Freiheit zeigt sich dann primär als Kontingenz des Handelns – des Anderen! Die Freiheit der Anderen ist die soziale Kontingenz, die verunsichernde Komplexität und unaufhebbare Riskanz produziert. Das macht Verständigungsschwierigkeiten zur Selbstverständlichkeit. Mit

Niklas Luhmanns Worten: *Die Emanzipation des einen ist die Unsicherheit des anderen.*

Die Freiheit der Anderen ist das Urproblem der Gesellschaft. Als spezifisch modernes Symptom dafür erscheint die Vulgarität, in der sich die formale Freiheit der Massendemokratien Ausdruck verschafft. Man erlebt das alltäglich in den unzähligen Gestalten der Unverschämtheit und Rücksichtslosigkeit. Das muss man wohl unter der Rubrik „notwendiges Unglück" verbuchen, denn es gibt in einer funktional ausdifferenzierten Gesellschaft keine Alternative zur Autonomisierung der Intimität. Die schrankenlose Freiheit der Selbstdarstellung im Intimbereich führt notwendig zu einer Übersteigerung der Erwartungen und einer Eskalation der Zumutungen. Jedes moderne Individuum ist spontan, und spontan heißt: rücksichtslos gegen andere.

Das klingt kulturkritisch und ist es auch. Wir wollen diese Klage aber nicht vertiefen, sondern höher abstrahieren, um zum irreduziblen kognitiven Rest der Freiheit in der modernen Gesellschaft vorzudringen. Und hier hilft eine kommunikationstheoretische Definition Max Benses weiter. Information bemisst sich nach den *verzehrten Freiheiten* der Selektion. Wer kommuniziert, wählt ja aus Möglichkeiten – und Information misst die Ungewissheit des Outputs, also die Freiheit der Wahl. Man schließt also von der Ungewissheit des Outputs auf die Freiheitsgrade der Entscheidung. Hinzu kommt die Ungewissheit der Antwort durch die unerträgliche Leichtigkeit des Nein. Formulierte Wünsche kann man frustrieren; Befehlen kann man Ungehorsam entgegensetzen; Mitteilungen kann man ablehnen. Alles Gesagte provoziert ein Ja oder Nein, und so entsteht Freiheit als Abfallprodukt von Kommunikation.

Die mitgeteilte Norm provoziert den ersten Adam, die erkannte Voraussicht provoziert den zweiten Adam in die Freiheit. Erst die Aufstellung der Theorie des eigenen Verhaltens macht dieses frei. Wenn wir dieses suggestive Bild Luhmanns nun tatsächlich in die Prosa einer Theorie des eigenen Verhaltens übersetzen, ergibt sich folgender Zusammenhang: Weil die Welt komplex ist, fehlen mir immer Informationen. Weil Informationen fehlen, bin ich immer unsicher. Weil ich unsicher bin, gibt es für mich keine wahre Antwort, sondern nur den Konflikt der Meinungen. Zwietracht, Widerstreit, Dissens – das ist meine Freiheit.

Den Startmechanismus dieser Freiheit bildet eine Unterscheidung aus Nichts, die in der Protologik George Spencer Browns genau so funktioniert wie die Entscheidung aus Nichts im Dezisionismus Carl Schmitts. Der logisch unhintergehbare Befehl „Triff eine Unterscheidung!" eröffnet mir die Freiheit des Unterscheidens. Hier zeigt sich die

Unvermeidlichkeit der Metaphysik, denn das Metaphysische bildet sich aus den Unterscheidungen, die man benutzen muss, um etwas zu bezeichnen. Ich öffne die Zukunft als Zeithorizont durch die Unterscheidungen, die ich treffe. Dabei muss ich mich – und das ist riskant! – entscheiden, ohne ausreichend informiert zu sein.

Unterscheiden und entscheiden – das sind die beiden Pole, zwischen denen die Systemtheorie das Problem der Freiheit oszillieren lässt. Damit verdeckt Luhmann den Widerspruch zwischen einem voluntaristischen Begriff der Freiheit als Entscheidung und einem rein kognitiven Begriff der Freiheit als Einsicht. Gegen Luthers „Ich kann nicht anders" stellt das transzendentale Ich der Systemtheorie sein *Ich kann auch anders* – zum Beispiel mein Geld für etwas anderes ausgeben. So erlebe ich die prosaische Freiheit der vielen Möglichkeiten des Konsums. Aber nur ein Artist der Existenz könnte in einer Welt der vielen Möglichkeiten wirklich leben – also niemand. Es geht nicht ohne Entscheidungen und Unterscheidungen. Aus der Welt der vielen Möglichkeiten muss man also erst eine Welt der sinnvollen Wahl machen, und zwar durch riskante Selektionen. Im Akt der Wahl erweist sich der Ursprung als Ungrund. In dem, was ist, gibt es nämlich keine Wahl.

Ursprung als Ungrund, Unterscheidung aus Nichts – das sind Formulierungen, die die Gefährdetheit des Menschen als Rückseite seiner Freiheit erkennbar machen. Dass unser Unterscheiden und Entscheiden ständig Ungewissheit und Unsicherheit reproduziert, wäre für die meisten Menschen wohl unerträglich, wenn die Unterscheidungen, mit denen sie operieren, nicht unbewusst blieben, und wenn die Entscheidungen, die sie treffen, nicht belanglos wären. Der Systemfunktionalismus Luhmanns trägt dem Rechnung und weiß deshalb nichts mehr vom guten Leben. Durchaus in der philosophischen Tradition der Neuzeit wird das Gute der Selbsterhaltung geopfert. Robert Spaemann hat das zum zentralen kritischen Motiv seines Denkens gemacht und Inversion der Teleologie genannt: Alles wird der Selbsterhaltung untergeordnet. *Religion scheint das Residuum zu sein, das der Perfektionierung der Gesellschaft ‚beyond freedom and dignity' im Wege steht, d.h. der Perfektionierung einer Gesellschaft, die auf den Begriff des guten Lebens verzichtet, indem sie die Idee eines solchen zu einer Bestanderhaltungsfunktion umfunktioniert.*

Für die Unterordnung des guten Lebens unter die Selbsterhaltung des Lebens hat Spaemann später dann im Blick auf Hans Blumenberg die scharfe Formulierung eines *Nihilismus der Rechten* gefunden. Diese Kampfansage gegen den Funktionalismus ist deshalb bemerkenswert, weil sie an einer zur Selbstverständlichkeit erstarrten Voraussetzung aller Theorien der Moderne rüttelt. Jeder glaubt ja zu wissen, dass Modernisierung heißt, Substanzbegriffe durch Funktionsbegriffe zu ersetzen. Doch das ist lediglich die Selbstbeschreibung des Durchgesetzten. Nur ein Funktionalist kann sagen, dass Substanzbegriffe durch Funktionsbegriffe ersetzt wurden. Der Funktionalismus kennt nämlich das Unersetzliche nicht – also das, was „für uns" unendlich wertvoll ist. Höchste Werte sind seither Geister, denn in dieser entstellten Form kehren Bestimmungen wieder, die aus den ausdifferenzierten sozialen Funktionssystemen verdrängt wurden.

Die Systemtheorie hat ihre überzeugendste Ausformung in der Soziologie Niklas Luhmanns gefunden. Sie sucht stets nach funktionalen Äquivalenzen, nach Bedingungen der Ersetzbarkeit und bedient sich deshalb einer Technik des Vergleichs. Verstehen setzt nämlich die Einsicht in Alternativen voraus. Damit hält sich die soziologische Erkenntnis auf dem Niveau ihres Gegenstandes: der modernen Gesellschaft. Deren soziale Systeme sorgen nämlich für eine *Befestigung des Seienden im Verhältnis zu anderen Möglichkeiten*. Sie verleihen Stabilität durch den Blick auf Alternativen und geben *dem Menschen eine libertas indifferentiae*.

Der begriffliche Zusammenhang scheint zwingend: Komplexität, deshalb Intransparenz, deshalb Kontingenz – und deshalb Indifferenz. Die Indifferenz des Menschen ist das Vermögen, Verschiedenes als gleich zu behandeln. Das erleichtert die Anpassung an unterschiedlichste Situationen, weil man auf Rollen zurückgreifen kann, nicht persönlich festgelegt ist und keine Gefühle investieren muss. Was dazu auf Seiten des Einzelnen nötig ist, nennt Luhmann die Fähigkeit zur *Selbstabstraktion*; gemeint ist der souveräne Umgang mit den eigenen Ausdrucksbedürfnissen. Dass das möglich ist, verdanken wir der funktionalen Differenzierung der modernen Gesellschaft. Mit der Unterscheidung sozialer Systeme wie Wirtschaft, Politik, Massenmedien oder Kunst institutionalisiert sie zugleich Freiheitsspielräume. Es gibt also keine wirkliche individuelle Freiheit ohne eine moderne Gesellschaft. *In diesem Sinne wird in differenzierten Sozialordnungen Freiheit zur Notwendigkeit. Und umgekehrt wird soziale Handlungsfreiheit erst durch Differenzierung des sozialen Systems möglich.*

Der Einzelne hat seine Sach' nicht mehr wie Stirners Einziger auf Nichts gestellt, sondern auf das System der Gesellschaft, dem man heute nicht *nicht* vertrauen kann. Modern gibt es nur noch die *Lebensführungssicherheit* des Systemvertrauens. Das System ist für Luhmann deshalb der Ausweg einer gesellschaftlichen Rationalität, die vom einzelnen Menschen in der Begrenztheit seiner Orientierungskraft nicht mehr getragen werden kann. Für den Einzelnen ist der Perspektivismus also unüberwindbar, aber er kann lernen, die Perspektiven zu wechseln, oder, wie Nietzsche sagt, sie ein- und auszuhängen. Dabei ist nun eines entscheidend wichtig: In der Erwägung von Alternativen wird die jeweilige Perspektive nicht relativiert; sie muss geschützt bleiben, um funktionsfähig zu sein. Aber man kann versuchen, *die starren durch bewegliche Scheuklappen zu ersetzen*. Das ist die Freiheit der Systemtheorie: eine *letzte Freiheit zu anderen Möglichkeiten*.

Thomas Hobbes hat einmal gesagt, ein Mensch sei um so freier, auf je mehr Bahnen er sich bewegen kann. Wenn wir diesen Gedanken ins rein Kognitive wenden, heißt das: Ich bin umso freier, je mehr Gründe ich habe. Niklas Luhmann hat einen solchen rein kognitiven Freiheitsbegriff in deutlicher Absetzung zur Tradition entwickelt: *Freiheit als heuristische Konstruktion von Alternativen*. Selbstprogrammierung und Systemprogramm sind die Pole, zwischen denen sie oszillieren. *Der Begriff der Selbstprogrammierung löst die Probleme des traditionellen Freiheitsverständnisses auf, indem er Freiheit auf selbsterzeugte kognitive Vorgaben bezieht.* Dieses kognitive Verständnis von Freiheit bildet *unter zu akzeptierenden Rahmenbedingungen einen Spielraum für Wahlmöglichkeiten*. Wer entscheidet, gibt sich also selbst Freiheiten *und* Notwendigkeiten. Und überall, wo es vorgegebene Programme für Entscheidungen gibt, ist es das soziale System, das Entscheidungsfreiheiten erzeugt. Vertraute Kultur, milieuspezifische Erfahrung und professionelle Kompetenz ermöglichen es dem Einzelnen, die gegebene Lage so zu interpretieren, dass Wahlmöglichkeiten sichtbar werden. Freiheit wird also in die soziale Situation hineininterpretiert.

Wahlfreiheit gehört demnach nicht zur Natur des Menschen, sondern setzt Programmierung, also Kognition und Kommunikation voraus. Dann kann man Freiheit aber nicht mehr auf Macht und Unfreiheit nicht mehr auf Zwang reduzieren. Man kann Freiheit dann aber auch nicht mehr ideologiekritisch auf Interessen reduzieren. Freiheit ist für Luhmann kein psychischer, sondern ein kognitiver Begriff – nicht menschliche Natur, sondern Konstruktion. Mit anderen Worten, Freiheit und der Begriff Freiheit sind dasselbe. Luhmanns „Freiheit" wird also nicht durch einen Gegenbegriff wie Zwang definiert, sondern auf die kognitiven Bedingungen ihrer Möglichkeit reduziert. Alles, was ist, wäre auch anders möglich. Ich kann auch anders – und erst recht: der Andere. Mit dieser sozialen Kontingenz können wir nur leben, indem wir die Komplexität der Welt reduzieren. Und die radikalste Reduktion von Komplexität liegt eben in Luhmanns rein kognitivem Freiheitsbegriff.

Es geht um die Bedingungen dafür, dass man Alternativen in die Wirklichkeit hineininterpretieren kann. Denn nur dann lassen sich Entscheidungen auf Personen zurechnen. Bei dieser Zuschreibung von Freiheit spielen die Massenmedien natürlich eine Schlüsselrolle. Luhmann spricht ironisch von ihrer *freiheitkonstituierenden Funktion*. Die Massenmedien zwingen ja nicht, sondern sie geben durch ihre Realitätskonstruktionen einen kognitiven Rahmen vor, innerhalb dessen uns Freiheit als Möglichkeit von Alternativen erscheint. Die Gefährdung der Gesellschaft durch die Massenmedien besteht deshalb nicht darin, dass sie uns ein Weltbild aufzwingen, sondern darin, dass sie uns ein unrealistisches Bild von den Chancen freien Handelns suggerieren. Die Freiheit anderer wird überschätzt, die eigene Freiheit wird unterschätzt. Regelmäßiges Fernsehen genügt, um zu lernen, sich hilflos zu fühlen.

Wenn wir diesen Befund etwas höher abstrahieren, sehen wir, dass Luhmanns Systemtheorie der Gesellschaft Kants Kausalität aus Freiheit durch eine Attributionstheorie ersetzt. Damit wird Freiheit zu einer Frage der Zurechnung, d.h. sie wird von der natürlichen Ebene der Kausalität auf die symbolische Ebene der Kommunikation verschoben. Freiheit ist jetzt der kommunikative Spielraum der Selbstdarstellung einer sozialen Persönlichkeit. Der Einzelne erfährt Freiheit, wenn er eine Entscheidung sich selbst zurechnet. *In der modernen Angebotsgesellschaft wird Freiheit nicht mehr durch Zwang eingeschränkt, sondern durch Angebote so strukturiert, dass die Ausübung nicht mehr als Selbstverwirklichung des Individuums zugerechnet werden kann.* Die Entscheidungen des Einzelnen sind belanglos (Konsum) und/oder folgenlos (Protest).

Dass Niklas Luhmann dieser Prosa der Freiheit den Begriff der „Selbstverwirklichung“, den kommerzielle Sinnstifter seit Jahrzehnten als frohe Botschaft verkünden, verweigert, stößt uns erneut auf eine Paradoxie. Die moderne Gesellschaft ist auf individuelle Freiheit angewiesen – und zwar mehr, als der Einzelne jeweils bieten kann. Deshalb gibt es einen wachsenden Bedarf für konfektionierte Individualität, für Pathosformeln der Freiheit. Sie maskieren die Unberechenbarkeit des Menschen.

Vieles ist ungeheuer, nichts
Ungeheuerer als der Mensch.

Luhmann begründet das natürlich nicht mehr wie Sophokles metaphysisch, sondern soziologisch.

Mit allem, was wir tun, kommunizieren wir; jede Handlung hat einen Ausdruckswert. Damit legen wir uns vor den Augen der anderen als soziale Persönlichkeit fest. Die von Erving Goffman beschriebene „Presentation of Self in Everyday Life“ bindet uns derart an eine *Selbstdarstellungsgeschichte*, die unsere Identität definiert. Nur nimmt Luhmann das sehr viel ernster als Goffman. Es geht hier nicht nur um Erfolgsstrategien des Alltags, sondern um eine moderne Fassung eben jener antiken Grunderfahrung, dass nichts unheimlicher ist als der Mensch. Ausdrücklich versteht Luhmann die soziale Selbstdarstellung als *Rückführung der unheimlichen Potentialitäten des Menschen auf übersehbare, schon bekannte Möglichkeiten*. Diese Unheimlichkeit des Menschen ist seine vorsoziale Freiheit. Sie muss sozial gezähmt, d.h. institutionalisiert werden, damit Vertrauen in die gesellschaftliche Ordnung entstehen kann.

Sehen wir näher zu. Das moderne Individuum ist charakterisiert durch die freie Wahl seiner Zwecke; deshalb tritt es dem Anderen als Black Box, d.h. als „frei“ gegenüber. Mit den Anführungszeichen markieren wir den für Luhmanns rein kognitiven Freiheitsbegriff entscheidenden Sachverhalt, dass am Menschen als Black Box Freiheit nur als Trugbild der Intransparenz erscheinen kann. Was die Soziologie doppelte Kontingenz nennt, entsteht in der Begegnung von zwei Black Boxes – das ist die soziale Urszene. Der Andere ist unberechenbar, und ich bin für den Anderen unberechenbar. Das wissen wir voneinander und behandeln es als Freiheit. Freiheit ist also nur ein anderer Ausdruck für soziale Kontingenz. Mein soziales Erleben und Handeln ist nicht nur von mir selbst, sondern genau so vom Anderen abhängig, den ich *als ebenso frei und ebenso launisch wie mich selbst begreifen muss*.

Für einen jeden zeigt sich die Freiheit des Anderen in und als dessen Unberechenbarkeit. Man erwartet ihn als einen, der immer auch anders könnte. Wenn ich aber Freiheit primär als Unberechenbarkeit des Anderen erfahre, dann produziert sie prinzipiell Unsicherheit. Ich kann nicht wissen, welchen Gebrauch der Andere von seiner Freiheit machen wird; das ist *die andere Seite der Freiheit*. Die Anderen – sie sind zwar nicht die Hölle, aber die Unsicherheit. Das ist der Preis, den ich für die Freiheit zahlen muss. *Die Art, auf die die Freiheit sich darstellt, ist Unregelmäßigkeit, Unberechenbarkeit, Asymmetrie*, heißt es schon bei Georg Simmel. Es ist deshalb nicht überraschend, dass die meisten Menschen Sicherheit höher schätzen als Freiheit. Und da man Sicherheit nicht speichern kann, wird sie ständig nachgefragt.

Es ist das größte Verdienst der Theorie sozialer Systeme, dass sie diese Fixierung auf Sicherheit aufbricht. Ein zunächst sehr abstrakt klingender Gedanke, dass nämlich die Grundparadoxie der Moderne in der Notwendigkeit der Kontingenz liegt, hat für unser Thema eine weit reichende Konsequenz: Moderne heißt nicht Sicherheitsverlust, sondern Sicherheitsverzicht. Wir verzichten auf Sicherheit zugunsten von Ersetzbarkeit. Damit wir modern leben können, ist es notwendig, dass nichts, was ist, notwendig so ist wie es ist; dass das, was ist, nicht alles ist und nicht für immer. Auch unser tiefes Bedürfnis nach Sicherheit muss also mit einem funktionalen Äquivalent vorlieb nehmen. Und so findet die moderne Welt ihr Sicherheitsäquivalent in zirkulierender Unsicherheit.

Was Niklas Luhmann mit einem ebenso ironischen wie präzisen Hegelianismus das *unaufhebbare Fürsichsein* der Systeme nennt, macht deutlich, dass die moderne Gesellschaft nicht als Ganzes gedacht werden kann. Es geht nicht darum, Widersprüche aufzuheben, sondern sie zu stabilisieren. Denn die Selbstwidersprüche eines Systems helfen ihm bei der Anpassung an das Unvorhersehbare. Soziale „Entzweiung" ist also keine Wunde, die sich schließen müsste, sondern das Operieren der gesellschaftlichen Differenzierung selbst – mit all ihren Folgeproblemen der wachsenden Artifizialität und Selbstkorruption. Jede Funktion ist eben auch eine Dysfunktion. Deshalb kann das moderne Leben nicht „das gute Leben" sein. Das ist Luhmanns Antwort auf Spaemann.

Gerade bei diesem Thema zeigt sich, wie sinnvoll es ist, dass die Theorie sozialer Systeme die Gesellschaft nicht aus Menschen zusammensetzt. Denn die moderne Gesellschaft verzichtet zwar auf Sicherheit, die meisten Menschen aber nicht. Deshalb sind die Liberalen, die das Sicherheitsrisiko der Freiheit eingehen, immer in der Minderheit. Wo die anderen nur Gefahren sehen, sieht der Liberale Risiken. Wo die anderen vor der Unberechenbarkeit der Zukunft erstarren, sieht der Liberale Freiheitschancen. Der Mensch steht im Mittelpunkt – aber nicht als Maß aller Dinge, sondern als Überraschungszentrum der Gesellschaft. Der Liberale überrascht die Gesellschaft mit Freiheit.

Vor diesem Hintergrund lässt sich auch ein Rätselwort Niklas Luhmanns besser verstehen: *Das Apriori ist die Zukunft*. Jeder Schritt der Modernisierung unserer Lebensverhältnisse steigert die soziale Komplexität und macht riskantes Verhalten unausweichlich. In einer durch und durch riskanten Welt erscheint dann die Zukunft als das „ganz Andere". Man kann es auch so sagen: Die Schwelle der Unberechenbarkeit von Zukunft rückt näher. Dass wir Zukunft haben und kein Wissen von der Zukunft haben, sind Vorder- und Rückseite derselben Freiheit. Wir bewegen uns auf ein Ziel zu, das sich selbst bewegt. Deshalb gilt, dass man die Zukunft nicht prognostizieren, sondern nur provozieren kann. Weil ich nicht weiß, was die Zukunft bringt, muss ich entscheiden. Die unbekannte, weil von meiner Entscheidung abhängige Zukunft ist das Apriori meiner Freiheit. So weit die Prosa der Soziologen. Man kann es aber auch poetisch, nämlich mit Herman Melville sagen: Die Zukunft ist die Bibel der Freien.

Entfremdung in die Institutionen

Der Blindflug unserer Gesellschaft in die Zukunft scheint gerade deshalb zu gelingen, weil wir das politische System von allem Wesentlichen und Metaphysischen entschlackt haben. Hier bewährt sich der liberale Gedanke der Legitimation durch Verfahren. Der Fortschritt im Prozess der Zivilisation führt zu einer unaufhörlichen Steigerung der Komplexität. Das aber macht unsere moderne Gesellschaft wahrheitsunfähig und damit ständig entscheidungsbedürftig. Deshalb kann sie sich nur noch durch Verfahren legitimieren. Hören wir dazu noch einmal Niklas Luhmann: *Wie im Bereich der ‚Gesellschaft' die Kategorie des Vertrags, so scheint im Bereich des ‚Staates' die Kategorie des Verfahrens jene Zauberformel zu bieten, die ein Höchstmaß an Sicherheit und Freiheit kombiniert, die täglich konkret praktikabel ist und doch als Institution alle Bestimmung der Zukunft überlässt. Vertrag und Verfahren – das scheinen evolutionär unwahrscheinliche Errungenschaften zu sein, die es der Gegenwart ermöglichen, sich selbst aufs Änderbare festzulegen und jede mögliche Zukunft auszuhalten.*

Das politische System reproduziert sich demnach aus sich selbst. Legitimation durch Verfahren – der Staat ist hier auf seinen funktionalistischen Begriff gebracht; formaler geht es nicht. Doch dem Soziologen entgeht die Paradoxie, die der ehemalige Richter des Bundesverfassungsgerichts Ernst-Wolfgang Böckenförde so klar gesehen hat: *Der freiheitliche, säkularisierte Staat lebt von Voraussetzungen, die er selbst nicht garantieren kann. Das ist das große Wagnis, das er, um der Freiheit willen, eingegangen ist.* Die uns so vertraute Rede von Menschenrechten, Demokratie, Freiheit und Individualismus ist alles andere als voraussetzungslos. Wir haben es hier mit jenen neutralen Prinzipien zu tun, die uns die Geschichte vergessen lassen und damit jenes Vergessen wiederholen, das es ihnen ermöglicht, als neutrale Prinzipien zu erscheinen. So hat Carl Schmitt immer wieder darauf hingewiesen, dass die staatstheoretischen Begriffe des Abendlandes säkularisierte theologische – und das heißt konkret: christliche – Begriffe sind.

Wenn diese Beobachtung zutrifft, dann markiert jene Böckenförde-Paradoxie ein entscheidendes Problem: Beim Thema Staat lassen sich

Substanzbegriffe nicht so ohne weiteres in Funktionsbegriffe überführen. Legitimation durch Verfahren beantwortet nicht schon die Frage nach der Legitimität. Hier müssen die Liberalen von ihren Feinden lernen. Der europäische Staat ist nämlich nicht nur Rechts- und Sozialstaat, sondern hat auch eine metaphysische Dimension. In extremer Weise wird diese heute aus guten historischen Gründen verdrängte Dimension an Carl Schmitts Haltung zum Staat deutlich, die noch von Staunen und Bewunderung geprägt ist. Der Staat hat seine Würde als Ort des Rechts: Jus Publicum Europaeum. Der Staatsrechtler Schmitt hat sich als dessen letzten bewussten Vertreter empfunden und den Exodus des Rechts aus der römischen Kirche in den modernen Staat beschrieben. Indem er an der Geschichte des europäischen Staates zeigt, wie die Juristen die Theologen beerben, betreibt er selbst die Aufhebung der Philosophie in Rechtswissenschaft.

Für Schmitt dient der Staat also nicht dem Individuum, sondern dem Recht. Der Staat ist die Macht, die das Recht verwirklicht; das macht seine Würde aus. Das Individuum entspricht dieser Wirklichkeit nicht als Persönlichkeit, sondern als „Beamter“. Das Sein des Selbst verdankt sich nicht der Individualität, sondern der Selbstvergessenheit in der Aufgabe, der Pflichterfüllung. Entscheidend ist *die maßlose Hingabe an die Sache*. Nicht der Mensch konstruiert den Staat, sondern der Staat konstruiert den Menschen. Und deshalb macht es auch keinen Sinn zu sagen, der Staat hätte an der Freiheit des Individuums seine Grenze. Freiheit wird für Schmitt nur aus dem Sein des Staates heraus möglich. Indem der Staat die anarchistischen Impulse des Einzelnen und das pluralistische Chaos der Interessengruppen niederhält, garantiert er dem Individuum den *Spielraum seiner Freiheit*. Deshalb fallen einer Entgegensetzung von Staat und individueller Freiheit beide zum Opfer.

Das klingt in heutigen Ohren antiquiert, nach Hegelscher Staatsvergötzung und preußischem Pflichtkult. Aber vielleicht haben wir nur deshalb Schwierigkeiten, die metaphysische Dimension des Staates anzuerkennen, weil wir die Gefährdung verdrängt haben, gegen die er uns sichern soll. Das war noch 1964, in Zeiten des Kalten Krieges, anders. Da konnte Günter Rohrmoser Aug' in Aug' mit dem politischen Neomarxismus behaupten: *Das politische Problem der Freiheit scheint sich für uns heute so darzustellen, wie es Hobbes am Beginn der Neuzeit bestimmt hat, ebenso wie sich der konfessionelle Bürgerkrieg heute im planetarischen Maßstab wiederholt.* Natürlich lautet das Stichwort heute nicht mehr „Kalter Krieg“ sondern „Clash of Civilizations“. Nicht die Marxisten sondern die Fundamentalisten sind unsere Frage nach der politischen Freiheit als Gestalt.

Wenn das Bewusstsein der politischen Gefährdetheit unserer Existenz aus dem gesellschaftlichen Alltagsleben schwindet, erleben wir den Staat nicht mehr als Garanten unserer Sicherheit, sondern nur noch als Bedrohung unserer Freiheit. Man muss das Verhältnis aber so verstehen, dass der Staat gerade die Bedingung aller Freiheit ist, sofern er *das Potential an Freiheitsbedrohung, das in der Gesellschaft diffus und ungreifbar verstreut vorhanden ist, zusammen[fasst].* Das ist eine sehr dialektische Formulierung Luhmanns, die gut zum Ausdruck bringt, dass der Staat, der das schützende Gewaltmonopol hat, eben damit auch das *Monopol auf Freiheitsbedrohung* hat. Deshalb müssen die Grundrechte unsere Freiheit gegen den Staat sichern.

„Weniger Staat" ist demnach eine im Kern richtige Parole der Liberalen, aber sie ist gleichzeitig auch naiv; sie blendet durch Evidenz. Denn die Freiheit des Einzelnen wird heute nicht nur vom Staat, sondern auch von der Gesellschaft bedroht. Freiheitsrechte sind Abwehrrechte des Einzelnen gegen den Staat, gegen die Mehrheit und gegen die organisierten Gruppen. Und wer anders als der Staat könnte die Aufgabe lösen, den Einzelnen vor dem Zugriff organisierter gesellschaftlicher Gruppen zu schützen? Die im Eigentum geprägte Freiheit kann nur als vom Staat gehegte Freiheit auf Dauer gestellt werden.

Dies ist aber schwierig, denn die inneren Spannungen im Konzept des „sozialen Rechtsstaats" lassen sich kaum stabilisieren. Die Verfassung gibt den politischen Auftrag zum Sozialstaat, obwohl das Soziale dazu neigt, die Verfassung zu unterlaufen. Aber nicht nur der Rechtsstaat und die rein politische Zielbestimmung des Sozialstaats weisen auseinander. Auch Recht und Staat, die im Begriff des Rechtsstaats scheinbar versöhnt waren, treten heute auseinander. Freiheit ist ja die Negation der Rechtlosigkeit und also ans Gesetz gebunden. Nur die gesetzliche Verfasstheit eines Volkes als Staat machte politische Freiheit möglich. All das war unproblematisch, solange das gemeinschaftliche Erleben von selbstverständlicher Sittlichkeit getragen wurde. Sobald aber diese Sittlichkeit schwindet, wird der Alltag verrechtlicht, also unfrei. Wir sehen jetzt: Recht und Staat bzw. Ordnung sind Begriffe unterschiedlicher Register. Und deshalb ist „Rechtsstaat" ein Konzept mit latentem Konflikt – auf der einen Seite Recht und Norm, auf der anderen Seite Ordnung und Entscheidung.

Es gibt heute also einen unlösbaren Widerstreit zwischen Rechtsstaat und Sozialstaat, ähnlich wie es einen Widerstreit zwischen der Gleichheit vor dem Gesetz und der Ungleichheit unserer Fähigkeiten, ähnlich wie es einen Widerstreit zwischen religiöser Neutralität des Staates und christlicher Leitkultur gibt. Diese Spannungen muss man ertragen. Der

Staat sollte nicht die Welt verbessern, sondern den Einzelnen schützen. Stattdessen neigt aber die Politik zu Glückszwangsangeboten, und zwar seit sie sich „Emanzipation“ auf die Fahnen geschrieben hat. Wir sehen heute, dass der paternalistische Staat immer schon den düsteren Hintergrund der modernen „Emanzipationen“ gebildet hat. In den Befreiungen bekundete sich die Liebe zur Sklaverei. Auch als er noch nicht so hieß, hat der „vorsorgende Sozialstaat“ die neuen Untertanen gezüchtet – die betreuten Menschen. Sie finden Gleichheit in der Unfreiheit und Sicherheit in der staatlichen Fürsorge. Die Tyrannei der Wohltaten erzeugt jene Sklavenmentalität, die man erlernte Hilflosigkeit nennt – oder mit Kants präzisen Worten: *wo also die Untertanen als unmündige Kinder, die nicht unterscheiden können, was ihnen wahrhaftig nützlich oder schädlich ist, sich bloß passiv zu verhalten genötigt sind.*

Es kann deshalb nicht überraschen, dass man bei stolzen, freien Geistern häufig auf einen anti-institutionellen Affekt trifft. Wir werden im folgenden aber zu zeigen versuchen, dass das Verhältnis von Staat und Persönlichkeit nicht als Widerspruch, sondern als Steigerungsverhältnis verstanden werden muss. Staat und Persönlichkeit bilden die Pole der Institutionen. Nur in Institutionen werden Gesinnungen wirklich und wirksam. Das ist der metaphysische Mehrwert des Staates gegenüber der Rechtsstaatlichkeit und der Sozialstaatlichkeit. Es reicht also nicht, den Staat zu begrenzen. Hegels Grundgedanke, mit dem er den angelsächsischen Liberalismus überboten hat, präsentiert deshalb den Staat als *Handhabe* der Freiheit.

Werte müssen institutionalisiert werden. Aber kann man Freiheit institutionalisieren? Im Anschluss an Hegel hat Arnold Gehlen eine ebenso überraschende wie überzeugende Antwort auf diese Frage gegeben. Das Gesetz des Herzens und der Wahnsinn des Eigendünkels; die absolute Freiheit und der Schrecken; das Richtbeil hinter dem Gedanken; die blaue Blume der Romantik, die in der Nähe von Richtstätten wächst – das sind berühmte Bilder für ein Missverhältnis, das Gehlen in einem Aufsatz über die Geburt der Freiheit aus der Entfremdung zurechtrückt. Es geht um das Missverhältnis der Idee zur Wirklichkeit. Der Idealismus wollte die Idee der Freiheit unmittelbar verwirklichen, also direkt ins Leben einführen. Doch so schlägt Freiheit in Terror um. Gehlens entscheidender Gedanke ist nun der, dass Menschen nur indirekt zur Freiheit finden, also einen Umweg nehmen, die Ideen sich versachlichen, ja *zur Institution entfremden* müssen. Sachlichkeit meint diese gute Entfremdung zur Institution.

Die Theorie der modernen Gesellschaft verdankt Hegel die tiefe Einsicht, dass es Freiheit nur in der Entzweiung geben kann. Wir müssen deshalb von den alten Idealen der Perfektion und Optimierung Abschied nehmen, also vom richtigen Leben, der gerechten Gesellschaft und dem ewigen Frieden. Die moderne Freiheit der Entfremdung meint aber eine Distanz zur Gesellschaft, die nicht in Frustration umschlägt. Das haben die neomarxistischen Protestbewegungen der 60er Jahre nicht verstanden, die „Entfremdung" zu einem Jammerbegriff aufblähten, der die Aufgabe verdeckt hat, sinnvolle Widersprüche zu stabilisieren. Aber genau darum geht es in unserer Gesellschaft: um die Stabilisierung des Widersprechenden und Stabilität durch Widerspruch.

Die Disposition, die dem Einzelnen die Möglichkeit der Freiheit in der modernen Gesellschaft eröffnet, hat Georg Simmel *innere Arbeitsteilung* genannt. Sie stößt eine mehrstufige Dialektik zwischen Entmündigung und Entlastung, zwischen einer Kritik der Institutionen und einer Apologie der Entfremdung an, die wir jetzt in ihrer ganzen Oszillationsweite erfassen wollen. Den besten Ausgangspunkt bietet hier die preußische Idee der Pflichterfüllung, die uns den Dienst in den Institutionen als sicheren Wege zur Würde anweist. Wenn wir diese Idee auf rein formale Bestimmungen abdestillieren, ergibt sich folgendes Bild: Die Institutionen schenken Verhaltenssicherheit, indem sie Möglichkeiten einschränken, und sie entlasten von Entscheidungen. Arnold Gehlen spricht in diesem Zusammenhang von *Entlastung zu beweglicher Freiheit, aber innerhalb begrenzter Gefüge.*

Unsere Frage lautete ja, ob man Freiheit institutionalisieren kann. Und wir sehen jetzt, wie der Begriff der Entlastung sie auf eine dialektische Bahn bringt. Institutionen sind Schemata der Freiheit; sie entlasten uns zur höheren Kombinatorik der Lebensführung. Die Kultivierung der Freiheit setzt also feste Regeln voraus, die genau wie Spielregeln in einer freiwilligen Beschränkung von Zügen und Bewegungsmöglichkeiten bestehen. Mit dieser Überlegung müssen wir die gerade zitierte Bemerkung des Thomas Hobbes, ein Mensch sei um so freier, auf je mehr Bahnen er sich bewegen kann, einschränken. Hans Freyer hat das am Schachspiel erläutert. *In dem künstlich eingeengten Feld der freien Züge werden dann die geistvollen Kombinationen möglich; mehr Freiheit wäre primitiv.*

Dass uns Institutionen- und Bürokratiekritik zur kulturellen Selbstverständlichkeit geworden sind, macht aber deutlich, dass diese dialektische Entlastungsleistung der Institutionen die meinungsbildenden Intellektuellen schon lange nicht mehr überzeugt. Aber auch eine so abgekühlte und elaborierte Theorie der modernen Gesellschaft wie die Niklas Luhmanns kennt Institutionen nicht mehr. Man spricht stattdessen von sozialen Systemen. Was diese konzeptuelle Umstellung für unser Thema bedeutet, wird deutlich, wenn wir uns den verwandten Begriff der *sekundären Systeme* genauer ansehen. Mit ihm hat Hans Freyer die modernen sozialen Ordnungen einer funktional ausdifferenzierten Gesellschaft beschrieben, die dem Menschen nicht mehr den Außenhalt eines institutionellen Rahmens geben, sondern ihn nur noch als Knotenpunkt in einem Netzwerk adressieren. Mit Emil Durkheims Wort: der Mensch ist *désencadré*.

Für die Idee der Pflichterfüllung, die einschränkt und entlastet, bieten diese sekundären sozialen Systeme kein Äquivalent an. Und deshalb kommt immer wieder der alte Adam zum Vorschein. Diesseits der Institutionen sind die Aggressionen. Und hier macht der Anthropologe Gehlen nun einen entscheidenden Schritt über den politischen Philosophen Hobbes hinaus. Wir wissen, dass der Staat den Menschen vor den anderen schützt. Aber dass seine Institutionen den Einzelnen auch vor sich selbst schützen, muss noch gelernt werden. Weil nur die Institutionen den Menschen vor sich selbst schützen, muss er sich in sie hineinbegeben, um dort seine Freiheit zu finden. Das nicht festgestellte Tier Mensch stellt sich in den Institutionen fest. Sie zeigen ihm den richtigen Umweg zu sich selbst. Und nur der Umweg ist für den Menschen der richtige Weg. Die Entfremdung zur Institution verhindert den Kurzschluss der Freiheit qua „Selbstverwirklichung“ und verwirklicht ein indirektes Selbstverhältnis. Deshalb ist Entfremdung eine gute Nachricht.

Die Institutionen holen mehr aus dem Menschen heraus, als in ihm steckt. Indem er aufgeht in einer Sache, transzendiert er sich selbst. So holt die Institution der Ehe mehr aus der Liebe heraus, als das Begehren jemals investieren könnte. So holt die Kirche mehr aus dem Glauben heraus, als das religiöse Bedürfnis jemals investieren könnte. So holt die Universität mehr aus dem Wissen heraus, als die Neugier jemals investieren könnte. Derart aus dem Menschen mehr herauszuholen, als in ihm steckt, heißt natürlich auch, ihn zu überfordern. Und deshalb konnte Helmut Schelsky spöttisch bemerken, dass die Institutionen für die Individuen Kleider schneidern, die den meisten zu groß sind. Der moderne Mensch kann sich nur selbst transzendieren, indem er sich überfordern lässt – daher das Unbehagen in der Kultur. Der „junge“ Luhmann, der den Begriff der Institution noch kannte, hat das deutlich gesehen: *Unsere Existenz hängt von funktional differenzierten Großsystemen der Informationsverarbeitung ab. Deren Erhaltung im Transzendieren aller ontischen Faktizität ist das, was wir als Menschen leisten. In ihnen und durch sie müssen wir uns auf die Welt beziehen.*

Institutionen motivieren, sie präformieren Entscheidungen und funktionieren als Autopilot des Denkens. Sie entscheiden für uns, denken für uns und lösen unsere Probleme. Wer sich von einer Institution konsumieren lässt, emanzipiert sich von der Psychologie. Deshalb hat das bürgerliche Zeitalter von Goethe bis Max Weber den Einzelnen auf die Forderung des Tages verpflichtet. Sie ist das Inkognito der Idee, mit der ich mich identifizieren soll, die prosaische Variante der Begeisterung, die Goethe *in der Idee leben* genannt hat. Da scheint es nur konsequent, dass in der späteren Institutionenlehre Arnold Gehlens von Freiheit nicht mehr die Rede ist. Die Aufgabe der Freiheit erfülle sich im Aufgeben der Freiheit. Aber Gehlen unterbietet um dieser „dialektischen" Pointe willen das eigene Argumentationsniveau, wenn er dann echte Freiheit mit freiwilliger Unfreiheit identifiziert. Wir haben im Anschluss an Harry Frankfurt versucht, zu zeigen, dass es stattdessen um „wholeheartedness" geht. Gehlen selbst kommt diesem Begriff sehr nahe, wo er von Persönlichkeit spricht. Sie bringt sich nicht außerhalb der Institutionen, sondern in ihnen zur Geltung. Wie der Schachspieler die jeweilige Figurenkonstellation, so wertet die Persönlichkeit jeweilige Handlungsspielräume im „Gehäuse" aus. *Eine Persönlichkeit: das ist eine Institution in einem Fall.*

Institutionen sind unser Schicksal, nicht unsere Wahl. Der philosophische Begriff, auf den Hegel ihre formierende, konstituierende Kraft gebracht hat, lautet „objektiver Geist". Gemeint ist der geronnene Geist der geformten Welt, der den „protestantischen" Geist der Innerlichkeit tragen muss, um Freiheit zu ermöglichen. Der anthropologische Begriff der Institution wird diesem Sachverhalt noch gerecht, nicht aber der soziologische Begriff der Organisation. Hegels Staat und Gehlens Institutionen bieten das Absolute *in* den Ordnungen. Ihr objektiver Geist organisiert nicht nur das Leben, sondern bietet dem Einzelnen *Mehr-als-Leben*. Damit meint Georg Simmel Gebilde mit autonomer Eigenlogik, die uns stimulieren und bereichern – aber eben auch als *Erstarrtheiten*, als Fetischcharaktere gegenübertreten. So zeigt uns das Gestell der Moderne einen Januskopf. Es gewährt dem freien Geist den Außenhalt der Institutionen und verurteilt zugleich die fröhlichen Roboter zur Hörigkeit im stahlharten Gehäuse. Es bietet dem Selbständigen Dispositionsfreiheit durch Entlastung und sorgt zugleich für die Entmündigung der Betreuten. In romantischeren Zeiten hat man das die Tragödie der Kultur genannt.

Bürgerliche Lebensführung

Der Jurist Carl Schmitt hat gezeigt, wie der Staat seinen Geist verliert. Und der Soziologe Max Weber hat gezeigt, wie der Kapitalismus seinen Geist verliert. Seither leben wir nur noch in Gehäusen, Gestellen und Apparaturen. Der Geist des Kapitalismus war das Ethos des Bürgertums, und wir müssen uns nun abschließend fragen, wie es entstehen konnte und ob es eine Zukunft hat. Die bürgerliche Welt ist die Wirklichkeit der liberalen Idee. Um sie in ihrer einzigartigen Dynamik zu begreifen, ist ein Begriff des Historikers Ernst Nolte hilfreich: praktische Transzendenz. Er fasst die Metaphysik des Liberalismus in der bürgerlichen Welt von der Industrialisierung bis zur Globalisierung sehr gut zusammen. Gemeint ist jene spezifisch europäische Rationalität, die sich ökonomisch im Mehrwert (Marx) und philosophisch im Mehr-als-Leben (Simmel) ausdrückt.

Die bürgerliche Welt ist geprägt von Realabstraktionen, und man muss kein Philosoph sein, um das zu verstehen. Jeder, der weiß, wie Geld funktioniert, weiß damit auch, was eine Realabstraktion ist. Hans Blumenberg hat das zum Kriterium von Zivilisiertheit erhoben. Sie besteht darin, das Geld gelten zu lassen, obwohl es *das Maß eines inadäquaten Äquivalents* ist. Diese sittlich indifferente Geltung des Geldes gilt es zu ertragen, ohne darüber zynisch zu werden. Der Geist des Kapitalismus steht also nur für die Produktivität der Freiheit, aber eben nicht für das gute Leben oder die gerechte Gesellschaft. Deshalb sagt Nolte: *Die bürgerliche Gesellschaft hat die praktische Transzendenz in die Welt gebracht und ihr zugleich ein schlechtes Gewissen gegeben.* Von ihm lebt die Kulturkritik bis zum heutigen Tag.

Es ist deshalb nicht erstaunlich, dass die Selbstbeschränkung des Liberalismus auf eine Lehre von der materiellen Wohlfahrt und sein Verzicht auf ein Glücksversprechen immer als Ignoranz gegenüber den höheren Werten missverstanden worden ist. Aber gerade die liberalistische Beschränkung auf das materielle Wohlleben eröffnet die Perspektive auf ein Jenseits von Angebot und Nachfrage. Bürgerlichkeit ist die sittliche Reserve, die moralische Ressource, von der die freie Marktwirtschaft und der soziale Rechtsstaat zehren. So hat Wilhelm Röpke immer wieder betont, *dass die letzte Stütze der Marktwirtschaft als eine moralische außerhalb des Marktes selber gesucht werden muss. Markt und Wettbewerb sind weit davon entfernt, die ihnen notwendigen moralischen Voraussetzungen autonom zu erzeugen. Das ist der Irrtum des liberalen Immanentismus.*

Max Stirners Vorwurf, der Bürger folge dem *Evangelium des Weltgenusses*, an dem dann auch das Proletariat gefallen finde, trifft zwar diesen liberalen Immanentismus, aber er verkennt die Eigenart des abendländischen Bürgertums, nämlich die asketische Dimension seiner Selbstverwirklichung. Bürger ist, wer aufhört, gegen sich bequem zu sein. Seine Freiheit impliziert Selbstdisziplin. Frei ist ein Mensch, dessen Selbstwertgefühl aus Selbstdisziplin erwächst. Kein Selbst ohne Selbstdisziplin. Doch hier ist Kierkegaards Bemerkung wichtig, dass das Selbst zuzuschleifen nicht heißt, es abzuschleifen. Aus der bürgerlichen „Zucht" entsteht nicht der Konformist, sondern die Persönlichkeit. Sie ist das System von Erwartungen, die jemand an sich selbst hat, und ein Gefühlskonstrukt, mit dessen Hilfe man die Zwänge des Alltags pariert. Persönlichkeit ist Selbstprogrammierung, d.h. ein Komplex von Entscheidungsprämissen, die sich durch die freie Verwerfung von Möglichkeiten bilden.

Die bürgerliche Berufspflicht war die letzte asketische Idee, die sich selbstbewusst als bürgerliche Tugend darstellte. Aber auch heute gibt es noch Zivilisationsasketen, die wissen, dass das gute Leben Selbsttranszendenz fordert. Sie verstehen ihre Berufung als Altar, auf dem sie sich opfern. Dieses religiöse Bild des Psychologen Abraham Maslow ist keineswegs zu hoch gegriffen, denn die Gottesliebe war die Schule der Selbsttranszendenz. Beherztheit und Berufung, Thymos und Calling, gehen beide in die asketische Arbeitsethik des Bürgertums ein, und zwar so, dass das Asketische das Supererogatorische ersetzt. Die Pflichten des Berufs treten an die Stelle der Werke der „Übergebühr".

Indem die Pflicht die Neigung bezwingt, beweisen die bürgerlichen Zivilisationsasketen ihre Unabhängigkeit von sinnlichen Antrieben. Das hat Arnold Gehlen gemeint, als er sagte, es gebe für die Freiheit nur einen *Beweis durch Existenz*. Heute erbringen ihn allerdings nur noch wenige. Was einmal bürgerliche Tugend war, ist zum geheimen Erkennungszeichen einer neuen Elite geworden. Und wie jede wahre Elite ist sie asketisch. Ihre Autorität liegt in der Kraft, sich etwas versagen zu können. Freiheit kostet Selbstüberwindung. Nur als Selbsttranszendierung, durch Metamotivation kann Selbstverwirklichung gelingen – indem man anderen, einer Sache oder einem Ideal dient. Georg Simmel definiert deshalb das Mehr-als-Leben als *Transzendieren in die*

Ebene der Sachgehalte. Die bürgerliche Persönlichkeit ist also stark mit Sachlichkeit korreliert.

Dagegen verspricht die Modeparole der „Selbstverwirklichung“ den Vielen eine Identität ohne Selbstdisziplin. Der Letzte Mensch kennt keine Selbsttranszendenz. Aber wie Zarathustra vorausgesagt hat, lebt er am längsten. Die Vielen, die nur leben wollen, können das, weil einige mehr als leben wollen. Und die Wenigen, die Mehr-als-Leben wollen, verzichten auf das angenehme Leben. Daraus folgt etwas sehr Wichtiges: Freiheit ist mit angenehmem Leben nur schwach korreliert; sie hat mehr mit Entfremdung als mit Glück zu tun. Deshalb meint Simmel, es sei *keineswegs notwendig, dass die Freiheit des Menschen sich in seinem Gefühlsleben als Wohlbefinden spiegele*. Um es noch deutlicher zu sagen: Freiheit und Würde stehen gegen Glück und Genuss. Aus diesem Geist der bürgerlichen Askese hat Kant die Aufgabe des Menschen definiert, *über die Erde zu herrschen, nicht viehisch zu genießen und sklavisch zu dienen*.

Natürlich kann man die Frage nach der Möglichkeit bürgerlicher Lebensführung heute nicht einfach mit einem Hinweis auf Kant beantworten. Die Soziologen haben ja recht: Wir sind in Systeme verstrickt, verlassen von der Evidenz, ausgesetzt in die Kontingenz. Und wir haben schon gesehen, dass man Autonomie nur noch als Selbststeuerung der Abhängigkeit von den Leistungen anderer verwirklichen kann. Moderne Freiheit gibt es nicht für den „ganzen Menschen“, sondern durch dessen Suspension in sozialen Rollen, Institutionen und Arbeitsteiligkeit. Daraus folgt aber, dass der Mensch nicht als „ganzer“, sondern als einsamer frei ist. Das Freiheitserleben hängt an der Einsamkeitsfähigkeit. Das hat Nietzsche genau gesehen und daraus seinen prinzipiellen *Einwand gegen die ganze Soziologie* abgeleitet. Der Soziologe erhebt die Antithese gegen das Pathos der Distanz zur Norm des modernen Weltlaufs. Statt Distanz und Rangordnung kennt er nur funktionale Differenzierung und Integration.

Klüfte aufreißen – das macht soziologisch keinen Sinn. Genau darum aber, um das Pathos der Distanz, geht es. Und zwar vor allem um das Pathos der Distanz zu sich selbst. *Selbstentfernung* nennt das Ernst Jünger einmal sehr schön. Das Pathos der Distanz ist um so größer, je größer die Distanz zur öffentlichen Meinung ist. Deshalb zeigt es sich zunächst als Widerspenstigkeit und Eigensinn; es ist ein Rejektionswert. Was Hegel in seiner Dialektik der Anerkennung nicht gedacht hat, ist das Antonym der Anerkennung: Verachtung. Bei Nietzsche wird sie zum Schlüsselbegriff. Die Verachtung widersteht der Indifferenz, das Pathos der Distanz will sich von der spezifisch modernen

„Blasiertheit" des Letzten Menschen absetzen. Doch hier lauert die Gefahr, dass sich die Freiheit des Einsamen in eine Polemik gegen die Masse verstrickt. Und genau das war Nietzsches Fehler. Er hat sich von seinem Hass auf die moderne Welt hinreißen lassen und das Pathos der Distanz als pathetische Distanz, in aristokratischen Gesten der Vornehmheit und Unzeitgemäßheit inszeniert. Mit einem Wort, Nietzsches Antibürgerlichkeit ist die größte Schwäche seines Denkens.

Die Überlegenheit Max Webers über Nietzsche liegt nun genau darin, dass er das Pathos der Distanz nicht pseudoaristokratisch simplifiziert. Würde gibt es nur durch eine innere Distanz, die sich nicht polemisch gegen die Masse definiert. Der antidemokratische Affekt, die Polemik gegen die Vielzuvielen war Nietzsches Schwäche. Dagegen besteht die Probe auf die Echtheit der persönlichen Würde heute gerade in der Aufgabe, *sich innerhalb einer demokratischen Welt innerlich zu behaupten*. Wir erkennen sofort das religiöse Modell: die innerweltliche Weltablehnung der Puritaner, aber auch Kierkegaards *examen rigorosum der Nivellierung*. Es geht für Weber also darum, innerhalb der Demokratie die Demokratie auf innere Distanz zu halten. Es geht darum, „das Man" männlich zu ertragen. Das ist eine Haltung, die nur ein Bürger kultivieren kann. Max Weber hat damit die wahrhaft zukunftsfähige Form des Pathos der Distanz gefunden: Leidenschaft und Augenmaß. Bürgerlichkeit ist nicht mittelmäßig, sondern maßvoll.

Joachim Fest hat die äußerst wichtige Beobachtung gemacht, dass der Bürger des 19. Jahrhunderts alles Exzentrische und Pathologische an den Künstler delegiert. Das entspricht ganz und gar dem Selbstverständnis Thomas Manns. Dieser hat zurecht darauf hingewiesen, dass die Übersetzung von Bourgeois mit Bürger falsch ist. Und zwar handelt es sich um eine bewusst falsche Übersetzung, die auf das polemische Bedürfnis der Boheme zurückgeht. Der Bürger wird hier als Spießer zur anachronistischen Gegenfigur stilisiert. Und genau komplementär dazu bildet der Erfolglose das Kultzentrum des antibürgerlichen Affekts, sei es in Gestalt des Bohemiens, der den Bürger als Bourgeois denunziert, sei es in Gestalt des Arbeitslosen, dessen Unglück in eine Dauerklage gegen „die Gesellschaft" verwandelt wird. Bis zum heutigen Tag setzt die Antibürgerlichkeit eine Prämie auf Weltfremdheit.

Für den Bürger heute bedeutet das, dass er mit der Mode geht, sie aber nicht ernst nimmt. Er verbraucht seine Energien nicht im bohemehaften Protest gegen den biedermeierlichen Alltag und er beteiligt sich auch nicht an dem billigen Spott über die bürgerliche Innerlichkeit, diesen Weltinnenraum der Freiheit. Dessen Dimensionen lassen sich genau benennen: der Glaube an die Transzendenz, die Liebe zur

Familie, die Hoffnung auf den Erfolg, der Stolz auf das Eigentum und die nimmermüde Anstrengung der Bildung. All das ist konservativ und traditionsbezogen. Und schon vor über hundert Jahren – „Buddenbrooks"! – starken Kräften der Erosion ausgesetzt gewesen. Seither haben wir uns an den Zusammenbruch von Religion und Familie gewöhnt. Wir leben im Vakuum der Anomie – und deshalb in jenem ehernen Gehäuse, das die Sorge institutionalisiert. Thomas Buddenbrook kann man sich nicht mehr zum Helden wählen. Heute bewährt sich die Tapferkeit des Bürgers darin, dass er seine Identität in der rituellen Aufrechterhaltung der sozialen Situation sucht, seine Würde im Konsumiertwerden durch die Institutionen findet und in der Funktionsfähigkeit der sozialen Systeme das moderne Äquivalent für Gerechtigkeit anerkennt.

Bürgerlichkeit ist die Lebensform der Freiheit in der modernen Welt. Wir haben versucht, zu zeigen, wie anspruchsvoll dieses Selbst-Programm ist, weil es nicht Harmonie sondern Entzweiung, nicht „Selbstverwirklichung" sondern Entfremdung bringt; weil es weniger nach Glückserfüllung als nach Pflichterfüllung schmeckt. Der Bürger findet seine Identität im Widerstreit von Freiheit und Abhängigkeit. Er lebt seine Freiheit mit Leidenschaft und Sachlichkeit. Dass er alle bloß Genießenden, die nur länger leben wollen, also den konsumistischen Lebensstil, verachtet, macht ihn aber nicht zum Schopenhauerianer. Man sollte sich von Thomas Buddenbrooks Lesestunden nicht blenden lassen. Seine Bürgerlichkeit ist der Weg der Seele zwischen Hedonismus und Lebensverneinung, gegründet in Goethes Religion der *Forderung des Tages*.

Es gibt Widersprüche, die man nicht aufheben kann und deshalb ertragen muss. Das mit Anstand zu tun, ist ein wesentliches Element bürgerlicher Lebensführung. Unser Versuch über die Freiheit terminiert in diesem Begriff, und es lohnt sich, ihn genauer zu bestimmen. Weil der Mensch konstitutiv künstlich und labil ist, muss er sein Leben führen, statt nur zu leben und zu überleben. Der Mensch ist von allen guten Naturgeistern verlassen. Deshalb hat er keine Umwelt, sondern eine Welt. Und deshalb kann er frei sein. Freiheit heißt Lebensführung – wir nennen das mit Simmel: Mehr-als-Leben. Wer frei ist, lebt nicht einfach, sondern führt ein Leben. Persönlichkeit kann man nicht ohne Transzendenz denken. Die Würde des Menschen muss also geleistet werden. Diese Leistung, bürgerliche Lebensführung, ist der Kernbestand realer Freiheit.

Die Leistung der Lebensführung erwächst aus der Sorge um das wirklich Wichtige. Solange die bürgerliche Welt auf diese Frage eine überzeugende Antwort geben konnte – also noch bis hinein in die Gründerzeit und ins Biedermeier –, gab es keine Orientierungskrise. Doch je radikaler die Entzauberung der Welt voranschritt, desto dringlicher stellte sich die Frage nach der sinnvollen Lebensführung. Es geht hier um die Unterscheidung zwischen „von etwas leben" und „für etwas leben". Was wirklich wichtig ist, kann heute nur der Einzelne entscheiden, denn soziale Systeme funktionieren, aber sie sind nicht auf etwas aus. Wenn heute also der vorsorgende Sozialstaat beansprucht, die Lebensführung der Menschen durch lebenslange Betreuung zu übernehmen, dann heißt das im Klartext: Er nimmt den Menschen die Lebensführung ab. Gerechtfertigt wird das im Namen der Gleichheit. Während in den heroischen Zeiten der bürgerlichen Gesellschaft Freiheit und Gleichheit gemeinsam auf derselben Seite der Barrikade kämpften, müssen wir heute sehen, dass Freiheit bedeutet: Der Bürger handelt. Gleichheit aber bedeutet: Der Staat handelt.

Führer brauchen all diejenigen, die unfähig zur Lebensführung sind. Diese setzt nämlich voraus, dass man wollen kann. Der freie Bürger führt sein Leben selbstverantwortlich und lässt es sich nicht vom Daseinsfürsorgesystem abnehmen. Jede Lebensführung setzt aber eine Führungsidee voraus. Und das markiert den polemischen Index dieses Begriffs – nämlich gegen den Begriff des bloßen Lebensstandards. Max Weber hat daran seine Forderung der Männlichkeit geknüpft: weder einen Ausweg aus der Welt zu suchen, noch in der Innenwelt nach einem Selbst zu suchen. Das gibt Webers Stilisierung der bürgerlichen Lebensführung durch die Begriffe Beruf und Pflicht ihr unnachahmliches Pathos.

Mein Beruf steht für das, was ich sein soll. Er ist die Aufgabe meines Lebens, markiert meine soziale Stellung und den Ort meines Seins. In Arbeit und Familie findet der Bürger seine Identität, ja seine Unsterblichkeit. Entscheidend ist dabei, dass die Arbeit im Beruf aus einem Mittel zum Zweck wird. Als Beruf, als Berufung zielt Arbeit nämlich nicht nur auf den geschäftlichen Erfolg, sondern auch auf methodische Selbstkontrolle. Man könnte vom puritanischen Cogito der bürgerlichen Lebensführung sprechen, die sowohl das äußere als auch das innere Chaos ausschaltet.

Der Mensch findet zu seiner Identität, indem er *seinen Beruf ganz zu seiner Sache* macht und ihn mit Freiheit aushält; indem er also das, was er tut, richtig tut. Dann empfindet er dessen kontingente Beschränkungen nicht mehr als schicksalhafte Schranke. Er muss seine berufliche Sphäre *durcharbeiten*, um darin frei zu sein. Deshalb war schon für Hegel klar: *Der Mensch ist vorzüglich dadurch unzufrieden, wenn er sei-*

nen Beruf nicht ausfüllt. Die Pflicht und der Beruf bewirken also gerade das Gegenteil dessen, was die Spontanen, Leichtsinnigen und Selbstverwirklicher meinen. Die Pflicht befreit aus der schlechten Abstraktion der Freiheit, in der die Konformisten des Andersseins befangen sind. Nicht *die Sucht, etwas Besonderes zu sein*, sondern die *Rechtschaffenheit* des Bürgers, der seine Berufspflicht erfüllt, führt zur Freiheit.

In keinem wissenschaftlichen Werk wird man eine ähnlich prägnante Darstellung der bürgerlichen Lebensform finden wie in Thomas Manns „Buddenbrooks" und in Georg von Lukács' genialem Essay über Theodor Storm. Thomas Mann war stolz darauf, in diesem Essay als legitimer Nachfolger Storms erwähnt zu werden; und er war stolz darauf, Max Webers religionssoziologischen Typus des puritanisch-asketischen Berufsmenschen intuitiv vorweggenommen zu haben. Thomas Buddenbrook steht für *die modern-heroische Lebensform und –haltung des überbürdeten und übertrainierten, ‚am Rande der Erschöpfung arbeitenden' Leistungsethikers.*

Pflichterfüllung im bürgerlichen Beruf als Lebensform; das Berufsleben mit seiner Systematik und Routine als das Stilbestimmende im Leben – nur vor diesem Hintergrund gewinnt der ebenso beliebte wie abgeblasste Begriff des Lebensstils seinen guten Sinn. Es geht um Form, die der Seele Halt gibt. Und genau das hat eben der bürgerliche Beruf geleistet. Wer darin aufging, hatte keine Probleme. Schon vor hundert Jahren war das allerdings nur noch ein Sehnsuchtswert, und Georg von Lukács musste diese Welt deshalb sehr indirekt, im historischen Rückblick auf das alte deutsche Bürgertum, gebrochen in der Bürgerkünstlerbiographie Theodor Storms darstellen. *Wozu fragen, wo es keine Antwort gibt, wozu hangen und bangen vor ewig verschlossenen Türen, wozu die Seele hinhalten mit den bunten tröstenden Lügen alter Zeiten? Unsere Pflicht zu tun: das ist der einzig sichere Lebensweg.*

Diese Ermutigung zur Bürgerlichkeit kann sich auf den Mythos von der Spindel der Notwendigkeit stützen, den Platon auf den letzten Seiten seines Buches über den Staat erzählt. Jeder wählt sich seinen Dämon und verharrt dann in der gewählten Lebensbahn. Jeder wählt sein Los, nimmt das ihm Zufallende auf und ist alleine schuld an der Wahl. Gerade weil es keine Taxis der Psychen, keine Rangordnung der Seelen gibt, kommt alles darauf an, gute und schlechte Lebensweisen unterscheiden zu können. Denn die besseren Lebensweisen machen eine gerechte Seele. Max Weber übersetzt nun diese Wahl des eigenen Dämons durch bürgerliche Pflichterfüllung, so wie Goethe sie in seiner berühmten Betrachtung über die Grenzen der Betrachtung definiert hat: *Wie kann man sich selbst kennen lernen? Durch Betrachten niemals, wohl aber durch Handeln. Versuche, deine Pflicht zu tun, und du weißt gleich, was an dir ist. Was aber ist deine Pflicht? Die Forderung des Tages.*

Bei Harry Frankfurt sind wir auf den Begriff „wholeheartedness" gestoßen. Und genau das meinte schon Max Weber mit seiner Forderung: Folge deinem Dämon! Du sollst Ideale haben! Was auch immer du wählst – tu' es mit ganzem Herzen! Die wahre Freiheit ist in letzten Werten verankert, und die Würde des Menschen liegt darin, diese letzten Werte für sich selbst autonom zu setzen. Die Ausdifferenzierung der Wertsphären hat bei Max Weber also noch einen scharf polemischen Zug. Es geht nicht einfach nur um Alternativen, zwischen denen man so, aber auch so, wählen könnte, sondern *um unüberbrückbar tödlichen Kampf*, in dem man sich entscheiden muss. Die Kompromisse des Alltags täuschen zwar darüber hinweg; aber wenn *das Leben als Ganzes [...] bewusst geführt werden soll*, muss man die unversöhnlichen Wertgegensätze anerkennen und sein eigenes Schicksal in *letzten Entscheidungen* wählen.

Es geht hier um eine schicksalhafte Wahl, die nichts mit der Wahlfreiheit des Marktes zu tun hat. Ihr polemischer Sinn wird besonders deutlich, wo Max Weber vom *‚Angriffspunkt' der ‚Wertung'* spricht. Weil es eine Freiheit des Wertens gibt, leben wir in einem ewigen Kampf der Werte. Bei Weber hat der Begriff des Werts und des Werturteils also noch metaphysisches Gewicht. Dass in diesem Zusammenhang immer wieder von Dämonie, Schicksal und tragischer Kollision die Rede ist, sollte es unmöglich machen, die Wertung als subjektive Willkür und konsumistische Wahl misszuverstehen. Doch das hat nicht funktioniert. Heute ist Wert ein Passepartout-Begriff, der Faulheit und Unbildung rechtfertigt.

Zwischen Max Weber und der Gegenwart liegen Jahrzehnte des Antiliberalismus und der Antibürgerlichkeit, die zunächst im Nationalsozialismus und dreißig Jahre später dann in der Studentenbewegung ihre gespenstischen Höhepunkte fanden. Und auch wenn heute gerne Vorträge über „Zivilgesellschaft" gehalten werden, so ist doch sehr zweifelhaft, ob wir unsere Gesellschaft noch als bürgerliche beschreiben können. Aber die Idee der Bürgerlichkeit lebt. Man könnte sie um zwei Brennpunkte herum konstruieren, nämlich Exzellenz und Biedermeier.

Wer z.B. die Schriften von Joachim Fest und Odo Marquard liest, findet sehr unterschiedliche, aber starke Verbündete. Dass der eine das Werk von Thomas Mann, der andere das Werk von Wilhelm Busch besonders schätzt, kommt nicht von ungefähr. Der deutsche Begriff Bürger unterscheidet nämlich nicht zwischen Citoyen und Bourgeois

– zu Recht. Die Welt, in der er sich bewährt, ist die Welt des Üblichen, der Routine, der Pensums, der Pflichten und Gewohnheiten, also die Welt der nächsten Dinge. Genau das meinte ja Goethes Wort von der Forderung des Tages – im Gegensatz zum Ausnahmezustand und zum extremen Fall, an dem die Dezisionisten ihre Begriffe bilden und den Wert des Daseins bemessen. Für den Bürger liegt, um eine gute Formulierung Kierkegaards zu gebrauchen, gerade in der *Wiederholung der Ernst des Daseins.* Das ist die „biedermeierliche" Dimension der Bürgerlichkeit. Hinzu kommt aber die Dimension der Exzellenz, für die Joachim Fest die beste Definition gefunden hat: *Bürgerlich ist die Idee der Konkurrenz, des Exzellierens auf allen Gebieten; bürgerlich der Wille zum Herausragenden und, daraus hervorspringend, der Sinn für individuellen Rang, auch für menschliche oder künstlerische Größe, der wiederum aufs engste mit dem zu tun hat, was man das bürgerliche Genie zur Bewunderung nannte. Und bürgerlich ist schließlich, dies alles zusammenfassend, die Faszination durch das Einzigartige, auf deren Grund ein schroffes, im Einzelfall oft mitleidloses Bekenntnis zu menschlichen Unterschieden, sogar zur Ungleichheit greifbar wird.*

Finde deinen Platz, begreife und ergreife deine Lage, erfülle die Forderung des Tages, tue deine Pflicht, halte deine Existenz aus. Das ist die Tapferkeit des Bürgers, der sich den bequemen Ausweg der „Gesellschaftskritik" versagt. Denn zu nichts braucht man heute mehr Mut als zur Wahrnehmung des Positiven. Und damit erweist sich der Bürger auch als der letzte Träger der Aufklärung, der das „sapere aude" in eine Lebenspraxis der Freiheit umsetzt. Kants Mut zum Selbstdenken konkretisiert sich heute politisch als *Mut zur Bürgerlichkeit.* So hat Odo Marquard den Begriff Zivilcourage übersetzt. Es gibt noch Ritterlichkeit, auch wenn es keine Ritter mehr gibt. Und es gibt noch Bürgerlichkeit, auch wenn es keine bürgerliche Gesellschaft mehr geben sollte.

Anmerkungen

S. 10: *mit Menschen, die existentiell...*: Carl Schmitt, Verfassungsrechtliche Aufsätze, S. 208 Anm; vgl. Karl Jaspers, Die geistige Situation der Zeit, S. 192

S. 11: Ebene der Orthodoxa...: Vgl. Jacques Lacan, Seminar Bd. II: Das Ich in der Theorie Freuds, S. 31

die Freiheit [...] besitzt...: Martin Heidegger, Vom Wesen der Wahrheit, S. 17

Die individuelle Freiheit...: Sigmund Freud, Das Unbehagen in der Kultur, S. 455

S. 12: *Verblichen sind die naiv...*: Max Weber, Gesammelte Politische Schriften, S. 7

Gegenstand der Sozialwissenschaften...: Gerade auch die Evolutionstheorie ist unheroisch: Darwin hat die Männlichkeit abgeschafft. Er kennt nur noch Aggression ohne Selbstbehauptung – ähnlich wie Hobbes. Wir kommen gleich darauf zurück.

das Herz hat Gründe...: Die rhetorische Pointe Pascals bleibt unübersetzbar: *Le coeur a ses raisons, que la raison ne connaît point* – Pascal, Pensées, Nr. 277, S. 127; vgl. auch G.W.F. Hegel, Enzyklopädie der philosophischen Wissenschaften, S. 404

S. 13: *Herzensanteil...*: Kant, Idee zu einer allgemeinen Geschichte in weltbürgerlicher Absicht, A 406, Theorie Werkausgabe, Bd. XI, S. 46

Quervernunft der Leidenschaft...: Friedrich Nietzsche, Die fröhliche Wissenschaft, § 3, Kritische Studienausgabe, Bd. 3, S. 375

das Eine, das Not tut...: Lukas 10,42: henos de estin chreia

Das Ungeheure...: Sören Kierkegaard, Die Tagebücher, S. 314

die Freiheit als Weise...: Arnold Gehlen, Theorie der Willensfreiheit, S. 144

S. 14: Nicht derjenige, der die Freiheit...: Vgl. dazu Harry G. Frankfurts schöne Formel: *enjoyment of freedom of the will* – The Importance of What We Care About, S. 19

Die Besonnenheit des Nachdenkens...: Die dialektische Pointe dieses Gedankens kann man allerdings nur im Englischen deutlich machen, nämlich mit dem Satz von Thomas Hobbes, Leviathan, S. 44, dass die

„de-liberation" der „liberty" des Begehrens ein Ende setzt. Vgl. dazu Harry G. Frankfurt, The Importance of What We Care About, S. 175

S. 15: Die Vernunft gründet...: Vgl. Harry G. Frankfurt, The Importance of What We Care About, S. 176

„wholeheartedness"...: Harry G. Frankfurt, Necessity, Volition, and Love, S. 100f

Der freie Mensch wird...: Vgl. Harry G. Frankfurt, Necessity, Volition, and Love, S. 111: *He is held in the grip of a volitional necessity*

Denn wer nicht liebt...: Vgl. Harry G. Frankfurt, Necessity, Volition, and Love, S. 114

S. 16: Man kann sie deshalb nicht...: Liebe als Affekt heißt konkret: Verliebtheit als Unfreiheit. Der Verliebte begehrt im Anderen eine Freiheit, die sich selbst seiner zufälligen Eigenart unterwerfen soll. Meine Verliebtheit will, dass die Freiheit des anderen sich an meinen Körper fesselt. Um alles in der Welt will der Verliebte für alles, was er an Individuellem ins Liebesspiel einbringt, geliebt sein. Es geht hier im Kern um das Begehren, geliebt zu werden. Verliebtheit ist die Forderung, der andere möge die Zufälligkeit meiner Existenz als Grenze seiner Freiheit akzeptieren. Ich bin wie ich bin; und genau darum liebst du mich.

Liebe bezeugt eine stabile...: Harry G. Frankfurt, Necessity, Volition, and Love, S. 129: *stable motivational structures that shape his preferences*

Ich bin ein Gefangener...: Vgl. Harry G. Frankfurt, Necessity, Volition, and Love, S. 135: *Love is not a matter of choice*. Vgl. zum folgenden auch Peter Bieri, Das Handwerk der Freiheit, S 83

S. 17: Und die Geschichte von...: Vgl. Harry G. Frankfurt, Taking Ourselves Seriously & Getting It Right, S. 17 und Peter Bieri, Das Handwerk der Freiheit, S. 413f

S. 18: *Grund seiner Unselbständigkeit...*: Hegel, Vorlesungen über die Philosophie der Religion I, S. 308

absolute Wichtigkeit...: Hegel, Vorlesungen über die Philosophie der Religion II, S. 260

Selbstischkeit...: Hegel, Vorlesungen über die Philosophie der Religion I, S. 26

Die Weltgeschichte...: Hegel, Vorlesungen über die Philosophie der Geschichte, S. 32

S. 19: *Von solchem gotischen...*: Hegel, Vorlesungen über die Philosophie der Geschichte, S. 67

Tempel menschlicher Freiheit...: Hegel, Vorlesungen über die Philosophie der Geschichte, S. 405

der Staat auf Religion...: Hegel, Vorlesungen über die Philosophie der Geschichte, S. 497

eine Realisation der Freiheit…: Hegel, Vorlesungen über die Ästhetik I, S. 136

auf geistige Weise geistig…: Hegel, Vorlesungen über die Geschichte der Philosophie II, S. 509

Das Volk, das einen schlechten…: Hegel, Vorlesungen über die Philosophie der Religion I, S. 237

das konkrete Herz…: Hegel Vorlesungen über die Ästhetik I, S.134

Austritt aus der Natürlichkeit…: Hegel, Vorlesungen über die Philosophie der Religion II, S. 78

Im Tabu erfährt der…: Josef Isensee, Tabu im freiheitlichen Staat, S. 9

S. 20: *Mensch soll schuldig sein…*: Hegel, Vorlesungen über die Philosophie der Religion II, S. 253

Sein, wie er nicht sein soll…: Hegel, Vorlesungen über die Philosophie der Religion II, S. 257

S. 21: *Denn die ethische…*: Sören Kierkegaard, Der Begriff Angst, S. 265

Freiheit zeigt sich in…: Das kann man seit dem Zweiten Weltkrieg an den Deutschen beobachten; sie haben Freiheit nur im Symptom der Angst. Man könnte auch sagen, sie kultivieren die Angst statt der Freiheit.

die liberale Denkungsart…: Kant, Das Ende aller Dinge, A 519

Die christliche Freiheit…: Vgl. Kant, Idee zu einer allgemeinen Geschichte in weltbürgerlicher Absicht, A 396

den radikalen Unwert unseres…: Karl Barth, Der Römerbrief. Erste Fassung, S. 243f

S. 22: Wir können also das „servum…: Anachronistisch formuliert: Das Ich von Röm 7 steht polemisch gegen Fichtes Ich. Vgl. dazu Frithard Scholz, Freiheit als Indifferenz, S. 222f

gemäßigte Freiheit…: J.G. Herder, Sämtliche Werke Bd.I, S. 23f; vgl. dazu Gerhard Kaiser, Pietismus und Patriotismus im literarischen Deutschland, S. 112f, 122

Er war ein Freiheitsheld…: Thomas Mann, Deutschland und die Deutschen, S. 267

Man kann keine tiefer deutsche…: Georg Simmel, Brücke und Tür, S. 255

S. 23: Das ist für unsere Fragestellung…: Hans Blumenberg hat das so formuliert: *Das Auge schweift umher, wählt aus, geht auf die Dinge zu, dringt ihnen nach, während das Ohr seinerseits von Schall und Wort betroffen und angegangen wird. Das Auge kann suchen, das Ohr nur warten.* – Hans Blumenberg, Ästhetische und metaphorologische Schriften, S. 163

radikalen Selbstentmächtigung…: Hans Blumenberg, Die Legitimität der Neuzeit, S. 630

se esse deum…: Vgl. Hans Blumenberg, Die Legitimität der Neuzeit, S. 203

S. 24: Das war die große Probe…: Talcott Parsons nennt das *the religious enfranchisement of the individual* – The Talcott Parsons Reader, S. 42

bläht auf…: Röm 1,22; 1.Kor 1,23; vgl. Erik H. Erikson, Young Man Luther, S. 162

Damit der Mensch überhaupt…: *Quia homo superbit et somniat se sapere, se justum et sanctum esse, ideo opus est, ut lege humilietur, ut sic bestia, opinio justitiae, occidatur, qua non occisa non potest himo vivere.* – Luther, Großer Galaterkommentar, S.517

Zur Freiheit hat uns…: Gal 5,1

S. 25: Das Individuum ist einzeln…: Im Jargon der Soziologie Harrison C. White, Identity and Control, S. 197: *the charismatic is a person purged of style*

Eigengewicht…: Max Weber, Gesammelte Aufsätze zur Religionssoziologie, Bd. I, S. 521

große Entdeckung ‚charismatische…: Carl Schmitts Brief an Hans-Dietrich Sander vom 17.1.76

S. 26: *pathetischen Unmenschlichkeit…*: Max Weber, Gesammelte Aufsätze zur Religionssoziologie, Bd. I, S. 93

Ein Asket ist in der…: Arnold Gehlen, „Der Mensch im Lichte der modernen Anthropologie", S.140

das Christentum ist das…: Friedrich Nietzsche, Werke in drei Bänden, Bd. III, S. 799. – Der Mensch ist das Erfolgsprodukt der Evolution, das deren Mechanismus außer Kraft setzt. Nietzsche, Götzen-Dämmerung, S.121, resümiert : *Darwin hat den Geist vergessen.*

Wunder der Ausnahme…: Hans Blumenberg, Die Genesis der kopernikanischen Welt, S. 793, 791

S. 27: *wenn du glaubst, du…*: Leo Schestow, Athen und Jerusalem, S. 393

S. 29: *die abstoßende Entscheidung…*: Arnold Gehlen, Theorie der Willensfreiheit, S. 126

S. 31: *Gott bedeutet, dass alles…*: Leo Schestow, Athen und Jerusalem, S. 341

freien Willen, der den freien…: Hegel, Grundlinien der Philosophie des Rechts, § 27, S. 79: vgl. a.a.O., § 4, S. 46f

der freie Gehorsam…: Hegel, Grundlinien der Philosophie des Rechts, § 270, S. 419f

Nur dann, wenn man das…: *one schools oneself*, nennt das der Philosoph Daniel Dennett, „Conditions of Personhood", S. 193. Und der Psychologe Ronald de Sousa, „Rational Homunculi", S. 229, präzisiert: *The continent man acts on his wants and beliefs.* So gewinnt das Allermundewort „commitment" überhaupt erst an Gehalt; es geht um

eine Wahl gegen den Strich der eigenen Vorlieben. Erst wenn er dazu in der Lage ist, ist der Mensch *free to want what he wants to want* – Harry Frankfurt, The Importance of What We Care About, S. 22
Willen zum freien *Willen...*: Friedrich Nietzsche, Menschliches, Allzumenschliches, Erster Band, Vorrede § 3, S. 440

S. 32: *Dieser Freigewordene...*: Friedrich Nietzsche, Zur Genealogie der Moral, S. 293 – Das gilt aber gerade auch für die Freiheit unter Bedingungen der modernen Nicht-Souveränität: das Versprechen-Können ersetzt die Herrschaft. Das Versprechen schafft eine Insel der Gewissheit im Meer der Ungewissheit, heißt es einmal bei Hannah Arendt.
Willen zur Selbstverantwortlichkeit...: Friedrich Nietzsche, Götzen-Dämmerung, S. 139

S. 33: *Selbsterprobungstrotz...*: Hans Blumenberg, Die Vollzähligkeit der Sterne, S. 323; vgl. Leo Strauss, Hobbes' politische Wissenschaft, S. 122f

S. 34: *Plus an Determination...*: Nicolai Hartmann, Ethik, S. 621ff
Überzeugungen, Dogmen...: Odo Marquard, Individuum und Gewaltenteilung, S. 80
aus der Vormundschaft der...: Kant, Mutmaßlicher Anfang der Menschengeschichte, A 12f, S. 92
Geschichtszeichen...: Kant, Der Streit der Fakultäten, A 141, S. 357

S. 35: *Bei allem Pathos...*: Schiller, Über das Pathetische, S. 526
Die Rolle des Menschen...: Kant, Idee zu einer allgemeinen Geschichte in weltbürgerlicher Absicht, S. 41 Anm.
eine Selbsterhaltung von...: Kant, Kritik der Urteilskraft, B 105, S. 350
Seelenstärke...: Kant, Kritik der Urteilskraft, B 104, S. 349
Achtung für etwas...: Kant, Kritik der praktischen Vernunft, A 157, S. 211
Gipfel der Perversion: Ernst Tugendhat, Selbstbewusstsein und Selbstbestimmung, S. 349

S. 36: *Pflicht! Du erhabener...*: Kant, Kritik der praktischen Vernunft, A 154, S. 209
bessere Person...: Kant, Grundlegung zur Metaphysik der Sitten, B 113, S.91
Maß und Ziel, ja...: Kant, Kritik der reinen Vernunft, B 576, S. 499
sozialer Befehl...: Thomas Mann, Betrachtungen eines Unpolitischen, S. 266
sic iubeo...: Kant, Kritik der praktischen Vernunft, A 56, S. 142
objektive Gesetze der Freiheit...: Kant, Kritik der reinen Vernunft, B 830, S. 675
Eleutheronomie...: Kant, Metaphysische Anfangsgründe der Tugendlehre, A IX, S. 506

außer der Reihe…: Kant, Kritik der reinen Vernunft, B 565, S. 491

S. 37: *vergisst sich nicht mehr…*: Kant, Der Streit der Fakultäten, A 149, S. 361

Enthusiasm…: Kant, Der Streit der Fakultäten, A 144ff, S. 358f

durch keine Erfahrung…: Kant, Verkündigung des nahen Abschlusses eines Traktats zum ewigen Frieden in der Philosophie, A 492f, S. 408f

S. 38: *dass die Orientierung an der…*: Niklas Luhmann, Zweckbegriff und Systemrationalität, S. 9

Übergriff des freien Willens…: Franz Rosenzweig, Der Stern der Erlösung, S. 73

Nichts ist schwieriger als…: Hans Blumenberg, Höhlenausgänge, S. 87

S. 39: *das Anerkanntsein…*: Hegel, Enzyklopädie der philosophischen Wissenschaften, S. 220f. – Kant hat das Problem des Anerkanntseins noch nicht erkannt. Sein Begriff Achtung besetzt genau die Stelle, an der Hegel von Anerkennung spricht; es geht um eine fundamentale Leistung der Freiheit.

das System der Freiheitsbestimmungen…: Hegel, Enzyklopädie der philosophischen Wissenschaften, S. 303

S. 40: *als freie füreinander…*: Hegel, Enzyklopädie der philosophischen Wissenschaften, S. 220

wahre Gehorsam…: Hegel, Nürnberger und Heidelberger Schriften, S. 120f

den Eigenwillen brechende…: Hegel, Enzyklopädie der philosophischen Wissenschaften, S. 225

Sie müssen gehorchen lernen…: Hegel, Nürnberger und Heidelberger Schriften, S. 227

S. 41: *Zucht* zur Freiheit…: Hegel, Vorlesungen über die Philosophie der Geschichte, S. 134

Sichlossagen von der Furcht…: Hegel, Vorlesungen über die Philosophie der Religion II, S. 80f

Selbstentmächtigung…: Hans Blumenberg, Die Legitimität der Neuzeit, S. 630

Antwort auf die Not…: Hans Blumenberg, Ästhetische und metaphorologische Schriften, S. 262

S. 42: Und tatsächlich spüren wir…: *Freedom of the individual in particular is a historically anomalous product of conditions peculiar to the Western world in the past few centuries.* – Frank H. Knight, Laissez-Faire: Pro and Con, S. 357

festen Stil des Willenslebens…: Edmund Husserl, Die Krisis der europäischen Wissenschaft und die transzendentale Philosophie, S. 326

S. 43: *Freiheit ist Bewegungsfreiheit…*: Carl Schmitt, Glossarium, S. 37

Bestimmung der Bedingungen…: Max Weber, Wirtschaft und Gesellschaft, S. 439f

S. 44: Und alle, die heute im Fall…: Zum „realistischen“ Widerstand gegen die Wiedervereinigung nicht nur aus ökonomischen sondern auch ideologischen Gründen vgl. die erschütternde Bilanz der Äußerungen führender Sozialdemokraten von Willy Brandt bis Gerhard Schröder: „Illusion, nicht Vision“, in: Focus #40, 30.9.2000

S. 45: *der Geist blamiert sich…*: Jacob Taubes, Die Politische Theologie des Paulus, S. 59f

Der Tod des Geistes…: Eric Voegelin, Die neue Wissenschaft der Politik, S. 190; vgl. Max Weber, Gesammelte Politische Schriften, S. 332f

Freiheit ist etwas Altmodisches…: Jürgen Habermas, „Das chronische Leiden der Hochschulreform“, S. 270

Zu diesem SelbstActus…: Wilhelm von Humboldt, Der königsberger und der litauische Schulplan, S. 279; vgl. dazu ausführlich Helmut Schelsky, Einsamkeit und Freiheit, S. 91ff

S. 46: *Proletarier der Schöpfung…*: Vgl. Leo Strauss, The Political Philosophy of Hobbes, S. 125: *the proletarian of creation* – diese Formel findet sich nur in der englischen Fassung.

„vaine-glory“…: Thomas Hobbes, Leviathan, S. 54: *The Passion, whose violence, or continuance maketh Madnesse, is either great vaine-Glory; which is commonly called Pride, and self-conceipt; or great Dejection of mind.*

Die bürgerliche Existenz…: Leo Strauss, Hobbes' politische Wissenschaft, S. 120

S. 47: *große Einbruchstelle…*: Carl Schmitt, Der Leviathan in der Staatslehre des Thomas Hobbes, S. 86

individualistischen Vorbehalt…: Carl Schmitt, Der Leviathan in der Staatslehre des Thomas Hobbes, S. 84, 88

S. 48: Für Schmitt resultiert…: Vgl. Carl Schmitt, Staat Großraum Nomos, S. 46

Redefreiheit, Pressfreiheit…: Carl Schmitt, Die geistesgeschichtliche Lage des heutigen Parlamentarismus, S. 46

blutige Entscheidungsschlacht…: Vgl. Carl Schmitt, Politische Theologie, S. 75

auf die Frage: „Christus…: Carl Schmitt, Politische Theologie, S. 78

lange Zeit des Verstehens…: Sören Kierkegaard, Tagebücher Bd. II, S. 105

je länger die Überlegung…: Sören Kierkegaard, Christliche Reden 1848, S. 93

S. 49: *Solch ein Mensch verhandelt...*: Christoph Steding, Das Reich und die Krankheit der europäischen Kultur, S. 108
Negation des Politischen...: Carl Schmitt, Der Begriff des Politischen, S. 69
Eigenart des Politischen...: Carl Schmitt, Der Hüter der Verfassung, S. 111

S. 50: *Während Hobbes in einer illiberalen...*: Leo Strauss, „Anmerkungen zu Carl Schmitt", S. 169
Das Ja zur liberalen Gesellschaft...: So Francis Fukuyama, The End of History and the Last Man, S. 46
Liberal ist das Dezisionsprinzip...: Hermann Lübbe, Philosophie in Geschichten, S. 117

S. 51: Gibt es einen männlichen...: Gibt es einen „hard liberalism"? Das behauptet zumindest Will Hutton, ja mehr noch: „Only liberals can be aggressive and just", in: The Observer 30.9.2001. Zur Verdrängung des Thymos vgl. auch David Riesman, der in seinem immer noch aktuellen Buch The Lonely Crowd, S. 232, bemerkt: *temper is considered the worst trait in the society of the glad hand. It is felt as an internal menace to one's cooperative attitudes.*
Möglichkeit des Lebens auf...: Ernst Rudolf Huber, „Rechtsstaat und Sozialstaat", S. 592; vgl. Friedrich von Hayek, The Road to Serfdom, S. 233

S. 52: *Möglichkeit, seine Talente...*: Hegel, Enzyklopädie der philosophischen Wissenschaften, S. 334f
Das Eigentum ist das Außenskelett...: So David Riesman, The Lonely Crowd, S. 114
unverhältnismäßigen Reichtum...: Hegel, Frühe Schriften, S. 439

S. 53: Dieses müsste also seinen...: Vgl. dazu Friedrich Nietzsche, Menschliches, Allzumenschliches. Zweiter Band, § 304, S. 844f. – Auf die Soziale Frage antwortet der Liberalismus mit Wachstum, der Sozialismus mit Umverteilung. Wachstum setzt aber Neugier und Risikobereitschaft voraus.
Hier hört plötzlich das Sollen...: Carl Schmitt, Verfassungslehre, S. 9
Freiheit heißt, sich auch...: Paul Kirchhof, „Geprägte Freiheit", Frankfurter Allgemeine Zeitung, 9.9.2003, S. 10
Auch der Liberale kann...: Vgl. Friedrich von Hayek, The Road to Serfdom, S. 223f und ders., The Constitution of Liberty, S. 29f

S. 54: *one man in a million...*: Friedrich von Hayek, The Constitution of Liberty, S. 31
Wichtiger als die eigene...: Friedrich von Hayek, The Constitution of Liberty, S. 32: *anything can be tried by somebody*

S. 55: *der Unterschied zwischen…*: Max Stirner, Der Einzige und sein Eigentum, S. 116
mein Widerwille bleibt…: Max Stirner, Der Einzige und sein Eigentum, S. 133
Unterschied zwischen Freiheit…: Max Stirner, Der Einzige und sein Eigentum, S. 207

S. 56: *Das wirklich Seiende…*: Leo Schestow, Athen und Jerusalem, S. 445
Angst davor, ein…: Sören Kierkegaard, Die Tagebücher, S. 193
Wir Menschen bedürfen…: Sören Kierkegaard, Der Augenblick Nr.5/3, S. 1067

S. 57: *das Außerordentliche auf…*: Sören Kierkegaard, Der Augenblick Nr.5/2, S. 1064
Auftauchen aus den Funktionen…: Ernst Jünger, Der Waldgang, S. 103
Sozialfeind…: Ernst Jünger, Eumeswil, S. 127
Refraktär…: Ernst Jünger, Eumeswil, S. 227

S. 58: *Unhelden…*: Hans Blumenberg, Höhlenausgänge, S. 30
Mut zum Einzelkampf…: Ralf Dahrendorf, Versuchungen, S. 59
Gott ist Form…: Gottfried Benn, Doppelleben, S. 165. Indem Benn den Artisten *Selbsterreger*, Gedichte, S. 119, nennt, bringt er sehr gut zum Ausdruck, dass die Aufmerksamkeit als Freiheit der Wahrnehmung nur noch vom Artefakt selbst „gefesselt" wird. Artistik heißt: Wenn uns die Wahrheit nicht frei macht, machen wir uns von der Wahrheit frei und genießen *das mythische Gefühl der freien Lüge* – so Nietzsche, Nachgelassene Fragmente 1869 bis 1874, S. 450. Artistik ist die Emanzipation der freien Lüge von der Not-Lüge, ihrem anthropologischen Substrat. Eine göttlich künstliche Kunst nimmt die Form als die Sache selbst. Nietzsches Olymp des Scheins, Benns Gott als Form und Alexandre Kojèves „japanischer Snobismus" der rein formalen Wertung besagen dasselbe – vgl. Alexandre Kojève, Überlebensformen, S. 46ff.

S. 59: Der Ehre den Vorrang…: So Vauvenargues, Oeuvres, S.60: *La noblesse est la préférence de l'honneur à l'intérêt*
Nicht das macht frei…: Goethe, in: Eckermann, Gespräche mit Goethe, 18.1.1827, S. 200
to see and dare, and decide…: Thomas Carlyle, On Heroes, Hero-Worship, and the Heroic in History, S. 205

S. 60: *dass das Dasein sich…*: Martin Heidegger, Sein und Zeit, S. 385
Entwöhnung von den Üblichkeiten…: Martin Heidegger, Sein und Zeit, S. 391. – Es ist diese Entwöhnung, die uns die Erfahrung der Heideggerschen *Eigentlichkeit* ermöglicht, die auch in die Freiheitstradition des Einzelnen, Einzigen, Einsiedlers und ihrer Eigentümlichkeit

gehört. Wie bei Nietzsche gilt hier Verantwortlichkeit als Vorrecht. Der existenziale Begriff *Möglichsein* meint also nicht Musils Mann ohne Eigenschaften, also den Möglichkeitsmenschen und sein „Ich kann auch anders", sondern zielt auf Freiheit als Verantwortlichkeit. So spricht Heidegger auch vom *Gewissenhabenwollen*. Das Gewissen ist gleichsam der Kompass, der auf den Nordpol „Freiheit" zeigt.

S. 61: David Riesman hat darin...: Vgl. David Riesman, The Lonely Crowd, S. 27

Was klagst du über Feinde...: Goethe, West-östlicher Divan, Hikmet Nameh. Buch der Sprüche, S. 370

Der Mensch, vom Geschick...: Hegel, Vorlesungen über die Ästhetik I, S. 209

S. 62: *Leben überhaupt heißt...*: Friedrich Nietzsche, Unzeitgemäße Betrachtungen, S. 360

Über-Helden...: Friedrich Nietzsche, Also sprach Zarathustra, S. 152

Selbstüberlegenheit...: Sören Kierkegaard, Einübung im Christentum, S. 131

S. 64: *Alle sehr gleich, sehr klein...*: Friedrich Nietzsche, Nachgelassene Fragmente. Juli 1882 bis Winter 1883/84, S. 168: *der letzte Mensch: eine Art Chinese*

bevorstehenden Wirtschafts...: Friedrich Nietzsche, Aus dem Nachlass der Achtzigerjahre, S. 628. Zu diesem zivilisatorischen *Sand* der Schwachen, Faulen und Gleichen vgl. auch Nietzsche, Nachgelassene Fragmente Anfang 1880 bis Sommer 1882, S. 392f.

„symphonia"...: Platon, Politeia 441d – 442d

Fachmenschen ohne Geist...: Max Weber, Gesammelte Aufsätze zur Religionssoziologie, Bd. I, S. 204

Wunsch, die Welt...: Arnold Gehlen, „Über die Geburt der Freiheit aus der Entfremdung", S. 379. – „Men Without Chests" heißt das erste Kapitel des Buches von C.S.Lewis, The Abolition of Man

S. 65: *die Welt des ‚fröhlichen...*: Helmut Schelsky, „Der Mensch in der wissenschaftlichen Zivilisation", S. 467

die autonome Heerde...: Friedrich Nietzsche, Jenseits von Gut und Böse, § 202, S. 125

die Not der Notlosigkeit...: Martin Heidegger, Beiträge zur Philosophie, S. 237

S. 66: *Was verschwindet, ist...*: Alexandre Kojève, Überlebensformen, S. 41 – Für den Auszug aus dem Posthistoire gibt es bisher nur einen Wegweiser: den Snobismus. Der Snob hat den Lebensstil als Asyl der Humanität entdeckt. In den unüberbietbaren Worten Oscar Wildes, The Artist as Critic, S. 433: *The first duty in life is to be as artificial as possi-*

ble. What the second duty is no one has yet discovered. Der Snob verhält sich zum Dandy wie die Kunst zur Mode. Das muss man wissen, um die Spuren des Snobismus in der Gegenwart nicht zu übersehen – nämlich in der Subkultur. Sie ist die Stilisation verlorener Freiheit *in* der Gesellschaft als errungene Freiheit *von* der Gesellschaft. Vgl. dazu Niklas Luhmann, Grundrechte als Institution, S. 69. Gestalt gewinnt eine Subkultur dann als Manierismus des Unmanierlichen. Gute Manieren kann man nicht kaufen. Höflichkeit ist der spezifische, distanzierte Beitrag des freien Geistes zur Kultur. Er demonstriert, wie das Zeremonielle das Soziale stimulieren kann. Wie fern uns das heute ist, mag man daran ersehen, dass der Philosoph Alexandre Kojève schon in den 50er Jahren bis ins ultratraditionalistische Japan reisen musste, um zu erfahren, wie der autonome Ritus als soziales Band funktionieren kann. In der modernen Gesellschaft dagegen sind die guten Umgangsformen längst in Spontaneität und Routine zerfallen. Genau wie Bildung wird Höflichkeit als Privileg denunziert. Und Freiheit missversteht sich heute nur noch als Unverschämtheit und Rücksichtslosigkeit. Man muss die negative Freiheit als bestimmte Negation begreifen. Und da zeigt sich, dass es Freiheiten gibt, die würdelos sind – etwa die, deren Wunsch Thomas Mann, Betrachtungen eines Unpolitischen, S. 528, der Mehrheit der Menschen unterstellt hat: *die Freiheit von Scham und Anstand.* Traditionell hat man zwischen „libertas" und „licentia" unterschieden, also zwischen unbeschränkter Freiheit und zivilisierter Freiheit. Heute könnte man sagen: zwischen Frechheit und Freiheit. Spontan heißt unter Modernitätsbedingungen: rücksichtslos gegen andere. Insofern ist der Tyrann der Prototyp des modernen Individuums. Wie gut sich diese Spontaneität mit Routiniertheit verträgt, sieht man an den zahlreichen Formen standardisierter Spontaneität – etwa als Autoaufkleber: „Ich bremse auch für Tiere!". Sozial äußert sie sich zumeist als „schonungslose Offenheit" gegenüber anderen, in der die Taktlosigkeit selbst zur Routine wird. Taktvoll nämlich wäre gerade die Schonung der Selbstdarstellung des anderen. Insofern ist gerade der Kernbestand der Höflichkeit ganz artifiziell: kultivierte Unaufrichtigkeit. Wie man gute Manieren nicht kaufen kann, so kann man Vornehmheit nicht schauspielern. „Vornehm" ist ein Rejektionswert, der die Wertalternativen der modernen Gesellschaft zurückweist. Um das zu markieren, hat Nietzsche das härteste, schmerzlichste Antonym bemüht: verächtlich. Mit Dünkel hat das gar nichts zu tun, sehr viel aber mit dem Gebrauch von Unterscheidungen. Genaues Beobachten nämlich ist die höchste Form der Verachtung. Das ist die Lektion aller guten Moralisten.

die absolut unentrinnbare…: Max Weber, Gesammelte Aufsätze zur Religionssoziologie, Bd. I, S. 3

das Gehäuse für die neue Hörigkeit….: Max Weber, Gesammelte Politische Schriften, S. 63

S. 67: *alle ökonomischen Wetterzeichen…*: Max Weber, Gesammelte Politische Schriften, S. 63

des Pazifismus der sozialen…: Max Weber, Gesammelte Politische Schriften, S. 332f

Die historische Entstehung…: Max Weber, Gesammelte Politische Schriften, S. 64

S. 68: *das gewohnte Gehäuse…*: Max Weber, Gesammelte Politische Schriften, S. 441

Wie ist es angesichts…: Max Weber, Gesammelte Politische Schriften, S. 333

S. 69: Ausgerechnet Rousseau…: Vgl. J.-J. Rousseau, Schriften zur Kulturkritik, S. 106f

ruhige Unterwerfung…: J.-J. Rousseau, Schriften zur Kulturkritik, S. 236f: *assujettissement tranquille*

glücklichen Sklaven…: J.-J. Rousseau, Schriften zur Kulturkritik, S. 8f: *heureux esclaves* und *cette petitesse d'âme si propre à la servitude*

das Glück der Schwachen…: Fjodor Dostojewskij, Die Brüder Karamasow, S. 409,417

S. 71: *Die Freiheit vom Staat…*: Paul Kirchhof, Der Staat als Garant und Gegner der Freiheit, S. 34

der Bürger selber den Staat…: Hans Huber, Recht, Staat und Gesellschaft, S. 25

mehr fremde Belehrung…: Wilhelm von Humboldt, Ideen zu einem Versuch, die Grenzen der Wirksamkeit des Staats zu bestimmen, S. 115f

S. 72: *der Staat enthalte sich…*: Wilhelm von Humboldt, Ideen zu einem Versuch, die Grenzen der Wirksamkeit des Staats zu bestimmen, S. 129

Gewissheit der gesetzmäßigen…: Wilhelm von Humboldt, Ideen zu einem Versuch, die Grenzen der Wirksamkeit des Staats zu bestimmen, S. 180

Ehrfurcht für die Individualität…: Wilhelm von Humboldt, Ideen zu einem Versuch, die Grenzen der Wirksamkeit des Staats zu bestimmen, S. 245

Sie ist unumschränkt…: Alexis de Tocqueville, Die Demokratie in Amerika, S. 814

S. 73: *Art von geregelter, milder…*: Alexis de Tocqueville, Die Demokratie in Amerika, S. 814f

Die verteilende Billigkeitsbehörde…: Max Stirner, Der Einzige und sein Eigentum, S. 155. – Vgl. dazu auch Isaiah Berlin, Four Essays on Liberty, S. 157: *Paternalism is despotic, not because it is more oppressive than naked, brutal, unenlightened tyranny, nor merely because it ignores the transcendental reason embodied in me, but because it is an insult to my conception of myself as a human being, determined to make my own life in accordance with my own (not necessarily rational or benevolent) purposes, and, above all, entitled to be recognized as such by others.*
einer Ungleichheit in der Freiheit…: Alexis de Tocqueville, Die Demokratie in Amerika, S. 62. – Vgl. dazu ausführlich Norbert Bolz, Diskurs über die Ungleichheit

S. 74: *Bedürfnis, geführt zu werden…*: Alexis de Tocqueville, Die Demokratie in Amerika, S. 815
Disposition zur Freiheit…: Walter Erbe, „Die Freiheit im sozialen Rechtsstaat", S. 313
Dann weckt die Freiheit…: Vgl. Etienne de La Boétie, Discours de la servitude volontaire, S. 44: *opiniâtre volonté de servir*

S. 75: *Der Liberalismus gleicht…*: Gustav Seibt, „Spenden für den Wirt", in: SZ 20.1.10, S. 11

S. 76: *Die, im Grunde genommen…*: Hans Kelsen, Vom Wesen und Wert der Demokratie, S. 10f

S. 77: Die Gesellschaft selbst ist…: Vgl. John Stuart Mill, On Liberty, S. 7f
Und wenn die abweichende…: Vgl. John Stuart Mill, On Liberty, S. 22f
Nur dann, wenn ich weiß…: Vgl. John Stuart Mill, On Liberty, S. 26

S. 78: Ein Beispiel des Nonkonformismus…: Vgl. John Stuart Mill, On Liberty, S. 83-86. – Vgl. dazu auch Karl Jaspers, Die geistige Situation der Zeit, S. 160f

S. 79: Freiheit als Prinzip…: Vgl. John Stuart Mill, On Liberty, S. 14f
Andere tun für mich…: So John Rawls, A Theory of Justice, S. 219: *We try to get from him the things he presumably wants whatever else he wants.* – Was heute „Nudge" genannt wird, kennen Manager eigentlich schon aus der Human-Relations-Bewegung; man erinnere sich nur an Elton Mayos *non-directive counselling.*

S. 80: Was diese Wahl-Architekten…: Vgl. Richard H. Thaler / Cass R. Sunstein, Nudge, S. 174
Die Schwierigkeit, sich dem…: Vgl. Richard H. Thaler / Cass R. Sunstein, Nudge, S. 177: *Presumed consent preserves freedom of choice, but it is different from explicit consent because it shifts the default rule.*
einem Lernprozeß mit…: Jürgen Habermas, „Keine Demokratie kann sich das leisten", in: Süddeutsche Zeitung, 16.5.07

social nudge…: Richard H. Thaler / Cass R. Sunstein, Nudge, S. 191

S. 82: Mein Dissens ist „prozedural“…: Zu dieser wichtigen Unterscheidung vgl. Arjun Appadurai, Fear of Small Numbers, S. 63

Es ist so bequem…: Kant, Beantwortung der Frage: Was ist Aufklärung?, A 481, S. 53. – Zur „Beherztheit“ vgl. Raimar Zons, „Mut und Betrieb“, S. 334

sie sogar liebgewonnen…: Kant, Beantwortung der Frage: Was ist Aufklärung?, A 483, S. 54

von den Fesseln gewohnter…: Kant, Rezension zu Johann Gottfried Herders Ideen zur Philosophie der Geschichte der Menschheit, A 309f, S. 796

S. 83: *Dass aber ein Publikum…*: Kant, Beantwortung der Frage: Was ist Aufklärung?, A 483, S. 54

Allein wie viel und mit welcher…: Kant, Was heißt: sich im Denken orientieren?, A 325, S. 280

S. 84: *sich äußerlich so zu verhalten…*: Jürgen Habermas, Strukturwandel der Öffentlichkeit, S. 189

leichtfüßigen Zwang…: Jürgen Habermas, Strukturwandel der Öffentlichkeit, S. 159

moralisch prätentiöse Rationalität…: Jürgen Habermas, Strukturwandel der Öffentlichkeit, S. 119f

Manche Normen des heutigen…: Carl Schmitt, Positionen und Begriffe, S. 56f

ohne Furcht vor der ‚Meinung'…: Friedrich Nietzsche, Aus dem Nachlass der Achtzigerjahre, S. 846

S. 85: *die Angst davor, ein Einzelner…*: Sören Kierkegaard, Die Tagebücher, S. 193

ein neues Gesicht der Knechtschaft…: Alexis de Tocqueville, Die Demokratie in Amerika, S. 495

solange die Mehrheit ungewiss…: Alexis de Tocqueville, Die Demokratie in Amerika, S. 294

Wie gerade gezeigt…: Die Entdeckung der Schweigespirale lässt sich noch erheblich, nämlich auf die Mitte des 17. Jahrhunderts, vordatieren, wenn man sich die schöne Allegorie Baltasar Graciáns, Criticón, S. 156-165, über „Die Welt, entziffert“ genauer anschaut.

S. 86: *Die Bevölkerung täuscht sich…*: Elisabeth Noelle-Neumann, Öffentliche Meinung, S.317

Erst das macht die Schweigespirale…: Edgar Gärtner resümiert: *Die Meinung einer selbstbewussten gesellschaftlichen Minderheit wird im Zeitalter der Massenmedien zur allein herrschenden Meinung, weil Andersdenkende mit gesellschaftlicher Isolation bestraft werden.* – „Wider die

Kreuzzugsmentalität“, in: Wirtschaftswoche # 44, 1997, S.36. Martin Walser spricht gar von *Meinungssoldaten*, die *mit vorgehaltener Moralpistole den Schriftsteller in den Meinungsdienst nötigen.* – „Die Banalität des Guten“, in: Frankfurter Allgemeine Zeitung, 12.10.1998, S.15

S. 87: *consensus monster…*: Allan Bloom, The Closing of the American Mind, S. 76

Aus Angst davor, sich…: Und dieser *fear of ostracism* – so Jerome Bruner, On Knowing, S. 141 – ist das entscheidende Definiens: Öffentlich heißt die Meinung, die man ohne Isolationsangst aussprechen kann. Gerade für die im Konformismus des Andersseins oszillierende Gesellschaft der Postmoderne gilt Zarathustras Satz: *die Meisten werden nur gewollt.* – Friedrich Nietzsche, Also sprach Zarathustra, S. 213

S. 88: Keine menschliche Fähigkeit…: Hannah Arendt, The Human Condition, S. 324

Nur die wenigsten sind sich…: Eric Voegelin, Anamnesis, S. 244

Denn Innovation ist eine…: Vgl. Cass R. Sunstein, Why Societies Need Dissent, S. 211

S. 89: Dort findet sich die Bemerkung…: *It's no small matter to become rich and famous by saying exactly what you think – to say it in your own words, without compromise.* – Saul Bellow, Ravelstein, S. 4

Für Strauss ist es also ganz…: *Society will always try to tyrannize thought.* – Leo Strauss, On Tyranny, S. 27

S. 90: *silencing…*: Vgl. Leo Strauss, Persecution and the Art of Writing, S. 23

jemand als Gelehrter…: Kant, Beantwortung der Frage: Was ist Aufklärung?, A 485, S. 55

S. 91: Leo Strauss nennt das…: Leo Strauss, Persecution and the Art of Writing, S. 17: *a provisional acceptance of the accepted opinions*

so das Leo-Strauss-Axiom…: Vgl. Leo Strauss, Persecution and the Art of Writing, S. 25

das Indiskutable…: Hermann Lübbe, Die Zivilisationsökumene, S. 129

S. 92: *soziale Haut…*: Elisabeth Noelle-Neumann, Öffentliche Meinung, S. 90

die Auferstehung der Tugend…: Thomas Mann, Betrachtungen eines Unpolitischen, S. 380

Despotismus der Freiheit…: Carl Schmitt, Die Diktatur, S. 123

So verwehrt man dem Einzelnen..: Vgl. Stanley Fish, There's No Such Thing as Free Speech and It's a Good Thing, Too, S. 12

S. 93: *Vertäuung…*: Jacques Lacan, Schriften Bd. II, S. 53

Die ‚Umbesetzungen'...: Hans Blumenberg, Wirklichkeiten in denen wir leben, S. 121.- Max Stirner, Der Einzige und sein Eigentum, S. 209, hat die Politische Korrektheit vorausgeahnt: *Die Sprache oder ‚das Wort' tyrannisiert uns am ärgsten, weil sie ein ganzes Heer von fixen Ideen gegen uns aufführt.* Die Eskapaden politisch korrekter Wortpolitik füllen mittlerweile ganze Bücher, und in der Tat verlockt dieser alltägliche Wahnsinn ständig zum Zitat. Ich übe hier Askese und verweise stattdessen auf die Bücher von Hendryk Broder und den anderen Autoren der „Achse des Guten".

S. 94: Das ist der Sieg von...: Vgl. dazu Herbert Marcuse, „Repressive Tolerance"

S. 95: Weil menschliche Intelligenz...: Vgl. Stanley Fish, There's No Such Thing as Free Speech and It's a Good Thing, Too, S. 16: *unavailability of a transcendent perspective*

S. 96: Wenn es aber keine freien...: Vgl. Stanley Fish, There's No Such Thing as Free Speech and It's a Good Thing, Too, S. 111: *perhaps it might be better to have this code in the back of your mind than whatever was in there before.* So lautet die idealtypische Antwort, die Fish einem Kritiker des politisch korrekten Sprachcodes gibt.

Jede Freiheit, die nicht...: Vgl. Stanley Fish, There's No Such Thing as Free Speech and It's a Good Thing, Too, S. 108

S. 97: Die Gruppe konsumiert sich...: David Riesman, The Lonely Crowd, S. 81: *people and friendships are viewed as the greatest of all consumables; the peer-group is itself a main object of consumption*

S. 98: Statt eines protestantischen...: David Riesman, The Lonely Crowd, S. 55: *psychological radar set*

Hier wird das seit der...: Helmut Schelsky, Die Arbeit tun die anderen, S. 271

Sie fühlen sich frei...: Vgl. Wyndham Lewis, The Art of Being Ruled, S. 132, 151

Der Kult, den das Individuum...: Emile Durkheim, Die elementaren Formen des religiösen Lebens, S. 249; vgl. dazu Norbert Bolz, Die Konformisten des Andersseins

S. 99: *Am Ende steht...*: Walter Erbe, „Die Freiheit im sozialen Rechtsstaat", S. 317

S. 100: Und jede Bemühung darum...: *Not in solitary and selfish contemplation but in doing things with other people does one fulfil oneself.* –William H. Whyte, The Organization Man, S. 325

Es kann in seiner täglichen Arbeit...: Jacques Lacan, Schriften Bd. I, S. 123

S. 102: *Mancher kann sicher gehen...*: Joseph Schumpeter, Theorie der wirtschaftlichen Entwicklung, S. 121, 138
Die Gleichgesinnten tappen...: Vgl. James Surowiecki, The Wisdom of Crowds, S. 72

S. 103: Solche sozialen Kaskaden...: Vgl. Cass R. Sunstein, Why Societies Need Dissent, S. 54

S. 104: *pathologisch-abgedrungene...*: Kant, Idee zu einer allgemeinen Geschichte in weltbürgerlicher Absicht, A 393, S. 38
ungesellige Geselligkeit...: Kant, Idee zu einer allgemeinen Geschichte in weltbürgerlicher Absicht, A 392, S. 37
Früchte der Ungeselligkeit...: Kant, Idee zu einer allgemeinen Geschichte in weltbürgerlicher Absicht, A 396, S. 40
Dank sei also der...: Kant, Idee zu einer allgemeinen Geschichte in weltbürgerlicher Absicht A 393f, S. 38

S. 106: *Die Wissenschaft ist kalt...*: Ralf Dahrendorf, Versuchungen der Unfreiheit, S. 76

S. 107: *Aufgabe moderner Lebensverbringung...*: Hermann Lübbe, Im Zug der Zeit, S. 339
Haltung des Das-bin-ich-nicht...: Gotthard Günther, Beiträge zur Grundlegung einer operationsfähigen Dialektik, Bd. II, S. 323. – Eine gute Definition des Rejektionswerts der Freiheit findet sich auch bei Theodor W. Adorno, Negative Dialektik, S. 223: *Frei wäre erst, wer keinen Alternativen sich beugen müsste, und im Bestehenden ist es eine Spur von Freiheit, ihnen sich zu verweigern.* Das Ich könnte sich dann als Partisan der Welt, als sich ausschließende Innerlichkeit verstehen – mit dem Extremwert: innere Emigration.

S. 108: *das Faktum konkret...*: Niklas Luhmann, „Institutionalisierung“, S. 37

S. 109: Und die Ligaturen...: Vgl. Ralf Dahrendorf, Die Chancen der Krise, S. 125
heilsamen Unterwerfung...: Alexis de Tocqueville, Die Demokratie in Amerika, S. 493
in sich reflektierten Gesetztseins...: Hegel, Wissenschaft der Logik Bd. II, S. 56
das frei angeeignete Gegebene...: Sören Kierkegaard, Die Tagebücher, S. 237

S. 110: *Einsamkeitsfähigkeit...*: Odo Marquard, Abschied vom Prinzipiellen, S. 18

S. 111: *sich mit Bindungen zu...*: Niklas Luhmann, Soziale Systeme, S. 570 Anm
Zufall Freiheit...: Odo Marquard, Apologie des Zufälligen, S. 134

Freiheit negiert Notwendigkeit...: Niklas Luhmann, Das Recht der Gesellschaft, S. 234

Der Begriff der Freiheit...: Niklas Luhmann, Die Gesellschaft der Gesellschaft, S. 1026

S. 112: *die Befreiung des Einzelnen...*: Ralf Dahrendorf, Homo Sociologicus, S. 95

Unternehmermoment...: Joseph Schumpeter, Theorie der wirtschaftlichen Entwicklung, S. 116. – Das ist der gute Sinn der so oft mit billigem Spott bedachten Start-ups und Ich-AGs.

S. 113: *Alles könnte anders sein...*: Niklas Luhmann, Politische Planung, S. 44. – Aus Heideggers Ek-sistenz als Ausgesetztsein in die Entborgenheit wird bei Luhmann die Ausgesetztheit in die Kontingenz. Wie Kants philosophische Aufklärung versteht sich auch Luhmanns soziologische Aufklärung als Ausgang aus dem Paradies ins Paradox. Und dieses Paradoxon lautet: Für die Moderne ist Kontingenz transzendental.

S. 114: *Die Emanzipation des einen...*: Niklas Luhmann, Das Erziehungssystem der Gesellschaft, S. 197

verzehrten Freiheiten...: Max Bense, Aesthetica, S. 215

Die mitgeteilte Norm...: Niklas Luhmann, Funktion der Religion, S. 211

S. 115: *Ich kann auch anders...*: Niklas Luhmann, Soziologische Aufklärung Bd. 3, S. 143 -. Die extremste Bestimmung von Freiheit als Seinkönnen findet sich bei Schelling, Philosophie der Offenbarung, S. 209: Frei ist der Wille nur, solange er frei gegen das Sein, *unbefangen* mit dem Sein, noch nicht mit dem Sein *geschlagen* ist: *die* eigentliche *Freiheit besteht nicht im seyn-, nicht im sich äußern- – sondern im nicht seyn-, im sich nicht äußern-Können, wie man den Besonnenen mehr erkennt an dem, was er nicht thut, als an dem, was er thut.* Daran schließt Martin Heidegger, Vom Wesen des Grundes, S. 53, an: *die Freiheit stellt in ihrem Wesen als Transzendenz das Dasein als Seinkönnen in Möglichkeiten, die vor seiner endlichen Wahl, d.h. in seinem Schicksal aufklaffen.*

In dem, was ist...: G.L.S.Shackle, Imagination and the Nature of Choice, S. 31 definiert sehr schön: *The world of meaningful choice, of choice as beginning, is the kaleidic world where imagination in action generates the unimagined.*

Religion scheint das Residuum...: Robert Spaemann, Das unsterbliche Gerücht, S. 115

Nihilismus der Rechten...: Robert Spaemann, Der Ursprung der Soziologie aus dem Geist der Restauration, S. 10 – Das Interesse am guten Leben darf aber niemals dazu führen, dem Guten einen Vorrang vor dem Rechten einzuräumen. Genau das tut heute aber Martha Nussbaums Egalitarismus, der sich mit dem Oxymoron eines „aristotelischen Sozialdemokratismus“ schmückt. Vgl. dazu die gründliche Analyse von Manuel Knoll, Aristokratische oder demokratische Gerechtigkeit?, S. 255f. – Liberal ist immer nur ein schwacher Begriff des Guten. Man kann es auch so sagen: Das gute Leben ist kein Thema der Politik.

S. 116: *Befestigung des Seienden…*: Niklas Luhmann, Soziologische Aufklärung Bd. 1, S. 47. – Die Frage nach dem Wesen wird hier also durch die Frage nach dem funktionalen Äquivalent bzw. der Kompensation ersetzt. Das Wesen des Seins ist dann Ersetzbarsein.

Selbstabstraktion…: Niklas Luhmann, Politische Planung, S. 138

In diesem Sinne wird in…: Niklas Luhmann, Grundrechte als Institution, S. 36

Lebensführungssicherheit…: Niklas Luhmann, Grundrechte als Institution, S. 212

S. 117: *die starren durch bewegliche…*: Niklas Luhmann, Grundrechte als Institution, S. 213

Freiheit als heuristische…: Niklas Luhmann, Organisation und Entscheidung, S. 109

Der Begriff der Selbstprogrammierung…: Niklas Luhmann, Die Kunst der Gesellschaft, S. 331

unter zu akzeptierenden…: Niklas Luhmann, Die Kunst der Gesellschaft, S. 330

S. 118: *freiheitkonstituierenden Funktion…*: Niklas Luhmann, Die Realität der Massenmedien, S. 157

In der modernen Angebotsgesellschaft…: Niklas Luhmann, Gesellschaftsstruktur und Semantik Bd. 4, S. 149

Vieles ist ungeheuer, nichts…: Sophokles, Antigone, Vs. 332f

S. 119: *Rückführung der unheimlichen…*: Niklas Luhmann, Soziologische Aufklärung Bd. 1, S. 100

als ebenso frei und ebenso…: Niklas Luhmann, „Sinn als Grundbegriff der Soziologie“, S. 63

die andere Seite der Freiheit…: Niklas Luhmann, Das Erziehungssystem der Gesellschaft, S. 197

Die Art, auf die die Freiheit…: Georg Simmel, Philosophie des Geldes, S. 365

S. 120: *unaufhebbare Fürsichsein…*: Niklas Luhmann, Die Gesellschaft der Gesellschaft, S. 107

Das Apriori ist die Zukunft…: Niklas Luhmann, Soziologische Aufklärung Bd. 4, S. 184

S. 121: *Wie im Bereich der ‚Gesellschaft'* …: Niklas Luhmann, Legitimation durch Verfahren, S. 7

Der freiheitliche, säkularisierte…: Ernst-Wolfgang Böckenförde, Der säkularisierte Staat, S. 71

S. 122: *die maßlose Hingabe an die Sache…*: Carl Schmitt, Der Wert des Staates und die Bedeutung des Einzelnen, S. 90

Spielraum seiner Freiheit…: Carl Schmitt, Positionen und Begriffe, S. 138

Das politische Problem der Freiheit …: Günter Rohrmoser, „Hegels Lehre vom Staat und das Problem der Freiheit", S. 403

S. 123: *das Potential an Freiheitsbedrohung…*: Niklas Luhmann, Grundrechte als Institution, S. 57

S. 124: *wo also die Untertanen…*: Kant, Über den Gemeinspruch: Das mag in der Theorie richtig sein, taugt aber nicht für die Praxis, A 236, S. 146

Handhabe…: Hegel, Vorlesungen über die Philosophie der Geschichte, S. 141

zur Institution entfremden…: Arnold Gehlen, „Über die Geburt der Freiheit aus der Entfremdung", S. 378

S. 125: *innere Arbeitsteilung…*: Georg Simmel, Philosophie des Geldes, S. 333; Simmel, Brücke und Tür, S. 268, spricht in diesem Zusammenhang auch von den *differentiellen Persönlichkeiten* der Romantik als den Trägern einer *Metaphysik der Arbeitsteilung*. Dieses Konzept wird heute von Magoroh Maruyama unter dem Stichwort „Selbstheterogenisierung" weiterentwickelt; vgl. vor allem: Mindscapes in Management, S. 38ff

Entlastung zu beweglicher…: Arnold Gehlen, Moral und Hypermoral, S. 96

In dem künstlich eingeengten Feld…: Hans Freyer, Theorie des gegenwärtigen Zeitalters, S. 54

S. 126: *désencadré…*: Vgl. Hans Freyer, Theorie des gegenwärtigen Zeitalters, S. 97

Unsere Existenz hängt von …: Niklas Luhmann, Grundrechte als Institution, S. 180

Institutionen motivieren…: *turning individual thought over to an automatic pilot.* – So die Formulierung von Mary Douglas, How Institutions Think, S. 63

S. 127: *in der Idee leben…*: Goethe, Maxime und Reflexionen, Nr. 262, S. 484

Aber Gehlen unterbietet…: Vgl. Arnold Gehlen, Theorie der Willensfreiheit, S. 176

Eine Persönlichkeit…: Arnold Gehlen, Die Seele im technischen Zeitalter, S. 259

Mehr-als-Leben…: Georg Simmel, Brücke und Tür, S. 24

S. 128: *das Maß eines inadäquaten...*: Hans Blumenberg, Lebensthemen, S. 53

Die bürgerliche Gesellschaft...: Ernst Nolte, Der Faschismus in seiner Epoche, S. 541

S. 129: *dass die letzte Stütze der...*: Wilhelm Röpke, Jenseits von Angebot und Nachfrage, S. 171

Evangelium des Weltgenusses...: Max Stirner, Der Einzige und sein Eigentum, S. 91

Frei ist ein Mensch...: Die Angst vor der Freiheit entspringt also nicht nur einem Mangel an Autorität, der man sich unterwerfen könnte, sondern auch einem Mangel an Selbstdisziplin. Dann wird Odysseus am Mast zum Leitbild: Selbstbindung durch Ausschluss anderer Optionen kompensiert mangelnde Selbstdisziplin. Jon Elster, Ulysses Unbound, S. 63-88, hat diesen Mechanismus des „precommitment" erforscht. Wir gehen auf die Party, und ich gebe meiner Frau die Autoschlüssel. Politiker binden sich durch starke öffentliche Statements – nach der Wahl keine Verhandlungen mit der Linken!

Dieses religiöse Bild...: Abraham H. Maslow, Motivation and Personality, S. XXVI ; vgl. auch Joachim Bodamer, Der Weg zur Askese, S.31ff

Beweis durch Existenz...: Arnold Gehlen, Urmensch und Spätkultur, S. 255

Transzendieren in die Ebene...: Georg Simmel, Lebensanschauung, S. 24. – Der polemische Gehalt dieser Konzeption des Mehr-als-Lebens wird besonders deutlich, wenn man sie mit ihrer Antithese konfrontiert. Theodor W. Adorno, Negative Dialektik, S. 292, beendet sein Kapitel über Freiheit mit der minimalen moralischen Maxime, *so zu leben, dass man glauben darf, ein gutes Tier gewesen zu sein.* Auch so kann man das Pathos der Distanz zum Letzten Menschen artikulieren: durch Unterbietung. Dazu gehört ein Bild von Glück, das von bestürzender Naivität ist: *Rien faire comme une bête, auf dem Wasser liegen und friedlich in den Himmel schauen* – Minima Moralia, § 100, S. 208

S. 130: *keineswegs notwendig, dass...*: Georg Simmel, Brücke und Tür, S. 237

über die Erde zu herrschen...: Kant, Mutmaßlicher Anfang der Menschengeschichte, A 22, S. 98

Einwand gegen die ganze...: Friedrich Nietzsche, Götzen-Dämmerung, S. 138

Selbstentfernung...: Ernst Jünger, Eumeswil, S. 128

S. 131: *sich innerhalb einer demokratischen...*: Max Weber, Gesammelte Politische Schriften, S. 285

examen rigorosum...: Sören Kierkegaard, Eine literarische Anzeige, S. 93

Und zwar handelt es sich…: Thomas Mann, Betrachtungen eines Unpolitischen, S. 106: *der Bürger ist romantischer Individualist.*

S. 132: *Forderung des Tages* …: Goethe, Maximen und Reflexionen, Nr. 443, S. 508

S. 133: Es geht hier um die Unterscheidung…: Man findet diese wichtige Unterscheidung heute auch wieder bei amerikanischen Sozialpsychologen: „Being well-off" (Wohlstand) heißt noch nicht „well-being" (gutes Leben). „Making a living" (Lebensunterhalt) heißt noch nicht „making a life" (Lebensführung).

Der Mensch ist vorzüglich…: Hegel, Nürnberger und Heidelberger Schriften, S. 262f

S. 134: *die Sucht, etwas Besonderes…*: Hegel, Grundlinien der Philosophie des Rechts, S. 298

die modern-heroische Lebensform…: Thomas Mann, Betrachtungen eines Unpolitischen, S. 116

Wozu fragen, wo es keine Antwort…: Georg von Lukács, Die Seele und die Formen, S. 146

Wie kann man sich selbst kennen…: Goethe, Maximen und Reflexionen, Nr. 442f, S. 508

S. 135: *um unüberbrückbar tödlichen Kampf…*: Max Weber, Gesammelte Aufsätze zur Wissenschaftslehre, S. 507

‚Angriffspunkt' der ‚Wertung' …: Max Weber, Gesammelte Aufsätze zur Wissenschaftslehre, S. 246

Zwischen Max Weber und…: Wer sich an dieser Zusammenstellung stößt, möge noch einmal Herbert Marcuses seminalen Aufsatz „Repressive Tolerance" lesen.

S. 136: *Wiederholung der Ernst…*: Sören Kierkegaard, Der Begriff Angst, S. 286

Bürgerlich ist die Idee der…: Joachim Fest, Bürgerlichkeit als Lebensform, S. 15. – Das Zivilisierende der Konkurrenz hat Georg Simmel sehr gut herausgearbeitet. Die Konkurrenz ist ja auch ein Kampf mit dem Anderen – aber um einen Dritten. So verwandelt sich der Kampf aller gegen alle auf dem Markt in einen „Kampf aller um alle." – Simmel, Soziologie, S. 217.

Mut zur Bürgerlichkeit…: Odo Marquard, Skepsis und Zustimmung, S. 123

Literatur

Theodor W. Adorno, Minima Moralia, Frankfurt am Main 1970
–, Negative Dialektik, Frankfurt am Main 1966

Arjun Appadurai, Fear of Small Numbers, Durham und London 2006

Hannah Arendt, The Human Condition, 2.Aufl., Chicago 1998

Karl Barth, Der Römerbrief. Erste Fassung, Zürich 1985

Saul Bellow, Ravelstein, New York 2000

Gottfried Benn, Doppelleben, Gesammelte Werke Bd. IV, Stuttgart o.J.
–, Gedichte, Gesammelte Werke Bd. III, Stuttgart o.J.

Max Bense, Aesthetica, 2.Aufl., Baden-Baden 1982

Isaiah Berlin, Four Essays on Liberty, Oxford und New York 1969

Peter Bieri, Das Handwerk der Freiheit, 9.Aufl., Frankfurt am Main 2009

Allan Bloom, The Closing of the American Mind, London 1988

Hans Blumenberg, Ästhetische und metaphorologische Schriften, Frankfurt am Main 2001
–, Die Genesis der kopernikanischen Welt, Frankfurt am Main 1975
–, Höhlenausgänge, 2.Aufl., Frankfurt am Main 1996
–, Lebensthemen, Stuttgart 1998
–, Die Legitimität der Neuzeit, 2.Aufl., Frankfurt am Main 1988
–, Die Vollzähligkeit der Sterne, Frankfurt am Main 1997
–, Wirklichkeiten in denen wir leben, Stuttgart 1986

Joachim Bodamer, Der Weg zur Askese, Hamburg 1955

Ernst-Wolfgang Böckenförde, Der säkularisierte Staat, München 2007

Norbert Bolz, Diskurs über die Ungleichheit, München 2009
–, Die Konformisten des Andersseins, München 1999

Jerome Bruner, On Knowing, Cambridge Mass. 1979

Thomas Carlyle, On Heroes, Hero-Worship, and the Heroic in History, New York 1859

Ralf Dahrendorf, Die Chancen der Krise, Stuttgart 1983
–, Homo Sociologicus, 9.Aufl., Köln und Opladen 1970
–, Versuchungen der Unfreiheit, München 2006

Daniel Dennett, „Conditions of Personhood", in: The Identities of Persons, hrg.v. Amélie Oksenberg Rorty, Berkeley und London 1976

Fjodor Dostojewskij, Die Brüder Karamasow, Frankfurt am Main 2006

Mary Douglas, How Institutions Think, Syracuse NY 1986

Emile Durkheim, Die elementaren Formen des religiösen Lebens, Frankfurt am Main 1981

Eckermann, Gespräche mit Goethe, Frankfurt am Main 1981

Jon Elster, Ulysses Unbound, Cambridge 2000

Walter Erbe, „Die Freiheit im sozialen Rechtsstaat", in: Rechtsstaatlichkeit und Sozialstaatlichkeit, hrg. von Ernst Forsthoff, Darmstadt 1968

Erik H. Erikson, Young Man Luther, New York 1962

Joachim Fest, Bürgerlichkeit als Lebensform, Reinbek 2007

Stanley Fish, There's No Such Thing as Free Speech and It's a Good Thing, Too, New York und Oxford 1994

Harry G. Frankfurt, The Importance of What We Care About, Cambridge 1988
–, Necessity, Volition, and Love, Cambridge 1999

–, Taking Ourselves Seriously & Getting It Right, Stanford, Cal. 2006

Sigmund Freud, Das Unbehagen in der Kultur, Gesammelte Werke Bd. XIV, London 1948

Hans Freyer, Theorie des gegenwärtigen Zeitalters, Stuttgart 1955

Francis Fukuyama, The End of History and the Last Man, New York 1992

Arnold Gehlen, „Der Mensch im Lichte der modernen Anthropologie", Philosophische Anthropologie und Handlungslehre, Gesamtausgabe Bd. 4, Frankfurt am Main 1983
–, Moral und Hypermoral, 5.Aufl., Wiesbaden 1986
–, Theorie der Willensfreiheit, Gesamtausgabe Bd. 2, Frankfurt am Main 1980
–, „Über die Geburt der Freiheit aus der Entfremdung", in: Philosophische Anthropologie und Handlungslehre, Gesamtausgabe Bd. 4, Frankfurt am Main 1983
–, Die Seele im technischen Zeitalter, in: ders., Anthropologische und sozialpsychologische Untersuchungen, Reinbek 1986
–, Urmensch und Spätkultur, 5.Aufl., Wiesbaden 1986

Goethe, Maximen und Reflexionen, Werke Bd. III (Artemis Gedenkausgabe), München 1972
–, West-östlicher Divan, Werke Bd. I (Artemis Gedenkausgabe), München 1972

Baltasar Gracián, Criticón, Hamburg 1957

Gotthard Günther, Beiträge zur Grundlegung einer operationsfähigen Dialektik, Bd. II, Hamburg 1976

Jürgen Habermas, „Das chronische Leiden der Hochschulreform", in: Merkur #109, 1957
–, Strukturwandel der Öffentlichkeit, Frankfurt am Main 1990

Nicolai Hartmann, Ethik, 4.Aufl., Berlin 1962

Friedrich von Hayek, The Constitution of Liberty, Chicago 1960
–, The Road to Serfdom, Chicago 1994

G.W.F. Hegel, Enzyklopädie der philosophischen Wissenschaften, Theorie Werkausgabe Bd. 10, Frankfurt am Main 1970
–, Frühe Schriften, Theorie Werkausgabe Bd. 1, Frankfurt am Main 1970
–, Grundlinien der Philosophie des Rechts, Theorie Werkausgabe Bd. 7, Frankfurt am Main 1970
–, Nürnberger und Heidelberger Schriften, Theorie Werkausgabe Bd. 4, Frankfurt am Main 1970
–, Vorlesungen über die Ästhetik I, Theorie Werkausgabe Bd. 13, Frankfurt am Main 1970
–, Vorlesungen über die Geschichte der Philosophie II, Theorie Werkausgabe Bd. 19, Frankfurt am Main 1971
–, Vorlesungen über die Philosophie der Geschichte, Theorie Werkausgabe Bd. 12, Frankfurt am Main 1970
–, Vorlesungen über die Philosophie der Religion I, Theorie Werkausgabe Bd. 16, Frankfurt am Main 1969
–, Vorlesungen über die Philosophie der Religion II, Theorie Werkausgabe Bd. 17, Frankfurt am Main 1969
–, Wissenschaft der Logik Bd. II, Theorie Werkausgabe Bd. 6, Frankfurt am Main 1969

Martin Heidegger, Beiträge zur Philosophie, Gesamtausgabe Bd. 65, Frankfurt am Main 1989
–, Sein und Zeit, 16.Aufl., Tübingen 1986
–, Vom Wesen des Grundes, 6.Aufl., Frankfurt am Main 1973
–, Vom Wesen der Wahrheit, 6.Aufl., Frankfurt am Main 1976

J.G. Herder, Sämtliche Werke Bd. I, Berlin 1877

Thomas Hobbes, Leviathan, Cambridge 1991

Ernst Rudolf Huber, „Rechtsstaat und Sozialstaat", in: Rechtsstaatlichkeit und Sozialstaatlichkeit, hrg. von Ernst Forsthoff, Darmstadt 1968
–, Recht, Staat und Gesellschaft, Bern 1954

Wilhelm von Humboldt, Ideen zu einem Versuch, die Grenzen der Wirksamkeit des Staats zu bestimmen, Gesammelte Schriften, Bd. I, Berlin 1920
–, Der königsberger und der litauische Schulplan, Gesammelte Schriften, Bd. XIII, Berlin 1920

Edmund Husserl, Die Krisis der europäischen Wissenschaft und die transzendentale Philosophie, Gesammelte Werke Bd. VI, 2.Aufl., Leuven / Den Haag 1976

Josef Isensee, Tabu im freiheitlichen Staat, Paderborn 2003

Karl Jaspers, Die geistige Situation der Zeit, 5.Aufl., Berlin 1979

Ernst Jünger, Eumeswil, Stuttgart 1977
–, Der Waldgang, Frankfurt am Main 1951

Gerhard Kaiser, Pietismus und Patriotismus im literarischen Deutschland, Wiesbaden 1961

Kant, Beantwortung der Frage: Was ist Aufklärung?, Werke Bd. VI, Frankfurt am Main 1964
–, Das Ende aller Dinge, Werke Bd. VI, Frankfurt am Main 1964
–, Über den Gemeinspruch: Das mag in der Theorie richtig sein, taugt aber nicht für die Praxis, Werke Bd. VI, Frankfurt am Main 1964
–, Grundlegung zur Metaphysik der Sitten, Werke Bd. IV, Wiesbaden 1956
–, Idee zu einer allgemeinen Geschichte in weltbürgerlicher Absicht, Werke Bd. VI, Frankfurt am Main 1964
–, Kritik der praktischen Vernunft, Werke Bd. IV, Wiesbaden 1956
–, Kritik der reinen Vernunft, Werke Bd. II, Wiesbaden 1956
–, Kritik der Urteilskraft, Werke Bd. V, Wiesbaden 1957
–, Metaphysische Anfangsgründe der Tugendlehre, Werke Bd. IV, Wiesbaden 1956
–, Mutmaßlicher Anfang der Menschengeschichte, Werke Bd. VI, Frankfurt am Main 1964
–, Rezension zu Johann Gottfried Herders Ideen zur Philosophie der Geschichte der Menschheit, Werke Bd. VI, Frankfurt am Main 1964
–, Der Streit der Fakultäten, Werke Bd. VI, Frankfurt am Main 1964
–, Verkündigung des nahen Abschlusses eines Traktats zum ewigen Frieden in der Philosophie, Werke Bd. III, Wiesbaden 1958
–, Was heißt: sich im Denken orientieren?, Werke Bd. III, Wiesbaden 1958

Hans Kelsen, Vom Wesen und Wert der Demokratie, Aalen 1963

Sören Kierkegaard, Der Augenblick, Philosophische Schriften Bd.2, Neu-Isenburg 2009
–, Der Begriff Angst, Philosophische Schriften Bd.2, Neu-Isenburg 2009

–, Christliche Reden 1848, Gesammelte Werke 20.Abt., Düsseldorf und Köln o.J.
–, Einübung im Christentum, Gesammelte Werke 26.Abt, Düsseldorf und Köln o.J.
–, Eine literarische Anzeige, Gesammelte Werke 17.Abt, Düsseldorf und Köln o.J.
–, Die Tagebücher, Düsseldorf und Köln 1980
–, Tagebücher Bd. II, Düsseldorf und Köln 1963

Paul Kirchhof, Der Staat als Garant und Gegner der Freiheit, Paderborn 2004

Frank H. Knight, Laissez-Faire: Pro and Con, Essays Bd. II, Chicago und London 1999

Manuel Knoll, Aristokratische oder demokratische Gerechtigkeit?, München 2009

Alexandre Kojève, Überlebensformen, Berlin 2007

Etienne de La Boétie, Discours de la servitude volontaire. Von der freiwilligen Knechtschaft, Frankfurt am Main 1980

Jacques Lacan, Schriften Bd. I, Frankfurt am Main 1975
–, Schriften Bd. II, 3.Aufl., Weinheim und Berlin 1991
–, Seminar Bd. II: Das Ich in der Theorie Freuds, Weinheim 1991

C.S.Lewis, The Abolition of Man, London 1943

Wyndham Lewis, The Art of Being Ruled, Santa Rosa 1989

Hermann Lübbe, Philosophie in Geschichten, München 2006
–, Die Zivilisationsökumene, München 2005
–, Im Zug der Zeit, Berlin und Heidelberg 1992

Niklas Luhmann, Das Erziehungssystem der Gesellschaft, Frankfurt am Main 2002
–, Funktion der Religion, Frankfurt am Main 1982
–, Die Gesellschaft der Gesellschaft, Frankfurt am Main 1997
–, Gesellschaftsstruktur und Semantik Bd. 4, Frankfurt am Main 1995
–, Grundrechte als Institution, 4.Aufl., Berlin 1999

–, „Institutionalisierung“, in: Zur Theorie der Institution, hrg. von Helmut Schelsky, Düsseldorf 1970
–, Die Kunst der Gesellschaft, Frankfurt am Main 1995
–, Legitimation durch Verfahren, Neuwied 1969
–, Organisation und Entscheidung, Opladen und Wiesbaden 2000
–, Politische Planung, 4.Aufl., Opladen 1994
–, Die Realität der Massenmedien, 2.Aufl., Opladen 1996
–, Das Recht der Gesellschaft, Frankfurt am Main 1993
–, „Sinn als Grundbegriff der Soziologie“, in: Jürgen Habermas / Niklas Luhmann, Theorie der Gesellschaft oder Sozialtechnologie, Frankfurt am Main 1971
–, Soziale Systeme, Frankfurt am Main 1984
–, Soziologische Aufklärung Bd. 1, 4.Aufl., Opladen 1974
–, Soziologische Aufklärung Bd. 3, 2.Aufl., Opladen 1991
–, Soziologische Aufklärung Bd. 4, Opladen 1987
–, Zweckbegriff und Systemrationalität, Frankfurt am Main 1973

Georg von Lukács, Die Seele und die Formen, Berlin 1911

Luther, Großer Galaterkommentar, Werke, Weimarer Ausgabe, Bd. 40, I

Thomas Mann, Betrachtungen eines Unpolitischen, Berlin 1919
–, Deutschland und die Deutschen, Frankfurt am Main 1996

Herbert Marcuse, „Repressive Tolerance“, in: Robert P. Wolff, Barrington Moore, Herbert Marcuse, A Critique of Pure Tolerance, Boston 1969

Odo Marquard, Abschied vom Prinzipiellen, Stuttgart 1981
–, Apologie des Zufälligen, Stuttgart 1986
–, Individuum und Gewaltenteilung, Stuttgart 2004
–, Skepsis und Zustimmung, Stuttgart 1994

Magoroh Maruyama, Mindscapes in Management, Aldershot 1994

Abraham H. Maslow, Motivation and Personality, 3.Aufl., New York 1987

John Stuart Mill, On Liberty, New York 1993

Friedrich Nietzsche, Also sprach Zarathustra, Kritische Studienausgabe, Bd. 4, München 1980

–, Die fröhliche Wissenschaft, Kritische Studienausgabe, Bd. 3, München 1980
–, Zur Genealogie der Moral, Kritische Studienausgabe, Bd. 5, München 1980
–, Götzen-Dämmerung, Kritische Studienausgabe, Bd. 3, München 1980
–, Jenseits von Gut und Böse, Kritische Studienausgabe, Bd. 5, München 1980
–, Menschliches, Allzumenschliches, Werke in drei Bänden, Bd. I, München 1966
–, Nachgelassene Fragmente 1869 bis 1874, Kritische Studienausgabe, Bd. 7, München 1980
–, Nachgelassene Fragmente Anfang 1880 bis Sommer 1882, Kritische Studienausgabe, Bd. 9, München 1980
–, Nachgelassene Fragmente. Juli 1882 bis Winter 1883/84, Kritische Studienausgabe, Bd. 10, München 1980
–, Aus dem Nachlass der Achtzigerjahre, Werke in drei Bänden, Bd. III, München 1966
–, Unzeitgemäße Betrachtungen, Kritische Studienausgabe, Bd. 1, München 1980

Elisabeth Noelle-Neumann, Öffentliche Meinung, Erweiterte Ausgabe, Berlin 1991

Ernst Nolte, Der Faschismus in seiner Epoche, 2.Aufl., München 1965

The Talcott Parsons Reader, hg.v. Bryan S. Turner, Malden, Mass. 1999

Pascal, Pensées, Paris 1976

John Rawls, A Theory of Justice, Revised Edition, Cambridge Mass. 1999

David Riesman, The Lonely Crowd, New Haven und London 1969

Wilhelm Röpke, Jenseits von Angebot und Nachfrage, Düsseldorf 2009

Günter Rohrmoser, „Hegels Lehre vom Staat und das Problem der Freiheit“, in: Der Staat 1964, Heft 4

Franz Rosenzweig, Der Stern der Erlösung, Frankfurt am Main 1988

J.-J. Rousseau, Schriften zur Kulturkritik, 2.Aufl., Hamburg 1971

F.W.J. Schelling, Philosophie der Offenbarung, Sämmtliche Werke, 2.Abt. Bd. III, Berlin 1858

Helmut Schelsky, Die Arbeit tun die anderen, 2.Aufl., Opladen 1975
–, Einsamkeit und Freiheit, Reinbek 1963
–, „Der Mensch in der wissenschaftlichen Zivilisation", in: ders., Auf der Suche nach Wirklichkeit, Düsseldorf und Köln 1965

Leo Schestow, Athen und Jerusalem, Graz 1938

Friedrich Schiller, Über das Pathetische, Sämtliche Werke Bd. V, 5.Aufl., München 1975

Carl Schmitt, Der Begriff des Politischen, Berlin 1963
–, Die Diktatur, 4.Aufl., Berlin 1978
–, Glossarium, Berlin 1991
–, Die geistesgeschichtliche Lage des heutigen Parlamentarismus, 5.Aufl., Berlin 1979
–, Der Hüter der Verfassung, 2.Aufl., Berlin 1969
–, Der Leviathan in der Staatslehre des Thomas Hobbes, Köln-Lövenich 1982
–, Politische Theologie, 3.Aufl., Berlin 1979
–, Positionen und Begriffe, Berlin 1988
–, Staat Großraum Nomos, Berlin 1995
–, Verfassungslehre, 5.Aufl., Berlin 1970
–, Verfassungsrechtliche Aufsätze, Berlin 1958
–, Der Wert des Staates und die Bedeutung des Einzelnen, 2.Aufl., Berlin 2004
Carl Schmitt / Hans-Dietrich Sander, Werkstatt-Discorsi, Schnellroda 2008

Frithard Scholz, Freiheit als Indifferenz, Frankfurt am Main 1982

Joseph Schumpeter, Theorie der wirtschaftlichen Entwicklung, 8.Aufl., Berlin 1993

George Lennox Sharman Shackle, Imagination and the Nature of Choice, Edinburgh 1979

Georg Simmel, Brücke und Tür, Stuttgart 1957
–, Lebensanschauung, München und Leipzig 1918
–, Philosophie des Geldes, 6.Aufl., Berlin 1958
–, Soziologie, 6.Aufl., Berlin 1983

Ronald de Sousa, „Rational Homunculi“, in: The Identities of Persons, hrg.v. Amélie Oksenberg Rorty, Berkeley und London 1976

Robert Spaemann, Der Ursprung der Soziologie aus dem Geist der Restauration, Neuauflage, Stuttgart 1998
–, Das unsterbliche Gerücht, Stuttgart 2007

Christoph Steding, Das Reich und die Krankheit der europäischen Kultur, Breslau 1932

Max Stirner, Der Einzige und sein Eigentum, München 1968

Leo Strauss, „Anmerkungen zu Carl Schmitt“, in: ders., Hobbes' politische Wissenschaft, Neuwied 1965
–, Hobbes' politische Wissenschaft, Neuwied 1965
–, On Tyranny, Chicago und London 1991
–, Persecution and the Art of Writing, Chicago und London 1988
–, The Political Philosophy of Hobbes, Chicago und London 1963

Cass R. Sunstein, Why Societies Need Dissent, Cambridge Mass. 2003

James Surowiecki, The Wisdom of Crowds, New York 2004

Jacob Taubes, Die Politische Theologie des Paulus, 2.Aufl., München 1995

Richard H. Thaler / Cass R. Sunstein, Nudge, New Haven und London 2008

Alexis de Tocqueville, Die Demokratie in Amerika, München 1976

Ernst Tugendhat, Selbstbewusstsein und Selbstbestimmung, Frankfurt am Main 1979

Vauvenargues, Oeuvres, hrg. von D.L. Gilbert, Paris 1857

Eric Voegelin, Anamnesis, München 1966
–, Die neue Wissenschaft der Politik, Salzburg und München 1959

Max Weber, Gesammelte Aufsätze zur Religionssoziologie, Bd. I, 5.Aufl., Tübingen 1963
–, Gesammelte Aufsätze zur Wissenschaftslehre, 4.Aufl., Tübingen 1973

–, Gesammelte Politische Schriften, 3.Aufl., Tübingen 1971
–, Wirtschaft und Gesellschaft, 5.Aufl., Tübingen 1972

Harrison C. White, Identity and Control, Princeton 1992

William H. Whyte, The Organization Man, Harmondsworth 1963

Oscar Wilde, The Artist as Critic, Chicago und London 1970

Raimar Zons, „Mut und Betrieb", in: Die Vermessung des Ungeheuren, hrg. von Marc Jongen u.a., München 2009